金融交易学

——一个专业投资者的至深感悟

（第一卷）

修订版

投资家 1973 著

上海财经大学出版社

图书在版编目(CIP)数据

金融交易学:一个专业投资者的至深感悟(第一卷)修订版/投资家1973著.—2版.—上海:上海财经大学出版社,2016.9
ISBN 978-7-5642-2528-5/F·2528

Ⅰ.①金… Ⅱ.①投… Ⅲ.①金融交易-研究 Ⅳ.①F830.9

中国版本图书馆CIP数据核字(2016)第198460号

□ 责任编辑　陈　佶
□ 封面设计　钱宇辰

JINRONG JIAOYIXUE
金 融 交 易 学
——一个专业投资者的至深感悟
(第一卷)修订版
投资家1973　著

上海财经大学出版社出版发行
(上海市中山北一路369号　邮编200083)
网　　址:http://www.sufep.com
电子邮箱:webmaster@sufep.com
全国新华书店经销
上海华业装潢印刷厂有限公司印刷装订
2016年9月第2版　2025年1月第2次印刷

787mm×1092mm　1/16　17.75印张　251千字
印数:18 001—19 000　定价:88.00元

投资家1973先生与全国读者上海见面会的第一、第二组读者合影

投资家1973先生与全国读者上海见面会的第三、第四组读者合影

投资家1973在全国读者上海见面会上发表主题演讲

寻找适合自己的路

（代　序）

投资家1973先生花了13年的时间探索市场交易的奥秘,终于写出了这部《金融交易学——一个专业投资者的至深感悟》。阅读了全部书稿以后,我隐隐约约从中看到了自己当年探索期货交易的某些印痕。应该说,他的这一段心智历程,我是感同身受的。我非常欣赏他说过的这样一句话:这本书不仅是写给别人看的,更是写给自己看的。

确实,交易之路不仅是一个认识市场、理解市场的过程,更是一个认识自己、战胜自己的过程,任何一个成功的交易员都必然有这样一个历程,就像《十年一梦——一个操盘手的自白》中所说的,这是一段非走不可的弯路。但是,这条路的终点并不是发现一个一劳永逸的交易圣杯,而是在诡谲多变的市场中发现自己的有限性以及可能性,找到适合自己的交易之路。

确实,如果一个交易员能在震荡行情中低买高卖,在趋势行情中又能牢牢地守住仓位不动,获得凌厉行情的超级利润,最好还能顺便做做日内短线交易,利润回报率会有多高?这当然是我们每一个期货交易员梦寐以求的事情:十八班武艺样样精通,打遍天下无敌手。可惜的是,当投机者试图追求这样一条理想的成功之路时,精彩的期货故事就开始了——当然,根据我的经验,故事的结局往往是悲剧,而不是大家事先想象的喜剧。

应该说,10多年前,我就意识到了如何才能从期货交易中赚到钱。《十年一梦》中曾经提到过我的三次思想和心理上的自我超越,其中第一次就是:只做自己有把握的交易。什么是自己有把握的交易? 早期自己交易的经验和模仿别人成功操作的案例,让我意识到,一个人只要等到相对靠谱的机会出现后,抓住市场随后可能出现的重大趋势机会,耐心持仓就可能赚到大钱。

我参与的国债期货和早期咖啡交易,都有过这样气势磅礴的趋势行情,看起来多么单纯、多么阳光!但是,我当时频繁的买进卖出的结果却是什么也没有得到。作为一个职业的期货交易员,我和大多数人一样,当时有这么一个疑惑:如果我们只在自己有把握的时候才操作,那么,由于趋势行情的稀缺性,在没有大行情的大多数日子里,我们坐在电脑显示屏前一直看着行情而不动,期货交易是一件多么单调乏味的事啊!

日常行情中机会是那么多,一会儿上去,一会儿下来,波动幅度有时极为惊人,难道这些利润真的是镜中花、水中月,绝对把握不住?事后看来未必尽然。我想之所以应得的利润没有得到,原因在于一是经不起市场的诱惑,二是内在野心太大并且无知,我开始了企图打败市场的多种交易方式结合的尝试:日内也做、中线也做、顺势也做、逆势也做,等等。只要有机会,我就扑上去,希望大赚一笔。结果可想而知。

有好几年时间,我迷失在探索市场价格波动复杂性的大海中,在期货交易中走了一段长长的弯路。我的期货生涯之所以可能比别人曲折一些、坎坷一些,问题的核心就是——企图追求一种综合性的完胜市场的策略。其实,作为一个人,也许很难构建一套适合所有市场状态的完美的交易风格。一般来说,我遇到的成功的交易者,其交易风格往往比较单纯,大约可以分为下面几种模式:日内交易、几天之内中短线波段交易、长线趋势交易、系统交易等。好像还未遇到过全能型的交易员。

每一个投机者应该了解自己的思维和个性特点,形成自己最得心应手的交易风格。在十八般武艺中,精通其一,结果远比样样会、样样不精好得多。如果以"滔滔江水,只取一瓢"的心态来要求自己,对待市场机会能保持一个平和的交易心态,那么我们的期货投机之路可能会走得更加平坦。我认为,在充满诱惑的期货市场,保持平和及谦卑,只追求属于自己的利润,确实是一种令人敬佩的精神境界。

青　泽

2010 年 3 月 1 日于北京

再版序言

今天是《金融交易学》喜迎再版的日子。就在《金融交易学》出版之后不久，在社会各界的支持下，我得以有机会掌管私募基金。在大资金操盘的最近几年里，我一边经历金融市场惊涛骇浪的洗礼，一边对书中原有的交易技术和理论体系进行全面审视。现在可以放心地说，没有发现任何大的瑕疵或值得修正的错误。也就是说，站在今天这一时间节点上，我认为《金融交易学》的理论框架和技术系统是正确无误的，无需进行任何伤筋动骨的修改和调整。已经购买第一版《金融交易学》的读者，可以放心大胆地学习使用。据了解，在有些社会上举办的股票、期货培训班上，《金融交易学》被用作教材；也有券商和期货公司用《金融交易学》作为客户开户时的赠品。这反映出社会各界对我作品的认可，身为作者我倍感荣幸。

回顾这些年走过的路，我的心中充满谢意。如果没有上海财经大学出版社的出版和读者朋友们的大力支持，我什么都不是。我原本只不过是一粒微尘，浮游在天地之间，靠着各界朋友的帮助才浪得虚名。中国的股票投资者有上亿人，包括专业的和业余的；期货投资者有数百万人，他们直接或间接从事与期货交易相关的工作；外汇投资者也有几十万人。其中比我聪明和勤奋的大有人在，但至今大多数人还只能呆在家庭交易员的位置上动弹不得，没有掌管规模资金的机会；还有的一直渴望参与职业交易，但缺乏足够的资金。我的际遇与其说是靠自身的努力，不如归结为幸运。因此这篇序言，实际上就是给社会各界的感谢信。下面一一列出那些我需要郑重感谢的朋友们的名单，没有他们就没有我的今天。

感谢祖师爷杰西·利维摩尔(Jesse Livermore)给了我从事金融交易的灵感和勇气。这位天才人物是金融交易领域的奠基人，他的著名传记《股票作手回忆录》(Reminiscences of a Stock Operator)和伟大著作《股票大作手操盘术》(How to Trade in Stocks)光耀千古,为后人指明了方向,为所有基金经理和专业交易员的必读教科书与案头必备读物。

感谢天涯论坛,《金融交易学》的前身——连载贴"一个专业投资者的至深感悟"(原创),在天涯被捧红置顶,受到众多网友的广泛好评与热烈追捧,奠定了出版的基础。所以天涯论坛就是《金融交易学》的摇篮和诞生地。一切都是从那里开始。

感谢四川《金融投资报》的副总编辑陈大禹先生,他让《金融交易学》在《金融投资报》连载数年,扩大了受众面与影响力。我的很多读者都来自《金融投资报》。

感谢上海财经大学出版社总编辑黄磊先生,他慧眼独具,令《金融交易学》得以成书,迅速面世。相信随着时间的流逝与沉淀,《金融交易学》将成为交易界经典之作。

感谢国内期货界知名交易家、畅销书《十年一梦——一个操盘手的自白》的作者青泽先生,他当时抱病为《金融交易学》作序,提携后进的精神令我感念不忘。

感谢上海读者许伟忠、奕瑜、季廷良等几位先生以及王美玲、顾建华、慕离俐、陈黛云、王金榴、朱之光、扬勤、王丽英等几位女士,他们精心筹备、排除万难,于2012年4月30日在江苏饭店组织了全国读者上海见面会。这次成功的会议极大地增进了网友们之间的感情与联系。

感谢成都读者张国彬、王世忠、何明昆、杨佩洁、杨云高、徐斌、廖腾荣、廖焰红、何萍、周智凤、兰静、周静萍、袁艳等几位朋友,他们热情饱满、群策群力,于2013年10月2日在八宝酒店组织了全国读者成都见面会。这次会议内容丰富、讨论热烈,令人回味无穷、难以忘怀。

感谢我所有的私募基金合伙人与投资者,在你们的信任与支持下,我才得以从事这项充满风险与挑战的事业。有机会为你们服务、与你们一起共进退是我最大的荣幸,为你们控制风险和创造收益是我的责任与使命。我旗下私募基金的大门永远为你们敞开。

感谢上海的奕瑜先生和他率领的200多人的实名团队,将我2011年

12月~2013年12月在"呱呱网"的全部授课内容,共计400多集教学视频整理成图片文字版。这是一项浩大的工程,我将从现在看待市场的视角,对这些宝贵素材进行大幅删减与改写,并命名为《从一文不名到财务自由——投资家1973金融交易实战教程》系列,全部出版面世,以利后人。

感谢三年来到我的办公地点——先是上海浦东,后来搬到虹桥西的淀山湖北畔——拜访我的几十家机构和个人,你们的惠顾令我感动。感谢我所有的同事,与你们一起工作无比幸运。感谢上海财经大学出版社的再版,这次再版修订了一些明显的错误,而其他地方未作大的改动。

最后感谢全体读者和我所有的学生,你们的陪伴令我人生丰满,不虚此行。

投资家1973
2016年8月8日

前　言

有一个令无数交易者魂牵梦绕的字眼,叫"成功";有一个令万千追梦人日思夜想的目标,叫"致富";有一个令芸芸众生汲汲以求的境界,叫"自由"。何谓"成功"？不同行业、不同世界观和人生观的人有不同的回答。对于金融交易者来说,通过持续稳定盈利实现财务自由就算是在这行取得了成功,这个说法应该是没有多大问题的。虽然财务自由并不等同于也不必然推导出终极意义上的精神自由,但至少可以解决我们一生之中所有因缺钱而带来的烦恼。因此,掌握交易技术,是广大新手和一些在交易市场沉浮多年而不得要领的老手的共同愿望。

一、从轻视胜率和否定预测之风说起

虽然成功地从事交易还必须恪守交易法则、执行正确的交易策略,并且需要深层次的交易心理学和哲学的支持与配合;但我始终认为,交易技术,即交易者正确判断行情和预测行情的能力,永远是最基本的和第一位的。如果缺乏这项能力,其他的一切都将无从谈起。一个交易界的盲人,他在市场中无论怎样做或做什么都是错的。国内交易界最近几年刮起的极端轻视胜率和否定预测之风,是从一个极端走到另一个极端。轻视胜率和否定预测的言论在美国交易书籍里屡见不鲜,这也是部分国内人士推崇这种观点的依据之一。对于此类观点,国内广大交易者尤其是新手应独立思考、明辨是非。

美国股市与中国股市有何区别？请读者先和我一起回顾一下道－琼斯指数百年走势图。该指数从 1920 年 12 月 70 点左右起步,经过近 10 年的攀升于 1929 年 10 月到达 386 点后开始大跌,于 1932 年 7 月见到了 41

点的历史性低位——这就是美国股市历史上著名的"大崩盘"。之后经过10年盘整,道-琼斯指数再度发力,从1942年6月的100点起步,开始了一轮令人目眩神迷的超大级别的牛市,一直涨到1966年1月的1 000点附近方告结束,历时24年,升幅10倍!之后的16年道-琼斯指数一直在570~1 050点区间震荡,其间最严重的下跌出现在1973~1974年,但依然运行在上述震荡区间范围内。

1982年8月至2000年1月,道-琼斯指数再次出现一轮从800点至11 750点,历时18年、升幅超过14倍的超级大牛市。以微软、英特尔、思科为代表的一大批执业界牛耳的伟大企业在这轮牛市中出尽风头,升幅高达百倍千倍的股票屡见不鲜。除此之外,还有成百上千以"十倍股"面目出现的中小企业。交易环境如此之好,美国人轻视胜率和否定预测——实际上就是轻视和否定交易技术——是完全合理的。言及此,读者想必也已经明白为什么"价值投资"的理念会诞生在美国。可以说,美国股市见证了美国崛起和成长的历史——大国崛起造就了时间跨度超长的股市大牛市,而股市大牛市又对大国崛起起到了推波助澜的作用,二者互为因果。

美国期货市场品种之丰富、价格走势之活跃也是国内期货市场无法比拟的。即便是棉花、小麦、玉米和糖等农产品,走势都比国内的工业品还要凶悍,波澜壮阔的趋势比比皆是。日线图上,外盘期货那一根根幅度高达5%、8%甚至超过10%的巨阳巨阴线随处可见,无论日内交易还是隔夜趋势交易,持续稳定盈利皆非难事。而反观国内期货市场,扣除跳空缺口之后的日内波幅之小令人窒息。主要挂牌品种缺乏定价权导致了内盘的影子化,也极大地增加了交易内盘的难度。因此,无论宏观交易还是微观交易,国内交易者都必须掌握比国外同行高明得多的交易技术——因为我们还不得不研判外盘。尽管本书中的K线技术适用于全球所有市场,却唯独不适用于像国内期货这样的影子市场,这是我必须强调的。

市场运行脉络究竟有无规律可循?这是一个存在争议的问题。市场行情究竟能否预测?这是一个争议更大的问题。对于前者,我的回答很明确,那就是"趋势如山"。趋势就是市场规律性的体现。既然趋势像山一样摆在那里不可动摇,所以这是一个不攻自破的问题。对于后者,我的回答是"市场不是任何时候都能预测,但在相当程度上能够预测"。具体来说,就是趋势行情在推进过程中容易预测,甚至趋势本身在发端之初也容易看得出来——这对于交易获利而言就已足够;无趋势行情一般难以预测——但已无关紧要。我认为,"大胆假设,小心求证"这句古话可能就是对预测与实战之辩证关系的最佳概括。如果一段时间内市场变得难以预测,我们的交易行动就要趋于保守,反之亦然。

总之,无论是在交易还是在生活中,没有人可以离开预测。如果一个交易者宣称他从不预测市场,那绝对是一派胡言。预测并不可耻,作为一名专业交易者,我经常预测市场走势,关键是处理好预测与操作的关系:预测对了,加码跟进;预测错了,止损出局。因此,交易者要养成一开始轻仓小单量操作,只在市场证明自己正确时才加码的习惯。尤其是期货交易,交易者最好一手一手地开始做起,这样经年累月地锻炼下去,随着利润的增加再慢慢加量。如果始终没有利润出现,就一直不要加量。一旦遭遇大的挫折,则立即减量经营。任何一笔交易都必须提前设定止损单。其格式通常为:如果最新价小于等于某价格,则以更低一档的价格将多单卖出平仓;空单的处理与多单相反。

在交易市场中,无论是谁,止损都是极其重要的,这是业余交易者最容易忽视的一点。但是,止损不能代替或取消胜率。一个显而易见的事实是:止损只能让交易者避免一次性巨亏,却无法让他们避免慢性失血而死。因为或迟或早,止损都将累积成为不可承受之重,这对任何账户来说都一样,所以,止损的精髓在于一是要严控单笔损失(例如,占总资金额的2%以下);二是要提高胜率、减少止损的次数。例如,某人平均单笔盈利为单笔亏损的 5 倍(一般来说就是这样,更高的盈亏比需要有大级别行情的配合,不可以强求),如果他做了 6 笔交易,胜率只有 1/6,那么,他最多只能和市场打平。所以说,仅凭高单笔盈亏比未必就能成为赢家,而只有提高胜率才是希望所在。

提高胜率的方法,一是学习交易技术,寻找临界点,即价格即将发生大幅变动的千钧一发的时刻所对应的图形定式;二是有意识地抑制频繁交易和强行交易的冲动,减少交易次数。正确的交易方法,是在且只在高胜算图形定式出现时进场——但仍然要控制仓位，然后一路跟踪行情看它是否"正常"。"正常"则持有甚至加码，反之则了断，无论盈亏。如果交易者不去刻意地寻找高胜算的交易机会，而是一味地忙进忙出，那么无论多少利润和本金，最终都会被消耗殆尽！这是我从业13年来所得出的最重要的经验之一，我把它命名为"确定性法则"；并且把频繁交易和强行交易归类为危害仅次于高倍率杠杆交易的"陷阱"之一，以时刻提醒自己不要掉进陷阱中。追求胜率，本质上是慎战思想的体现。

二、为什么要撰写这部书

过来人都知道，如果没有一套条分缕析、归纳总结得很好的教材，交易技术是非常难学的。有些人是天生的赢家，稍加训练即能持续稳定盈利，其成才的时间之短最低可以少至5年；有些人资质平平，但如果勤奋不辍，一直孜孜不倦地研习与总结，经过10~15年的努力也能有所成就；还有一类人，无论怎样努力都不得要领，或者早在形势和机遇转向对他有利之前就已经闯下大祸，背负极其沉重的债务负担，从而永久性地失去了参赛资格。因此，撰写一部金融交易领域的教科书为年轻后进指路，就成为我义不容辞的责任，也是我吃下的第一只螃蟹。但是，这是一件前无古人的、高难度的工作，除了要将现有的几种交易学经典著作精确提炼、高度融合，还依赖大量的原创。

因此，这是一部对有志于在金融交易市场一展身手、试图改变命运的年轻人提供全面训练和指导的专著，囊括我13年来在交易市场上的全部理论研究和实战经验的总和。这些理论和经验只对那些极其热爱交易、愿意为交易事业献身的人有用。如果对金融交易缺乏真正的兴趣，那么阅读这本书纯属浪费时间。我的想法是：如果一个年轻人认为他非得从事这一行不可，那么与其在摸索中浪费时间和金钱，不如正确引导。无论成败，本书要求年轻后学内外兼修，广泛阅读，一边刻苦研究交易技术，一边从心灵和头脑两方面建设自己；要树立健康、积极和相对洒脱的金钱观；要常怀恻隐之心，做事留有余地，保持身心平衡，懂得回报社会；唯有宽以待人，严于律己，时时处处履践天道，也许才可以尽人事以待天命。

要撰写这样一部书，就必须回答一些和交易有关的基本问题。例如：

交易市场的本质是什么？交易者在交易市场上的买进卖出行为是投资还是投机？新手该学习何种分析方法，基本分析还是技术分析？哪种理论对交易者更有帮助，是随机漫步理论还是道氏理论？交易与赌博有何异同？内幕交易与市场操纵如何应对？虽然看似简单，但这些都是交易者在成长之路上必须解决的问题，也可以说是大是大非的问题。这些问题如果不在交易实践的基础上深入思考，不要说新手茫然无知，就是一些在市场上摸爬滚打数年的老手，脑中的概念也未必清晰。对于这些问题，"包容并蓄"是做不到的。由于人的精力的有限性，在选择何种交易理论或踏上何种交易道路的问题上，脚踏两只船是行不通的——交易者只能二选一。

交易者不可能在擅长基本分析的同时，技术分析水平也达到相当高的境界，反之亦然。您无法既是价值投资者，又是专业投机者。同理，您也不可能同时接受随机漫步理论和道氏理论。因为前者否定市场的规律性，而后者反之，它们在本质上是不相容的。作为一名专业投机者，我不揣浅陋，对上述问题都一一作了正面回答。但限于门户之见，我对基本分析派和价值投资派的看法未必正确，这是读者需要注意的。金融交易目前主要包括股票、期货、期权、外汇、债券五大传统领域，此外还有大量高风险的"金融衍生品"。五大传统领域既互相独立，又彼此交叉。例如，除了传统的股票，又派生出了股票期权；除了传统的商品期货，又诞生了股指期货等金融期货。交易者只需选择自己了解和熟悉的市场从事交易即可。

从基本分析的角度看，上述几大领域的差别很大，但从技术分析的角度看，其分析方法几乎完全相同，因此，在一个领域所掌握的交易技术完全可以移植到其他几个领域。交易技术包括K线技术、均线技术、成交量技术和形态学四大门类。我撰写的这部书，将以高度概括、全面总结的方式，配合图例，一一揭开它们神秘的面纱。我本人曾经从经典交易著作中获益匪浅，它们甚至可以说就是我的精神食粮和心灵鸡汤。靠着这些著作提供的精神力量，我安然度过了成百上千次失败，从一个在陋室中稳坐冷板凳研究交易技术到深夜的穷小子，一步步走到衣食无忧的今天。因此，我对先辈们的激励和启迪常怀感激之心。我今天在书中完全公开自己的交易技术和经验心得，也正是基于和前辈高人们同样的动机。

三、新时代和新交易环境下的趋势跟踪交易策略

任何交易品种,其价格走势都有且只有一种外在表现,即趋势与无趋势的交替出现。金融交易的主要利润来源是趋势,尤其是大级别趋势。因此,趋势跟踪是交易获利的根本方法。无论是在哪个交易市场,也无论是股票还是期货,赢钱的奥秘都只有六个字:"持续掌握优势"。具体说,就是仔细分析胜算和严格控制风险;就是当胜算大时下大注,胜算小时下小注或不下注;就是把坏牌尽快地打出去,把好牌尽可能地留下来。交易技术,既是预测行情的工具,又对行情发展的每一步起验证作用。预测对了,以加码和持盈应对;预测错了,以止损弥补。不必追求完美,完美的交易或交易者并不存在;也不要太贪心,出手太重总是会把本该盈利的交易搞砸。

我认为,无论金融市场如何风云变幻,以 K 线、均线、成交量和形态学四大交易技术为支撑的趋势跟踪交易策略永远不会过时,因为它直指交易市场的本质。就在交易界误以为趋势跟踪交易策略已经失效的今天,全球金融市场却迎来了一轮规模浩大的空头趋势。2008 年 10 月,美国次贷危机迅速恶化,并最终导致了全球金融市场的崩溃。这一月,美国道-琼斯指数一度最大跌幅高达 27%,香港恒生指数最大跌幅超过 40%,日经 225 指数最大跌幅接近 40%,而同期中国大陆上证 A 股指数最大跌幅累计高达 73%!同样是这一月,全球大宗商品期货价格也出现了大暴跌:LME 铜由崩溃之前的 7 300 美元下跌到 3 600 美元,跌幅超过 50%!原油从月初的 102 美元/桶下跌到 61 美元/桶,跌幅超过 40%!

这轮大级别熊市还危及一些大型的金融机构。华尔街第五大投行贝尔斯登率先倒闭,其后第四大投行雷曼兄弟破产,紧接着第三大投行美林被美国银行收购,全球最大保险公司之一的美国国际集团(AIG)陷入困境……尽管美国政府宣布注资 8 500 亿美元救市计划且通过国会批准,但全球金融市场依然动荡不安。灾难之后满地狼藉,在这一轮规模巨大的熊市当中,多头受到毁灭性打击,而空头却大获全胜。也许,经过这一轮大暴跌的洗礼,所谓"价值投资"的口号会逐渐式微,金融市场的残酷现实会让大多数新手逐步看清金融交易行为根本不是投资、金融交易市场也根本不是投资场所这样一个基本事实。交易只是一门高度专业化的生意而

已,一个以"投资者"自命的人丝毫不比一个"投机者"占据更多的道德优势。

无论是谁,只要掌握了技术分析手段,就能通行于任何交易市场。技术分析的目的是发现多空力量对比孰强孰弱的事实,进而研判和验证趋势。趋势——宏观趋势或微观趋势,才是交易获利的核心机密。所有的赢家都是靠趋势吃饭的,这就是交易的真相或本质。我想请读者朋友们记住这样一件事:趋势——尤其是大级别趋势——的力量是无敌的,及早发现这个趋势的方向并据此展开交易行动即可,而根本无需关心驱动这个趋势的原因为何。重大的牛市或熊市无非就是大级别的趋势运动而已。如果把牛市比喻为上山,那么熊市就相当于下山。上山和下山都能赚大钱,两者的操作价值是一样的,没必要厚此薄彼。无论从哪个角度看,多头丝毫也不比空头高尚——反过来也一样。这是我们继续学习之前先要具备的常识。

从今以后,我希望读者在享受上山的快感的同时,也不要忽略了下山之路上的风景。大起大落、风云际会,恰恰提供了累积巨额财富的契机,因为波动越是大的市场对专业交易者就越有利。交易者应该认识到,波动是市场的生命,市场失去波动性就好比女人失去了美貌和曲线。我们不应该惧怕波动,反而应该惧怕死水一潭的市场。经过 2008 年疾风骤雨般的下跌,2009 年,LME 铜从不足 3 000 美元上涨到 7 350 美元,原油从 40 美元上涨到 80 美元,中国 A 股市场也从 1 664 点上涨到 3 478 点……它们全都翻倍了!暴涨之后是暴跌,暴跌之后是暴涨;从天堂到地狱,再从地狱到天堂,原来自然界的一切,都只不过是循环而已。保持一颗平常心,再加上一点耐心,我期待您在交易之路上不仅有收获,还能够享受交易的乐趣。

投资家 1973

2010 年 3 月 1 日

目 录

寻找适合自己的路(代序) ·· 1
再版序言 ··· 1
前言 ··· 1

上篇 理论与道路

第一章 投资与投机之辩 ·· 3
第一节 缘起 ·· 3
第二节 投资还是投机 ·· 5
第三节 "价值投资"的反思(之一) ································· 6
第四节 "价值投资"的反思(之二) ································· 8
第五节 "价值投资"的反思(之三) ································ 10
第六节 投机——伟大的艺术 ·· 12

第二章 交易市场的本质 ·· 15
第一节 股票与期货 ·· 15
第二节 期权、外汇与债券 ··· 17
第三节 认股权证 ··· 19
第四节 认股权证的溢价率 ··· 21
第五节 交易市场的本质 ·· 22
第六节 交易与赌博 ·· 24
第七节 内幕与操纵 ·· 26

第三章　理论与道路 ··· 29
- 第一节　基本分析还是技术分析（之一）················· 29
- 第二节　基本分析还是技术分析（之二）················· 31
- 第三节　错误的理论——随机漫步理论（之一）········· 33
- 第四节　错误的理论——随机漫步理论（之二）········· 34
- 第五节　错误的理论——有效市场假说（之一）········· 36
- 第六节　错误的理论——有效市场假说（之二）········· 38

第四章　我的归宿——趋势跟踪 ······················· 41
- 第一节　认识趋势跟踪 ···································· 41
- 第二节　世界上最伟大的交易家——纪念杰西·利维摩尔（之一）··· 43
- 第三节　世界上最伟大的交易家——纪念杰西·利维摩尔（之二）··· 45
- 第四节　认识你自己 ······································· 47
- 第五节　循环——自然的韵律 ···························· 48

下篇　步入交易的殿堂

第五章　趋势与形态 ·· 53
- 第一节　认识趋势 ·· 53
- 第二节　初识形态 ·· 57
- 第三节　反转形态 ·· 59
- 第四节　中继形态 ·· 72
- 第五节　特殊形态 ·· 80
- 第六节　重要现象 ·· 88

第六章　K线技术 ·· 96
- 第一节　与势为友 ·· 96
- 第二节　K线图 ··· 98
- 第三节　K线综述 ·· 99
- 第四节　论大阳线 ·· 103

第五节　论大阴线 ······ 112

第六节　论特殊K线 ······ 120

第七章　K线与K线的位置关系 ······ 138

第一节　攀援线与滑行线 ······ 138

第二节　跳高线与跳水线 ······ 139

第三节　星线 ······ 140

第四节　反击线或约会线 ······ 141

第五节　乌云线与斩回线 ······ 144

第六节　包线 ······ 147

第七节　弃线 ······ 159

第八节　孕线 ······ 165

第九节　并列线 ······ 179

第十节　上拉线与下拖线 ······ 182

第十一节　归顺线与反叛线 ······ 186

第十二节　伪阳线与伪阴线 ······ 190

第十三节　启明星与黄昏星 ······ 194

第十四节　上升三法与下降三法 ······ 198

第八章　移动平均线与趋势 ······ 201

第一节　移动平均线 ······ 201

第二节　均线与趋势 ······ 203

第三节　趋势的本质——强弱 ······ 205

第四节　趋势的背叛——回撤（之一） ······ 207

第五节　趋势的背叛——回撤（之二） ······ 209

第九章　技术指标与成交量技术 ······ 211

第一节　大局观 ······ 211

第二节　感知市场心理 ······ 213

第三节　技术指标（之一） …………………………………… 215
　　第四节　技术指标（之二） …………………………………… 217
　　第五节　成交量技术（之一） ………………………………… 218
　　第六节　成交量技术（之二） ………………………………… 220

第十章　保持心灵的平静 ……………………………………… 223
　　第一节　三项管理与四项法则 ………………………………… 223
　　第二节　跨越陷阱 ……………………………………………… 225
　　第三节　保持心灵的平静 ……………………………………… 227

中英文人物译名对照表 …………………………………………… 229
参考书目 …………………………………………………………… 231
后记 ………………………………………………………………… 233
读者来信 …………………………………………………………… 236

上篇 理论与道路

世界只爱胜利者，无暇顾及失败者。
——纽特·洛肯（Newt Loken）

第一章 投资与投机之辩

第一节 缘 起

我大约于1997年3月首先进入股市,后来又陆续接触期货与外汇市场,迄今为止从事金融交易已经13年了。13年来,我阅读过大量有关交易方面的书籍,做了几百万字的笔记,感觉自己所下的功夫,即便不是最大的,也应该是万里挑一、常人所不能及的吧。支撑我学习交易之道如此之久的动力何在?答案就是一个:"生活所迫"加"兴趣所在"。如果不是出身贫苦而又有远大理想,亟须改变现状,最终达到财务自由境界,金融交易就不会吸引我的目光,我也许会成为一个艺术家或作家之类的人物。之所以坚持这么久还在孜孜不倦地研习,甚至在业绩不怎么好的情况下仍能坚持,则只能归结为兴趣了。

我做事喜欢善始善终,做就要做到最好,尤其喜欢探究客观事物的内部规律。交易市场为我提供了这样一个舞台,我得感谢上帝,这可是这个世界上我所能找得到的最好的工作。说金融交易这行好,那是真的好:不需要处理冗杂的事务,不需要开发市场或讨好客户,不需要管理雇员,甚至不需要营业场所:网上交易已经可以让像我这样的专业人士在家中就能完成所有操作,甚至连扣税都是电脑自动完成的。而且交易市场不乏波动性,有波动就有盈利的机会,甚至是盈大利的机会。在我眼里,这个省事、省心又能赚钱的行业真的很合我的胃口,简直就像是上天专门为我量身定做的职业。如果真的有前世,那我大概也就是个股票经纪人、期货交易员或职业投资家之类的吧。

13年来，我经历了成千上万次数不清的失败，别人的嘲讽、朋友的不理解乃至家人持续多年的反对——别人遭遇过的我全都遭遇过了，别人没有经历的我也经历过了——甚至包括两次破产，就只剩下自杀没有体验过了。无论过去的日子多么潦倒灰暗，那种想法我倒是从来没有过。我是那种不服输的人，自从我第一次站在证券交易大厅的那天起，看着眼前电子显示屏上花花绿绿不断跳动的股价数字，我就有种强烈的直觉："这玩意儿肯定有规律！"而我，一个当时对金融市场一无所知的穷小子，竟然确信自己能够把所谓的"规律"给找出来！正因为我对交易赚钱充满了"真正的兴趣"和"炽热的欲望"，所以才能够屡败屡战，顽强奋斗到今天。

我的精神导师之一，美国成功学研究的集大成者拿破仑·希尔（Napoleon Hill）在他的《思考致富》（*Think and Grow Rich*）一书中说："人必须追求财富，致富是人类的高尚行为与科学行为，阻碍人获得财富的东西，即是阻碍人获得精神的东西；真理对人类的关怀，体现之一即是许以正直、善良、勤劳的人们财富；将人生的目标定得很高，以及追求财富与幸福所需要的努力，绝不会比接受悲惨与贫穷的命运所需要的努力来得更多。"我原本是一个疏懒之人，对金钱并无特殊的嗜好。相比之下，我更感兴趣的是人生的自我实现和精神世界的富足与成长。一旦我发现我的祖父辈们并没有为我准备好与之相应的财力支持，我就明白我必须亲自动手来完成这件事。

但是，交易者仅有成功欲望和永不衰竭的兴趣还不够，他还必须深入学习，找到正确的途径。凡事皆有自己的内部规律，符合规律则兴，不合则亡。我的另一位精神导师，美国交易家杰西·利维摩尔（Jesse Livermore）曾经说过："投机游戏始终是世界上最充满诱惑的游戏。但是，它不是给蠢人玩的，不是给懒汉玩的，不是给不能控制自己情绪的人玩的，也不是给想一夜暴富的冒险家玩的。如果他们要玩这种游戏，到死也是穷光蛋。人们应该从一开始就认识到，在股市中工作，与在法学或医学领域工作一样，同样是需要学习和准备的。很多人把我的成功归结为我的运气，这是不对的。事实是，从我15岁起，我就在非常认真地学习这门学问，我把自己的毕生都献给了这门学问。"说到底，金融交易的成功最终还在于一种职业精神,就如沃伦·巴菲特(Warren Buffett)所言:"风险来自于,你不知道自己在做什么。"

第二节　投资还是投机

在《证券分析》(Security Analysis)一书中,有"华尔街教父"之誉的本杰明·格雷厄姆(Benjamin Graham)是这样定义投资/投机的:"投资是一种通过认真分析研究,有指望保本并能获得满意收益的行为,不满足这些条件的行为就被称为投机。"他特别指出,"满意"是一个主观性的词,只要投资者做得明智,并在投资定义的界限内,投资报酬可以是任何数量,即使很低,也可称为是"满意"的。一些人认为购买安全性较高的债券是投资,而格雷厄姆认为,动机说明一切。借款去买证券并希望在短期内获利的决策不管它买的是债券还是股票都是投机。在《聪明的投资者》(The Intelligent Investor)一书中,他再次指出两者的区别:"投资是建立在敏锐与数量分析的基础上,而投机则是建立在突发的念头或是臆测之上。"

在《证券分析》出版之前,道氏理论是股市中最早的技术分析理论。当时,人们习惯以道氏理论和道—琼斯指数来分析股市行情,而对单一股票的分析研究尚停留在较为原始、粗糙的阶段。格雷厄姆的《证券分析》与道氏理论的着眼点截然不同,他所涉及的是一个到他为止尚无人涉足的领域。人们这样评价他的开创性研究:"格雷厄姆远远不只是巴菲特的导师,他给这座令人惊叹而为之却步的城市——股票市场——绘制了第一张可信的地图,他为择股奠定了方法论的基础;而在此之前,它与赌博这门伪科学毫无差别。投资业没有格雷厄姆就如同共产主义没有了马克思——原则性将不复存在。"

曾任纽约棉花交易所总裁的迪克森·瓦茨(Dickson Watts)则说:"投机是什么?所有的交易或多或少都是投机。然而,'投机'这个词经常被限制于不确定性高的交易上。不了解的人认为投机是靠运气,不受任何规范的限制,那就大错特错了。投机者必备的素质是:(1)自信,能独立思考,坚持自己的信念;(2)良好的判断力;(3)执行决策的勇气;(4)审慎评估风险的能力,特定的警戒和警觉都很重要,在审慎和勇气间保持平衡;(5)弹性,能够改变、修正自己的看法。这些都是投机者所必备的特质,但是,各个特质间要保持平衡。若有某个特质突出或缺乏,可能会影响整体的有效性。当然,很少有人能拥有这几项特质。投机如同人生,大部分人都不尽如人意,只有少数人能够成功。"

《股市趋势技术分析》(Technical Analysis of Stock Trends)的作者,受人尊敬的约翰·迈吉(John Magee),从不讳言自己是一个投机者。他说:"人们显然认为,一个人必定只能够属于投资者或投机者,他不可能二者皆是。你会发现,对于许多人来说,这些抽象名词被赋予了道德色彩。'投资者'意味着'好'的事情,它让人联想起这样一幅画面:可靠的公民、诚实的纳税人、忠实的丈夫、智慧的父母……相反,'投机者'则暗示着这样一种类型的人,他们油嘴滑舌、不学无术,终日泡在酒精、女人以及歌舞升平的喧嚣之中,直到把所有财产都挥霍殆尽。他们无疑就是一群愚蠢透顶的人,不论他们曾经多么富有,都将很快沦落为不名一文的穷光蛋……总之,'投资者'是一个褒义词,而'投机者'则是一个彻头彻尾的贬义词。"

人们似乎普遍认为买入"优质、安全的股票"然后长期持有就是投资,然而一个不容忽视的事实是:"优质"的股票并不一定"安全"。对此,约翰·迈吉解释道:"'购买优质、安全的股票'似乎完美无缺、简单明了,其正确性似乎永远毋庸置疑,但这就像'美德是值得赞美的'一样毫无实际意义……你或许也可以从近年来自己的一些经历中看出,那些最沉着、最坚固的公司的股票,随着时间的推移,最有可能下跌和走弱,甚至最后彻底崩盘。"在此,我想请读者弄清楚这样一个基本概念:交易行为本身是没有道德高下之分的,投资/投机只是一些中性名词而已。有一句话是这样说的:如果桌上有钱,谁捡就是谁的。

第三节 "价值投资"的反思(之一)

"价值投资派"选股有六大原则:(1)竞争优势原则,即注重企业的竞争优势及可持续性分析,重点找出拥有经济特许权的企业,要求超出产业平均水平的股东权益报酬率;(2)现金流量原则,即通过分析企业未来现金流量贴现值和账面价值增长率来寻找最有赚钱能力的企业;(3)"市场先生"原则,即认为价值规律在短期经常无效但长期趋于有效,主张在别人恐惧时贪婪,在别人贪婪时恐惧;(4)安全边际原则,即尽可能寻找价值低估的企业;(5)集中投资原则,即主张对看准且熟悉的标的企业下大赌注;(6)长期持有原则,即倡导长期投资,享受复利成长。

不可否认,"价值投资派"曾经战绩辉煌,因此一直被奉为投资界的正宗,从而受到太多赞誉。但正如其创始人格雷厄姆一再强调的那样,它仅仅是在资本市场获利的方法之一。它的光环无法掩盖历史更为悠久、队伍远为庞大、成就毫不逊色的另一派——我们姑且称之为"专业投机派"——的存在。如果说前者以格雷厄姆(侧重低估股)和菲利普·A.费雪(Philip A. Fisher,侧重成长股)为祖师,后者就是以查尔斯·H.道(Charles H. Dow)和杰西·利维摩尔为祖师。我本人属于后一派。长期以来,我对价值投资的理念深具戒心,原因就是我认为它不仅不适合我,而且对于我来说,它是危险的。下面,我以一个专业投机者的眼光,说说我对价值投资的看法。鉴于我的无知,我的观点也许是错的。

一、企业的"内在价值"是一个模糊的概念

约翰·迈吉说:"关于什么是价值,我们也许可以展开一场为期100年的论战,最终也未必能够得出令人心悦诚服的结论。但是,如果我们能够意识到,价值就像'美'一样,只存在于个人眼中的话,我们将可以大大缩短论战的时间而达成共识……股票的真正价值或许需要长时间的商榷,但市场对它的估值却随手可得。你或许强烈反对通用汽车的股价,但是,除非其他大量的股市投资者也赞成你的看法,否则你将对此无能为力……固执地坚守一些绝对的标准,而不是接受灵活多变的客观现实,必将使我们付出高昂的代价,而这正是向股市交付的学费。"迈吉的话实际上是在说,10 000个人对同一家企业的"内在价值"会有10 000种不同的判断,而只有巴菲特才有可能是对的。

二、巴菲特和他的道路不可复制

我想我有责任提醒读者注意你们和巴菲特究竟有何不同。巴菲特首先是一位经验丰富的企业家和银行家,其次才是投资家。他准确判断一家企业价值大小的能力,是极少数人具备的一种难以通过后天习得的天分,无法以任何方式传授给任何人。人们认为自己能够"学而知之",只是一种错觉而已。因为价值投资派过分依赖大师们个人的素养,因此,在可传授性、可学习性方面与专业投机派相比存在致命的弱点,而这已经影响到它的传承。举例来说,理查德·丹尼斯(Richard Dennis)曾经训练了一批"海龟"。艾德·斯科塔(Ed Seykota)提携了多名超级交易员。维克多·斯波朗迪(Victor Sperandeo)、马丁·舒华兹(Marty Schwartz)也都曾经致力于训练新人并获得成功。但巴菲特的传人是谁?没人知道!另外有研究者指出,巴菲特拥有保险公司,以天文数字的保费收入作为无风险杠杆才是他成功的真正关键。

三、价值投资不适合除美国以外的其他国家

价值投资理论诞生在美国毫不意外。世界上没有哪个国家能像美国那样充满勃勃生机和拥有几乎无穷无尽的创新力。看看那些执世界各行业牛耳的伟大企业,那些曾经高速成长的"百倍股"、"千倍股",成批成批地诞生在美国:微软、英特尔、思科、通用电气、沃尔玛……不胜枚举。除此之外,还有成百上千以"十倍股"面目出现的中小企业。反观某些国家的证券市场,上市公司普遍业绩欠佳,今年盈利、明年巨亏是家常便饭,而且多数公司要么从来不现金分红,要么红利微薄得就像是在打发乞丐。就连企业的财务报表都不能保证真实性。因此,在这种条件下,"价值投资"此路不通,只有专业投机才是踏浪股海的王道。

第四节 "价值投资"的反思(之二)

四、寻找"价值低估"的股票日益困难

在价值投资理念被日益了解的今天,寻找被低估股票的难度已经不亚于大海捞针。就如威廉·奥尼尔(William O'Neil)所说:"大部分低价股不是营运状况不好,就是经营体制不健全,股票也没有物美价廉这回事。"也许,只有股市的大崩溃才是价值低估的股票大量出现的条件。只可惜那

些可怜的价值投资者在此过程中早已被消灭殆尽，倒是专业投机者反而能够利用这一机会。

五、价值投资者不看大盘指数，无法规避系统风险

价值投资只能针对个股而非大盘指数。因为不能把握市场的整体走势，在大势下跌的情况下常常会遭受惨重损失。但对于训练有素的专业投机者而言，这些损失是完全可以避免的。

六、价值投资没有解决何时买进、何时卖出、持有多少等基本问题

在中小投资者非常关心的进出场时机和资金管理等一系列至关重要的问题上，价值投资完全是空白。价值投资者一旦被套就"长期持有"，这完全违反金融交易的基本法则之一——"止损法则"。难道鼓吹价值投资的巴菲特不知道我们散户投资者根本不可能和他一样有钱，也不可能在深度被套的情况下长期死扛这一基本道理吗？如果在保证金交易中坚持价值投资理念，后果就更加严重了。巴菲特从不告诉我们这些。

七、价值投资无法解释期货、期权、外汇交易和做空行为

价值投资运用范围狭窄，无法对除股票个股之外的其他交易品种，例如期货、期权、外汇交易等作出解释，对做空交易也不支持。因为对价值投资者来说，做空缺乏理论依据。彼得·林奇(Peter Lynch)在他的书中反对期权和做空交易，也就毫不奇怪了。但对于专业交易者来说，放弃做空是不可想象的。那样做就像是主动绑住自己的一条手臂使之不能发挥作用一样，不仅是不必要的，更是不明智的。只要学会了以研判量价图表为主要内容的技术分析手段，就可以适用于任何交易市场的任何品种。这种灵活性是价值投资无法比拟的。

八、后继无人的现状昭示着价值投资派的式微

迄今为止，世界知名的价值投资派专家只有格雷厄姆、费雪、巴菲特和林奇四人而已。除了研究股票基本面之外还严重依赖技术图表的威廉·奥尼尔和他的搭档大卫·瑞安(David Ryan)只能算是半个价值投资者。因此，即使算上其他不太知名的人物，全世界范围内应该不超过10人。如此看来，价值投资派已然陷入后继无人的窘境。目前无论是谁，都没有能力继承巴菲特的衣钵——哪怕是巴菲特的儿子也不行。相反，专业投机派却人才济济、大师辈出，众多声名显赫的伟大交易家如群星般闪耀争辉，譬如，传奇式的基金经理保罗·都德·琼斯（Paul Tudor Jones），有"天才交易员"之称的艾德·斯科塔，有"华尔街终结者"之称的维克多·斯波朗迪……这些人距离普通交易者更近，也更容易学习和仿效。

资本市场上的价格波动范围是如此之大，足以让所谓的"价格围绕价值上下波动"成为一句代价高昂的废话。著名的"遛狗理论"是对这一现象的精妙概括：公司股价可能高于也可能低于其"内在价值"（假如它存在的话），这就像宠物狗（价格）总是追随于主人（价值）左右，忽而超前，忽而落后，但一般不会离主人过远。当两方超过一定距离时，必定有一方将会缩短这个距离。换言之，不是狗找到主人，就是主人找到狗（这只是一厢情愿的想法）。假设狗和主人的距离通常保持在200米以内，人们对这一现象会慢慢"习惯"。可是有一天，狗忽然因为不甚清楚的原因（也许它玩性大发吧），突然超前或落后主人2公里开外（这并不罕见），而且迟迟没有回到主人身边（就此走失也完全可能），那些在狗主人身上押宝的"价值投资者"们会是怎样的下场呢？反观专业投机者们所做的事就简单而且聪明多了：他们只需要紧跟那条狗，这样无论狗跑到哪里，都不会走失了。

第五节 "价值投资"的反思（之三）

价值投资最大的危害，是模糊了交易者对于市场残酷本质的认识，使他们陷入温情主义的幻想中，在危险来临时丧失及时止损离场的警觉性，从而导致他们一次性破产或接近破产。就拿格雷厄姆来说，美国股市1929年的大崩盘使得他掌管的"格雷厄姆—纽曼"公司资产由此前的250万美元下降到55万美元，损失78%。关键时刻，合伙人纽曼的岳父雷斯向公司注资7.5万美元，才使他避免了破产的命运。此前格雷厄姆是百万富翁，一直过着奢华的生活；股灾大亏后，他甚至不得不卖掉了给母亲买的汽车，辞退了给母亲雇的司机。他告诉母亲：没有汽车，也能活下去。之后苦熬了5年，才把亏损弥补回来。

事后他回忆说："这么多的亲戚好友把他们的财富托付给我，现在他

们都和我一样痛苦不堪。你们可以理解我当时那种沮丧和近乎绝望的感觉，这种感觉差点让我走上了绝路。"在1932年寒冷的冬天，已经38岁的格雷厄姆写了一首小诗表达了他当时绝望得想要自杀的心情："静静的，软软的，一如轻丝般的飞雪／死神亲吻着孤独的人心／它的触摸冷如冰霜，但总比无尽的忧伤好／它的长夜一片漆黑，但总比不绝的悲痛强／那灵魂不得安宁的人啊，何处才是你安息之地／那可怜的雄鹿啊，你又怎能逃避丛林中的追捕／烦恼缠绕着它的大脑，大地是它安息的枕头／绝望笼罩着它的心情，泥土是它解脱的良药。"格雷厄姆晚年可能认识到了基本面并非导致股价波动的最重要因素，因此，在接受《财务分析师》杂志访谈时，他宣布不再信奉基本分析派，转而相信"有效市场假说"。

价值投资的"买进—持有"策略也相当可疑，因为"价值"并不必然是稳定提升的。一般人固然难以获得反映企业经营实况的信息，但股价走向却会透露真正的秘密。在利维摩尔和迈吉的书中，都曾讲述过一只叫做"纽黑文"的经营铁路业务的"蓝筹股"的故事：有一位老人，把自己所有的财产都换成了纽黑文股票留给儿孙，并且规定任何情况下都禁止出售。结果，后人们眼睁睁地看着纽黑文股票从250美元下跌到1美元，一笔巨额遗产损失殆尽。利维摩尔问道："究竟到什么样的价位，纽黑文股票的投资者们才能够清醒地意识到，其实自己也和其他人一样，同样属于投机者的行列呢？"迈吉则评论说："对于某些人来说，改变观念是一件很受伤的事情。他们宁愿痛苦地坚守'忠诚'和'原则'，也不肯作出'巨大牺牲'，即走出去，重新审视客观事实……万物时刻在变化，也只有变化才真正称得上永恒。"

利维摩尔还有更加精彩的论述："千万不要把'让头寸奔跑'的方法与'买进并永远留在手里'的策略相混淆，我就从来没有混淆过。我从来不盲目地买进一只股票，也从来不盲目地留着一只股票。我们怎么能知道一只股票在将来会走多远呢？事情总是要改变的。生活总要改变，人与人的关系总要改变，健康总要改变，季节总要改变，你的孩子总要改变，你的情人总要改变，为什么使你最初买一只股票的条件就不能改变呢？盲目地买进并留着某只股票，往往是因为这是一家大公司的股票，或者是强势行业的股票,要不然就是因为经济整体上在健康发展,对我来说,因为这些原因而买某只股票,无异于在股市中自杀。"

投资还是投机?我们为何不再多听听其他成就斐然的交易家的说法呢?史丹·温斯坦(Stan Weinstein)说:"千万不要相信这样的童话,世界上没有一项投资——无论是股票、黄金、珠宝、房地产或是商品期货——是可以'买入以后不用管的'。所有的投资都有周期性,一旦你在低谷时还持有它们,你会在财务和情绪上遭受双重打击。"乔治·索罗斯(George Soros)说:"经济史是一部基于假象和谎言的连续剧,经济史的演绎从不基于真实的剧本,但它铺平了累积巨额财富的道路。做法就是认清其假象,投入其中,在假象被公众认识之前退出游戏。"一位英国炒家则是这么说的:"我年轻时人们称我是投机客,赚了钱后人们称我是投资家,再后敬我是银行家,今天我被称为慈善家。但这几十年来,我从头到尾做的是同样的事……"

第六节 投机——伟大的艺术

广义上讲,任何以低买高卖为手段、以获取差价为目的的行为都属于投机。投资仅是投机的一种,字面上通常指那些确定性高、风险低但同时收益也较低的投机行为。譬如,从一级市场买入国债便算得上是一种普通意义上的"投资",但那种收益率在专业投机者看来是微不足道的。价值投资者可能会宣称他们投资企业的目的是获取分红,而丝毫不关心股价的起起落落,这是不确实的。因为即使是一项以获取红利为目的的投资,也必然会关心"红利率"。如果股价在某个时期迅速高企,而企业的利润和分红却相对稳定,那么"红利率"势必急速下降,甚至低于1年期银行利率,此时继续持有股票就是不智之举,理应卖出。

巴菲特于2007年第三季度至第四季度初,将手中持有的23.304 04亿股(原为23.477 61亿股,披露前已少量减持)中石油悉数抛空,上述原因是可能的理由之一(按中石油每年派现0.3元左右,以巴老最低抛售价11.26元计,最高红利率仅为2.7%,远低于银行利息)。在这项案例中,巴

老于 2000 年以低于 1.2 元的成本购入 11.091 69 亿股,于 2003 年 4 月以低于 1.67 元的成本增仓 12.385 92 亿股,总投入 34 亿元,平均成本 1.45 元 / 股,累计套现 300 多亿元,获利超过 260 亿元,持股七年获利 800%。应该说,这是一笔极为成功的操作。有些人认为巴老"卖早了"(中石油最高见每股 20.25 港元)、"少赚近百亿"的说法其实是不了解超大资金与小资金运作的差异。

这笔交易仍然不能脱离低买高卖、获取差价这一模式,因此仍然属于投机,而且是超大资金成功投机的经典之作(巴菲特持股中石油的这些年当中也收到了一些红利,但与通过差价赚取的利润相比,几乎可以忽略不计)。也许只有巴菲特的精湛功力和深邃眼光才能够穿透历史的迷雾,从而捕捉到如此重大的获利机会。尽管中石油的走势仍然不能摆脱技术分析的框架,但伟人超凡的眼光和惊人的耐力不是凡夫俗子可以随便学到的。从技术分析的角度来看,股神 2003 年 4 月增仓中石油的时机,恰逢恒生指数见历史性低点 8 331 点。问题是,股神是如何知道香港市场见底的?他的判断何以会与技术分析给出的结果相一致?这是一个谜。

现在,关于"价值投资"出现了许多谣言或者说错误的认知,这些认知部分和巴菲特的言论有关。譬如,他说,为了躲避喧嚣的市场,他选择住在奥马哈小城,远离纽约,远离华尔街。他还说,他持有一只股票数年数十年不动,而丝毫不关心股价的起落。"价值投资派"的弟子们仔细研究这些言论,于是就得出了"买卖时机不重要,大盘走势不重要,抱死自己的'爱股'不动摇最重要"这样危险万分的结论。当然,巴菲特所说的都是事实,而且根据我的理解,像他这种个性特质的人,总是忠实于自己的;你想让他说不是发自内心的话,还不如杀了他。但大师讲话是有其具体条件的,不能绝对孤立地理解和盲目地照搬。最后,关于投机的艺术,让我们一起分享德国以"大投机家"自称的安德烈·科斯托拉尼(Andre Kostolany)的高妙见解:

丰厚利润的来临往往出现在股价大爆炸时,如果资金要素始终坚挺,持续的时间可能会很长。在这段时间里,投机者可以适当约束自己的逻辑分析,他不仅要聪明,甚至要有足够的智慧去"扮演一个傻瓜"。他可以暂时关闭自己的批判理智,但仍应小心不丧失全部理智。即使从表面上看好像只有天空划定了一条界限,但我们仍应清楚地知道,树是绝对不会长到天上去的。因为当资金要素带来的普遍快感突然恶化时,我们必须及时从市场中跳出来,在这种欢愉的气氛下,这样做是极为困难的。我们绝不能受乐观的数据和预言的影响,乐观主义在24小时内随时可能转变成黑色的悲观主义。在某种程度上可以说,我们必须从后门溜出市场,就像一个名声极差的人从房子里溜出来一样,这样才能不引人注意。如果不这样做的话,我们就可能受到其他人乐观情绪的影响再次转身进去。

第二章 交易市场的本质

第一节 股票与期货

一、股票

传统教科书是这样为股票(stocks)下定义的:"股票是股份公司为筹集资金而发行给股东作为持股凭证并借以取得股息和红利的一种有价证券。每股股票都代表股东对企业拥有一个基本单位的所有权,同时享有一定的经营管理上的权利与义务,并且承担公司的经营风险。"股票不允许退股,一旦公司破产清算,首先受到补偿的不是投资者,而是债权人。股票允许买卖或质押。股票的发行和交易市场,分别称为一级市场和二级市场。通过股票市场,企业获得了发展壮大急需的资金,国家获得了税收,经纪公司获得了佣金收入,机构获得了投资收益,个人投资者获得了分享国民经济增长成果的机会……

马克思说:"假如必须等待积累去使某些单个资本增长到能够修建铁路的程度,那么恐怕直到今天世界上还没有铁路,但是,集中通过股份公司转瞬之间就把这件事完成了。"股票市场的社会效益之高可见一斑。它是如此高尚的事业,而且似乎每一个参与主体都是赢家,这一切难道不是很美好吗?然而,不幸的是,在股市上没有多方共赢这回事。无论哪国的证券市场,都有大批专门买单的输家存在。在开始所有的讨论之前,我想先提醒读者思考一个基本的问题:股市上用于交易的那只"股票",与它背后的上市公司真的是一回事吗?我对这个问题的回答是否定的。诚然,企业的经营绩效会影响股价,但是,即便企业经营上没有任何变化,它的股票价格依然会巨幅波动——从天上到地下。

二、期货

期货(futures)是由英文中的"未来"一词演化而来的,是指由期货交易所统一制定的、规定在将来某一特定的时间和地点交割一定数量标的物的标准化合约。在有着百年历史的国际商品期货市场上,交易品种不断增加和变化,已从传统的农畜产品(例如,小麦、玉米、大豆、猪腩、活牛等)和经济作物(例如,橡胶、棉花、咖啡等),发展到各种金属和贵金属(例如,铜、铝、锌、金、银等)以及能源品种(例如,原油、汽油、取暖油等)。于1972年诞生的金融期货(包括外汇期货、利率期货和股指期货)虽然只有30多年的历史,但因其已经占到整个期货市场80%以上的交易量而占据主导地位,成为西方金融创新成功的范例。

期货市场的历史比股票市场还要远为古老,最早是因为农产品的套期保值需求而逐步发展起来的。所谓套期保值的含义是这样的:以麦农为例,如果他产量较大且当时的现货价是1元/千克,他很担心取得收成时的现货价会下跌到0.5元/千克,那样他就会损失惨重,于是他就有了锁定收入的需要。他在期货市场上做空(卖出)一定数量的小麦合约,这样当小麦收割后即便现货价真的跌到了0.5元/千克,他在小麦期货上的空头合约所带来的盈利将刚好弥补他在现货上因跌价而造成的损失,从而达到锁定收入的目的。如果现货价不跌反涨,那么就用现货因涨价而带来的额外收入抵消期货合约的亏损,同样达到锁定收入的目的。而对于面粉加工厂来说,它可以通过相反的操作来锁定成本。

期货仓单的了结方式有两种:对冲平仓和实物交割。一般而言,投机者选择前者,套期保值者选择后者。虽然实物交割在期货合约总量中占的比例很小,但正因为实物交割机制的存在,使得期现价格变动趋于同步,并随着合约到期日的临近而逐渐接近,起到了联结期现两个市场的桥梁和纽带作用。所谓期货市场的三大功能——价格发现、风险规避和投机获利,也都因这一作用而得以体现。一般来说,期货公司和交易所不允许个人进入实物交割程序。如果有哪个粗心的交易者持有到期的未平仓合约,他会收到期货公司打来的要求平仓的电话,或者干脆被强制平仓。实物交割除了对交割时间、地点和交割方式都有严格的规定以外,对交割等级也要进行严格划分。而金融期货则没那么复杂,因为它还可以采用现金交割。现在某些商品期货,例如,芝加哥商业交易所(CME)的生猪和活牛期货,也采用现金交割。

关于期市和股市的关系,斯坦利·克罗(Stanley Kroll)在他的《期货交易策略》(*Stanley Kroll on Futures Trading Strategy*)一书中解释说:

大多数人认为股票市场和期货市场就如同是两个不同的世界,而事实并非如此。许多有经验的交易者都已逐渐意识到股票和商品投机交易有许多相同之处。尽管二者有一些不同点,就安全的交易策略、风险控制等基本原则而言,二者极为接近。两个市场的主要区别在于杠杆效应。期货交易通常仅需相当于市价5%的保证金,而股票交易者通常却必须交纳50%的保证金。如果期货交易者需交付50%的保证金而股票交易者只需交纳5%,那么情形就会完全相反。你能想象得出吗?那时商品交易就会被视为安全的、保守的,而股票交易则将会被视为有风险的和投机的……两个市场相似的地方远远多于其差异之处,从而把在其中一个市场上所掌握的交易技巧运用到另一个市场交易中必将是巨大的财富。

第二节　期权、外汇与债券

一、期权

期权(options)也称选择权,是指持有者在到期日前的一段时间内(美式期权)或到期日(欧式期权)以事先规定好的行权价格向发行方买入或卖出一定数量的特定标的资产的权利。期权有三种退出方式:(1)在期权停止交易前平仓;(2)选择行权;(3)选择弃权,即任由期权过期作废,损失所投入的全部权利金(期权费)。

下面先从股票期权谈起。股票期权有两种:一是作为企业激励计划的股票期权制度,指企业经营管理层在约定的期限内享有以某一预先确定的价格购买一定数量本企业股票的权利;二是作为金融衍生品用于交易的股票期权,即持有者可在一定的时限内按确定的价格和数量行使买进或卖出某种股票的权利,对这种权利的转让就称为股票期权交易。期权分场外(柜台)期权和场内期权,这里特指后者。

期权似乎是一个令人费解的概念,然而,事实上它比想象中的要简单。中国股民了解最多的认股权证——可分为认购权证(看涨期权)与认沽权证(看跌期权)——本质上就是一种股票期权。两者的区别为:股票期权是高度标准化的合约,即除了期权的价格是在市场上公开竞价形成的,合约的其他条款都是事先规定好的,具有普遍性和统一性,而认股权证一般是非标准化的。股票期权的有效期通常在1年以内,而认股权证则通常在1年以上。认股权证一般不允许做空,而股票期权允许做空。认股权证的行权在持有人和发行人之间进行,而股票期权的结算则由独立的专业结算机构进行。认股权证的做市商由发行人承担,股票期权的做市商必须经由交易所正式授权。

备兑权证是目前占国际权证市场主流的一种新型权证。备兑的含义是指发行人将权证的标的资产存放在独立的托管人处作为履行责任的抵押,而托管人则代表权证持有人的利益。其与普通的股本权证的最大区别是:股本权证一般由上市公司作为发行人,且通常与新股或债券同时发行,目的是提高投资者认购新股或债券的积极性。而备兑权证则由证券公司等金融机构发行,其所认兑的是已在市场上流通的股票,不会增加上市公司的股本,但可以获取一笔可观的发行收入(当然是有风险的)。针对同一家公司的股票,可能同时会有多个发行者发行备兑权证,其兑换条件各不相同。股本权证的行权方式一般为兑现股票,而备兑权证除了可以兑现股票,还可以结算现金差价。

期权合约的标准化使其在交易所里方便地转让成为可能,最后的履约也得到了交易所的担保。这使交易过程变得非常简单,提高了交易效率,降低了交易成本。期权交易因此而充满活力,交易量在全球范围内快速增长。1973年4月26日开张的芝加哥期权交易所(CBOE),目前已是世界上最大的期权交易所。除了股票期权,根据标的资产的不同,期权还可以划分为期货期权、股指期权、利率期权和外汇期权。所有期权的设计原理都是一样的。只要搞明白了在A股市场挂牌的认股权证,其他种类

的期权产品就会一通百通。有关权证的知识将在本章第三节和第四节进行详细介绍。

二、外汇

外汇(forex)市场是全球最大的金融交易市场。世界上的任何金融机构、政府或个人每天24小时都可以随时参与交易。汇市没有具体地点和中心交易所,所有的交易都是在银行之间通过网络进行的。其中,美元兑其他货币的交易称之为外汇直盘,例如,欧元／美元;两个非美货币之间的交易称之为交叉盘,例如,欧元／英镑。就技术方法和交易策略而言,外汇保证金交易与股票和期货交易之间并无大的不同,唯一的区别在于外汇保证金交易的杠杆高达50~500倍,因此必须通过严控仓位比例予以对冲。

三、债券

债券(bonds)是政府、企业或金融机构向社会筹集资金时,承诺按一定利率支付利息并按约定条件偿还本金的债权债务凭证。债券是有法律效力的有价证券,发行人即债务人,持有人即债权人。债券有面值(即本金)、利率(利息／面值)、付息时间和还本期限四个基本要素及如下四项基本特征:(1)偿还性,即发行人必须按约定期限与条件还本付息。(2)安全性,有固定利率,收益稳定,风险低。债券持有者享有优先于股票持有者对破产企业剩余资产的索取权。(3)流通性,即交易方便。(4)收益性,包括利息和差价收入两个部分。上市债券的交易有现货交易、回购交易(机构以债券换取资金,一定期限后再按事先约定的价格购回债券并支付资金占用利息)和期货交易三种方式。

一般用债券收益率(收益／本金,通常用年率表示)来精确衡量债券收益。由于人们在债券持有期内可以自由买卖,因此,债券收益包括利息(利率×面值)和买卖差价盈亏。基本的债券收益率计算公式为:

债券收益率=(到期本息和－发行价)/(发行价×偿还期限)

第三节　认股权证

下面先给出认购权证和认沽权证的内在价值计算公式:

认购权证内在价值=(正股价-行权价)×行权比例

认沽权证内在价值=(行权价-正股价)×行权比例

行权比例是指一份权证可以购买或出售的正股数量,该数量(指比号后面的数值,即比例后项越大,对应权证的价值也越大。行权比例一般为1∶1,但并不总是这样。例如,青岛啤酒CWB1的行权比例是2∶1(或1∶0.5),行权价格是28.32元。其含义是在权证到期后的行权期内,持有者可以凭两份青岛啤酒CWB1权证和28.32元的现金买入一份青岛啤酒股票。请注意,在这里我们是把比例后项0.5而不是比例的比值2视为行权比例。由此可见,行权比例是衡量权证价值大小极其重要的指标。行权价和行权比例都会随着正股的除息除权而调整。调整公式一般为:

(1)正股除息时,行权比例不变。

新行权价=原行权价×(正股除息日参考价/除息前一交易日正股收盘价)

(2)正股除权时,新行权价算法同上,只不过将"除息"改为"除权"即可。

新行权比例=原行权比例×

(除权前一交易日正股收盘价/正股除权日参考价)

下面以曾经在A股市场挂牌的五粮液认购权证YGC1(代码030002,该权证挂牌后最低价1.2元,最高价51.77元,上涨40多倍)和认沽权证YGP1(代码038004)为例详加解释。这是2006年4月3日因股改赠送而挂牌上市的一对蝶式权证。规模分别为2.98亿份和3.13亿份。初始行权价分别为6.93元和7.96元,初始行权比例均为1∶1。行权起始日为2008年3月27日,存续终止日为2008年4月2日。2006年6月12日,公司执行10股派1元的股利分配政策。除息前一交易日正股收盘价为11.43元,正股除息日参考价为11.43-0.1=11.33(元)。于是两者的行权价分别被调整为:6.93×(11.33/11.43)= 6.869(元);7.96×(11.33/11.43)=7.89(元),行权比例不变。

2007年5月8日,公司又实施10股送4股派0.6元的分配政策。除权除息前一交易日正股收盘价为35.66元,正股除权除息日参考价为(35.66-0.06)/(1+0.4)=25.43(元)。于是两者的行权价分别被调整为:

6.869×(25.43/35.66)=4.898(元);7.89×(25.43/35.66)=5.627(元)。两者的行权比例均被调整为1×(35.66/25.43)=1.402(股)。

那么,在两者的行权期,即2008年3月27日至2008年4月2日的15:00之前,持有人究竟该不该行权呢?

按五粮液正股(代码000858)2008年4月1日的收盘价21.78元计算,两者当时的内在价值分别为(21.78-4.898)×1.402=23.67(元);(5.627-21.78)×1.402=-22.65(元)。前者的含义是:购权持有者有权凭一份购权(不论是以何种价位买入的),加上4.898×1.402元的现金代价,向权证发行人——上市公司的大股东宜宾市国资公司——换取1.402股五粮液正股,然后再在二级市场上卖出(假设卖出时正股价不变——当然这是不可能的),获取21.78×1.402元现金,这是理论上所能回收的最大差价(假设行权手续费为零)。后者的含义是:沽权持有者有权凭一份沽权,将1.402股市价为21.78元/股的股票(市值为21.78×1.402元),以5.627元/股的行权价卖给权证发行人,换取现金5.627×1.402元,这是理论上所造成的额外损失。但要注意购权持有者账户里每一手购权(100份)必须至少对应100×4.898×1.402=686.7(元)的闲置资金(不计行权费用),才能保证行权成功。

综上所述,030002必须行权,否则每份价值23.67元的购权将被作废;而038004则绝对不可以行权,否则每份沽权将造成22.65元的额外损失。

第四节　认股权证的溢价率

下面谈谈衡量权证价格风险大小的指标——溢价率。

由权证的内在价值公式可知,当正股价大于行权价时,购权的内在价值为正,沽权为负;当正股价等于行权价时,两者均为零;当正股价小于行权价时,购权的内在价值为负,沽权为正。权证按内在价值为正、为零和为负,分别称为价内权证、平价权证和价外权证。权证的内在价值随正股而波动,权证本身的价格与其内在价值的变化也并不同步。我们一般用溢价率来衡量权证价格相对于内在价值的偏离程度。下面给出公式：

购权溢价率＝（购权价／行权比例＋行权价－正股价）／正股价

沽权溢价率＝（沽权价／行权比例＋正股价－行权价）／正股价

以 2007 年 6 月 19 日的 030002 为例，当天五粮液正股收盘价为 33.06 元，030002 收盘价为 34.74 元，则当时的溢价率为：(34.74/1.402＋4.898－33.06)/33.06＝－10.2%。其含义是先把购买权证的成本价折算成对应于一股正股的成本，加上行权价，构成行权的总成本，然后再与未来的潜在收入——正股价——相比较，溢价为负则意味着如果行权将有利可图。当然，在行权日到来之前，一切都是变动的。如果正股持续大幅下跌，负溢价也可能很快变成正溢价。负溢价可能代表低估，也可能代表该品种走势偏弱，暗示着市场不看好该品种。下面将溢价率公式稍作变形可得：

购权溢价率＝【购权价－（正股价－行权价）×行权比例】
　　　　　／（正股价×行权比例）

沽权溢价率＝【沽权价－（行权价－正股价）×行权比例】
　　　　　／（正股价×行权比例）

不难看出，上式分子的被减式就是权证的内在价值。这样当权证价格分别大于、等于、小于其内在价值时，相应的溢价分别为正、为零、为负。下面将溢价率公式再作一次变形：

正股价×（1＋购权溢价率）＝购权价／行权比例＋行权价

正股价×（1－沽权溢价率）＝行权价－沽权价／行权比例

从上式不难看出，为了使行权达到保本的效果，购权溢价率就是指正股在目前价位上必须再上涨的百分比，沽权溢价率就是指正股必须再下跌的百分比。当权价与内在价值相等的时候，溢价就消除了，行权就保本了。

第五节　交易市场的本质

在上述几大交易市场中，股市最为人们所熟知。当今世界，股市已是如此普及，只要是不太落后的国家，几乎每个城市中的家庭或多或少皆有参与，形形色色的交易大众遍布世界各地。美国的华尔街股市已历经200

年沧桑。如果追溯投机的历史,有一句古话,叫做"投机像山岳一样古老",也许远在人类进入商品社会以前,投机活动就开始了,甚至可以说,只要是有人类的地方就有投机。有人喜欢标榜自己是所谓的"投资者",他们企图刻意用这个词把自己和其他人区别开来。可是瞬息万变的金融市场是如此残酷,它并不会因为谁是一名"投资者"就给予丝毫照顾。当某位老兄在转瞬间就丧失了自己多年的积蓄以后,我相信他从此永远都不会再提起"投资"这个词。

因此,不管有多少人反对,我还是要说出自己对于金融交易市场本质属性的认识,因为我一直秉持这样的观点,并因此而得益。我认为,交易市场并不是适合"投资"的场所。无论股票、期货、期权还是外汇都显而易见不是用来投资的,而是用来投机或"交易"的。从来就没有哪个激烈对抗的场所是为绝大多数人谋福利的;相反,交易市场恰恰是对那个被称为"大众"的群体的绞肉机和屠宰场。那么,交易市场的本质究竟是什么呢?我认为,它是上帝发明的可供数亿人同时参与的巨型麻将馆,是高效率的财富再分配的机器和试炼人性的熔炉。正因为如此,金融交易才成为人类仅次于战争的最残酷、最险恶、最诡异的游戏。除了娱乐极少数赢家,超过九成的参与者输得倾家荡产的结局也是他们人生必修课程的一部分。

人们似乎早已忘记华尔街臭名昭著的股票投机史。因为不知从几时起,沃伦·巴菲特和彼得·林奇用自己的传奇故事开始为股票正名。他们的经历似乎表明,股票是"投资品",只要秉持"价值投资"的理念,大众也能染指股票,从而在经济增长的盛宴中分享一杯羹。后来,商品期货也被纳入"投资品"之列。在这个癫狂的年代,凡是和暴利有关的东西,无论风险多么巨大,似乎都可以被贴上"投资品"的标签。如果说连购买次级贷这样离奇的金融衍生品都可以被称为"投资",那股票、期货和期权也都和"投资"沾亲带故又有何不可呢?可是,如果这些都属于"投资",那该如何解释股票经常脱离基本面而巨幅波动?如何解释外汇保证金交易高达百倍的杠杆?又置做空行为于何地?

任何一项金融产品被推向市场的时候——这被称为"金融创新"——通常都会被冠以如下三个冠冕堂皇的理由:(1)它是人类工业生产或经济

生活的现实需要;(2)它会为人们规避某种重大风险提供有力的工具;(3)它值得作为投资品被投资者纳入投资组合……这些说法,您一定似曾耳闻。可是实际情况却是,它们自身所带来的风险却比它们规避掉的风险还要多、还要大。以最早诞生的美国商品期货为例,它在为一些芝加哥的农夫提供了套期保值的机会的同时,却会把更多因无知而参与投机游戏的农夫无情摧毁。而真正最终得益的,是专业投机者群体而非农夫们。由此可见,交易市场就是一群绝顶聪明的人洗劫相对而言"不太聪明的大多数人"的游戏。

这种世世代代进行下去的游戏给了那些草根英雄平地崛起的机会——上帝在为这类人留下了向上层社会流动的后门的同时,也为大量纨绔子弟、巨额财产的继承人迅速滑向底层社会留下了后门。与此同时,大量的平民百姓则成为这场混战的殉葬品——他们在为自己的无知付出代价,因为他们本不该参与这场对他们完全不利的游戏。在科技日新月异、电子交易方便快捷的今天,金融交易市场就像是专门吞噬金钱的巨型怪兽,每天都在娴熟高效地进行着财富大转移。这是庞大的、公开的、合法的、由政府主持的"赌场"。在这里,人们展开了疯狂的对抗或对赌——不是多空双方之间的对抗,就是发行方和购买方之间的对赌。通过这种方式,无数新手、外行和大众的钱,源源不断地流进了老手、内行和专家的手中,流进了这个世界上具备最聪明的头脑、最准确的判断力和最顽强意志力的人手中。

第六节　交易与赌博

"我是一个罪恶的赌徒吗?"在交易生涯的低潮期,或在遭遇所有人的反对、陷于空前的孤立时,相信不止一个交易者会在内心发出这样苦闷的自问。时至今日,一些传统观念根深蒂固的人仍然认为做交易是"投机取巧"或"不劳而获"的,因而也是不道德或不体面的。但事实上,除非已经成为赢家,否则做交易并不轻松。有些人甚至认为在交易市场上赚钱是罪恶的,因为这些盈利就是别人的亏损,或导致别人亏损的原因。外行们搞不清楚一个执着的市场投机客和一个赌徒之间的区别尚且情有可原,但是,如果交易者自己也抱持类似的观念,那他就无法真正在这行立足。交易者只有从思想上解决了职业正当性的困惑,才能够在内心里接纳和喜欢自己。

从最广义的角度讲,我们所做的一切事都可以视为赌博,哪怕那些当时认为是十拿九稳的决定,事后看来也是如此,区别只是赌注的大小不同而已。这个说法还可以包括我们充满风险的整个人生。我生性开明,能够接受许多世俗难容的观点,因此,公开承认自己是一个职业赌徒并不会使我感到丝毫困扰。以交易为生是一条风险莫测的艰辛之路,至少需要10年以上孜孜不倦的研究,加上可观的学费。虽然最终有人赚有人赔,但这就是竞争的结果。如果交易赚钱也算罪恶的话,那么人类一切和竞争有关的领域就都充满了罪恶。而竞争恰恰是人类的天性,是推动社会进步的力量。一个在交易市场上崛起的真正的成功者,可以是而且必须是一个满怀善意的好人,或一个正直的、对社会有益的人。这也是我的终极感悟。

从狭义的角度来讲,交易与赌博的根本性区别在于:赌博作弊的概率更高,也更容易;而交易,如果对它足够熟悉,其安全性和可操作性要远大于赌博。在赌博中拿到什么牌主动权不在自己手中(作弊除外),但在交易这行,差牌(譬如劣质股)却可以避而远之,而且何时进场、何时出场完全自己说了算。交易市场上也会存在内幕交易,但就对最终结果的影响而言,要远小于赌博中的作弊。赌场的规模太小,参与的人太少,竞争不充分;而交易市场规模巨大,几乎无人能够随心所欲地操纵,就连政府也不行。有"全胜交易员"之称的马可·威斯坦(Mark Weinstein)曾说:"许多人认为市场交易就是赌博。我认识一些交易员,他们连续获利29年,这绝对不能算是赌博。"

由此可见,交易是比赌博远为公平和规范的游戏。在交易市场上崛起与从赌场中胜出相比,其成就感要大得多。因此,问题的关键不是交易是不是赌博,而是要按正确的技术"赌",按高明的策略"赌",按既定的原则"赌",按严明的纪律"赌",要千方百计从数千万竞争者中脱颖而出。要做到这一点,就必须在技术和心理两方面超越对手。我们之所以还不是赢家,是技术和心理两方面的缺陷所致。而作为交易者的任务,就是要一一消除这些缺陷。当我们把自身的缺陷减少到足够少的程度,赢家地位就会唾手可得。下面,关于交易与赌博的关系,让我们来听一听美国伟大交易家杰西·利维摩尔的说法:"赌博和投机的区别在于前者对市场的波动压注,后者等待市场不可避免的升和跌。在股市赌博是不会成功的。"

迈克尔·卡沃尔(Michael Covel)在其所著的《趋势跟踪》(Trend Following)一书中说:"你认为自己是投资者还是交易者? 大多数人把自己看作投资者。可是,假如你知道市场里的大赢家们都把自己叫做交易者的时候,你不想问问为什么吗? 道理很简单,他们不投资,他们只是做交易。"根据我的理解,"交易"(trading)就是"投机"(speculation),它们是一回事,而"投资"(investment)和"赌博"(gambling)是两个极端的字眼,都不可取。相应地,我们今后也不再提"投资者"(investor)或"赌徒"(gambler)这样的说法,而只说"投机者"(speculator)或"交易者"(trader)。鉴于"投机"和"投机者"已经被赋予太多的负面色彩,我们一般以"交易"和"交易者"代替之。

第七节　内幕与操纵

上节说到即使是政府也难以左右交易市场,有些读者对这一结论心存疑虑。事实上,证据比比皆是:在不久前的一场次贷危机中,美国的道-琼斯指数从 2007 年 10 月 11 日的 14 198 点下跌到 2009 年 3 月 6 日的 6 470 点,跌幅 54%,美国政府只能眼巴巴地看着。中国 A 股从 2007 年 10 月 16 日的 6 124 点一口气下跌到 2008 年 10 月 28 日的 1 664 点,跌幅 73%,中国政府只能眼巴巴地看着。日经 225 指数从 1989 年底见顶 38 957 点以来,已经熊了 20 多年;其间虽也几经反弹,但至今仍然趴在 10 000 点左右的位置,日本政府也只能眼巴巴地看着。所有的救市措施的影响力都极其有限,根本无法和大势抗衡。短暂的反弹过后,股市再创新低,直到风险释放完毕乃至严重超跌为止。

政府能阻止股市上涨吗? 同样不能。中国 A 股曾经从 1996 年 1 月 19 日的 512 点开始一轮大牛市,其间政府连发"十道金牌"阻止股市上涨都

无济于事,一直涨到 1996 年 12 月 11 日的 1 258 点,才在政策的累积利空打击和巨大的获利盘冲击下连续暴跌,短短两周见到了 855 点的短期低点。但是,牛市的生命力是如此顽强,后来市场不仅完全收复失地,还再创新高。直到 1997 年 5 月 12 日的 1 510 点,这轮牛市才告完结。同样的一幕于 2007 年再度上演。当时 A 股从 2005 年 6 月 6 日的 998 点开始一路攀升,到 2007 年 5 月 29 日已经达到 4 335 点。当天夜里财政部突然宣布提高印花税税率,导致了令许多股民终生难忘的"5·30"大暴跌。但是,股市很快就重拾升势,于 2007 年 10 月 16 日见到 6 124 点的历史性高位。

综上所述,不难得出"大级别的趋势不可阻挡"这一基本结论。既然国家尚且不能真正地操纵市场,某个机构或个人就更不用说了。关于市场能否被操纵,让我们来看看华尔街杰出交易家保罗·都德·琼斯的观点:"市场绝对会朝着应该发展的方面前进……一般大众对市场的看法,最重大的错误观念是认为市场会受到人为力量的操纵,譬如,认为华尔街有若干集团可以控制股价。其实我也可以参与任何市场制造一两天甚至一周的行情。假如我在适当的时机进场,稍微朝多头的方向加把劲,我甚至可以制造出一个多头市场的假象,但除非市场真是多头,否则我一停止买进,价格便会下跌。你也许可以在最荒芜的地区开一家高级服饰店,但如果没有客人上门,你势必只有关门一途。"

因为市场操纵和内幕交易对市场公平公正的基础构成破坏,所以各国都立法禁止。但是,有一种涉及国家最高层面的内幕交易,实际上却是基本面的一种。例如,麦可·马可斯(Michael Marcus)曾经回忆说:"我记得 1978 年底美元开始重挫,几乎每天都创下新低纪录。有一天,我们注意到美元突然转强,然而根据手中拥有的资料却无法解释个中原因。我们在百思不得其解的情况下,只好尽量抛售手中持有的外汇。后来在周末,卡特总统宣布了一项支撑美元的计划,才解开了我们心中的迷惑。假如我们当时等到美国外汇隔天开盘才抛售,就会赔得倾家荡产。此经验证明了我们所坚信的一个原则,亦即国际外汇市场的大户,包括各国政府在内,经常会得到一些内幕消息。如果我们发现市场突然出现出人意表的变动,就应该当机立断,事后再去寻找原因。"

市场上的领先指标往往是那些消息远比你我灵通的市场人士。当市场基本面产生变化时，技术面最初的变动方向往往就是市场的长期趋势所在。重大的市场操纵与内幕交易行为会体现在技术走势图上，为未来中长线的趋势方向指明道路。高明的交易员无需打探任何内幕，只需通过技术走势图就能发现端倪。因此，市场操纵和内幕交易可以成为联结技术面和基本面的桥梁，基本面可以通过两者而起作用。在专业交易者眼里，如果它们加大了市场波动的幅度，那么不但不是坏事，反而成为可以利用的机会，因为对专业交易者来说，他不怕市场上涨，最好暴涨；也不怕市场下跌，最好狂跌。他最害怕的，是市场走势像死人的心电图——一条直线。

第三章 理论与道路

第一节 基本分析还是技术分析(之一)

大级别的趋势不可操纵——既不可被人为创造，也不可被人为中断——这一结论奠定了图表型技术分析的基础。技术分析是以图表为主要研究手段,试图预测市场价格变化的未来趋势的技术。技术分析有许多门类,图表派是主流。基本分析是指股票的财务报表分析和商品期货的供求关系分析,然后进一步扩展到行业分析和宏观经济形势与政策分析。两者的目的都是为了预测价格变化的方向,但出发点不同。技术分析是从价格变动的现象入手直接分析行情,而基本分析是从价格变动的原因入手间接分析行情。技术分析派通常不理会价格涨跌的原因,而基本分析派则不讲究进出场的精确时机。关于二者孰优孰劣,已经争论了100多年仍未有定论。下面,我以一个技术派的眼光,谈谈自己的看法。

一、交易者不可能掌握所有的基本面信息

尤其是那些能揭示事实真相的内幕消息,一般人难以获得。为了分析结果的准确性,任何不起眼的细节都不能忽略,这会导致基本分析的工作量过大。况且,有关基本面的任何数据都可以是假的或不准确的,但市场价格和成交量却是真实的,因此,它们所构成的技术走势图才是唯一可信赖的东西。

二、信息对价格的影响程度和交易者对信息的反应难以量化

为此基本分析不得不借助一个又一个假设，导致分析结果的弹性过大。作为技术派的一员,我从来只关心价(包括K线、均线)和量(包括成交

量、持仓量)两个要素。通过对这两个要素的分析,研判出多空力量孰强孰弱,进而研判出趋势的方向或无趋势的事实用以指导交易。

三、基本面信息总是落后于价格变化

从来都是价格创造新闻,而不是新闻创造价格。保罗·都德·琼斯曾说:"我相信在市场价格变动之后,市场的基本面才会随着改变。"约翰·J.墨菲(John J. Murphy)则在他的《期货市场技术分析》(Technical Analysis of the Futures Markets)一书中列举了一个生动的例证:"1982年夏季,股市和债市同时爆发了一轮剧烈的牛市,及时地宣告了一场自第二次世界大战以来为时最长、痛苦最深的大衰退就此终结——然而经济学界对如此重大的转折当时差不多毫无察觉……市场价格是经济基础的超前指标,也可以说是大众常识的超前指标。历史上一些最为剧烈的牛市或熊市在开始时,几乎找不到表明经济基础已经改变了的资料。等到好消息或坏消息纷纷出笼的时候,新趋势早已滚滚向前了。"

四、价格变化已经消化吸收一切信息

艾德·斯科塔曾说:"我认为基本面资讯并没有用,因为市场早已将它反应在价格上了。如果你能比别人早几步知道某些基本面的变化,那又另当别论了。基本上,我是一个已经具有20年经验的趋势交易员,趋势跟踪就是分析图表的一种。根据分析图表从事交易有如冲浪。你不必了解波浪起落的原因,就能成为一名冲浪高手。你只要能感觉到波浪涌起以及掌握乘浪的时机就够了。"杰西·利维摩尔则说:"大众应该始终记住股票交易的要素。一只股票上涨时,不需要花精神去解释它为什么会上涨。"

五、个人交易者很难掌握基本分析的要领

诚然,没有人能够保证技术分析的学习者一定能在市场上赚到钱。但毫无疑问的是,对于绝大多数人而言,试图通过学习基本分析达至盈利目的的希望会更加渺茫。我个人认为,除非有特别的嗜好,散户交易者想要成为基本分析专家的冲动基本属于不智之举。基本分析究竟有多难?查尔斯·勒博(Charles Le Beau)说:"即使你受过高度专业化的训练也要避免自己做基本分析。我已经从事期货交易40年,并且经常在一所重点大学里给研究生讲授基本分析课程,然而我从来不会想到要自己做基本分析。比

你和我都更有资历的真正的基本分析专家,他们把全部的时间都投入在这方面,而他们的结论是随时可以免费获得的。"

第二节　基本分析还是技术分析(之二)

六、技术分析适用于任何市场、任何品种和任何时间尺度

约翰·墨菲还曾经说过:"技术分析有一个了不起的长处,就是它适用于任何交易品种和任何时间尺度。不管是股票还是期货,没有用不上的地方。图表派可以随心所欲地同时跟踪许多种类,而基本派往往顾此失彼。经济基础方面的资料过于繁杂,多数基本分析师只好从一而终,专门研究某种或某类商品,譬如,谷物或金属。我们绝不可忽视这个差别。市场有时平平淡淡,有时候高潮迭起;既有趋势明朗的情况,也有杂乱无章的阶段。技术派就不妨集中精力和资源,专门对付趋势良好的市场,暂且不理会其他趋势不明者。这样,在市场上各种商品轮流坐庄,交替活跃,技术派跟着把注意力和资金转移到最行时的对象上去。"

"不同的时候总有不同的商品最火爆,趋势漂漂亮亮,而且往往此起彼伏。技术分析者大得其宜,随机应变地轮换新宠。而基本派多是'专家',常常享受不到这份灵活性,缺了图表派那份潇洒。图表分析另一个优点是它能应用于任何时间尺度。无论是研究一天以内的价格变化做日内交易,还是顺应趋势做中等期限的跟势交易,都可以采用相同的原理。有人说图表分析只适合短线,这是无稽之谈。也有人说基本分析适合做长期预测,而技术分析用于短线的时机选择更好。实践证明,使用周线图和月线图解决长期预测问题也毫不逊色。"

七、没有任何一个交易者能够完全脱离技术分析

有些人明明依靠技术分析大赚其钱,却依然声称其做交易的依据是基本分析,并且大肆贬低技术分析。可是真的存在完全不看技术图表的交易者吗?回答是否定的,因为这个问题就像是在问人没有眼睛是否还能看一样。以基本分析见长的詹姆斯·罗杰斯(James Rogers)曾说:"我不曾碰到过靠技术分析致富的人。当然,这不包括出售技术分析图表的人在内。"

可是在被问及他是否使用价格走势图时,他却回答说:"会的。我每周都会看一下市场走势图。靠这些资料,我可以知道市场目前的情况。偶尔我也会看分析图表。有时候,分析图表会告诉你市场上已经出现极大的乖离,在这种情况下,我通常会考虑是否要继续做多或放空。"

对此,约翰·墨菲解释说:"图表分析抄了基本分析的近道,反过来却不然。基本分析里不包括价格的变化。如果说单纯利用技术分析从事商品期货交易还可以,要是某人毫不理会市场的技术特点,试图单单利用基本分析来做交易,那就大为可疑了……期货的杠杆作用注定了时机是交易成败的关键,即使在把握大趋势上没有出问题,仍然很可能赔钱。'买进并持有'这一套行不通。在市场预测阶段,技术分析或基本分析都可采用,但到了选择具体出入市时机的时候,就只能仰仗技术分析了。这就是说,只要是做交易,就得按部就班地完成这两个步骤;哪怕在第一个阶段用的是基本分析,在第二个阶段也还是非用技术分析不可。"

八、华尔街杰出交易家推崇和信赖技术分析

马丁·舒华兹说:"如果有人对我说,他从未见过一个发财的技术分析师,我会嗤之以鼻。因为我干了9年的基本面分析师,结果却是靠技术分析致富。"威廉·奥尼尔说:"大部分投资人认为股市的图表分析没有什么意义。事实上,只有大约5%~10%的投资人看得懂图表,甚至有许多专业交易员都对图表一知半解。投资人不知使用图表分析,就如同工程师不懂得使用X光一样愚蠢。分析图表可以提供许多用其他方法难以获得的资讯,可以使各种股票的表现组织化,对选股工作有很大的帮助。"布鲁斯·柯凡纳(Bruce Kovner)说:"对我而言,技术分析有如体温计。光靠基本分析,而不注意市场走势的相关图表,就如同医生为病人治病,而不替病人量体温一样荒谬。技术分析不但可以反映市场大势所趋,也能突显市场异常的变化。以我而言,研究市场价格走势图是一项非常重要的工作,我可以靠它判断市场未来可能发生的变化并预做准备。"

第三节　错误的理论——随机漫步理论(之一)

资本市场是最不缺少理论的地方。例如,道氏理论已经有着上百年的历史,经历了时间的检验;但更多五花八门的理论,仿佛千百条歧路在时刻等待着新手误入歧途。其中任何一条歧路,都足以让初学者荒山终老、皓首穷经。除了耗尽他们毕生的精力和金钱,什么成果都不会诞生。好在我们无需一一践行就能判断出一种理论是否有效。这样做一是根据常识,二是要看这种理论是否由具备实战经验的交易家提出。我想,借此机会表明我对流行理论的看法,是我对后来者的责任。

所有的赢家都是相似的,而输家则各不相同。我之所以不主张新手学习巴菲特,就是因为他和所有人都不相似,无从学起。而杰克·D.施威格(Jack D. Schwager)在《华尔街操盘高手》(*Market Wizards*)和《华尔街点金人》(*The New Market Wizards*)两部书中采访过的 30 位当代杰出交易家,在某些方面都非常相似,例如,顺应大趋势,正确地捕捉战机,严格进行资金管理,高度地自律,耐心地持长,等等。他们全都可以视为杰西·利维摩尔的追随者或模仿者。他们站在巨人的肩上,吸取了他的经验教训,因而取得了巨大的成功。年轻后学要想踏上成功的坦途,研究他们的做法和言论才是唯一的出路。如果一种理论的提出者不是有过辉煌战绩的实战交易家,而是某个学院派教授,则几乎可以肯定它一钱不值,哪怕这种理论获得过诺贝尔经济学奖也不行!

有些学院派专家学者看似聪明,实则非常愚蠢。"随机漫步理论"(Random Walk Theory)就是我所知道的最为愚蠢的理论之一。这个理论认为,市场是随机游走、杂乱无章的。但是,面对这个毫无章法的市场,该理论竟然得出交易者应该"买进并持有"指数基金的结论,理由是没有人能够真正战胜指数。可是如果"买进并持有"指数基金能够盈利,不就等于承认指数存在一个上升趋势么?一方面靠追随大势赚钱,另一方面又否定趋势的存在,这是典型的自打嘴巴。可是即便是买进指数基金也不是什么好建议,对这种想当然的结论,我至少可以从如下三个方面予以驳斥。

一、仅仅追求和指数同步的收益只会永远原地踏步

众所周知，巴菲特的年均收益率不过略高于20%而已。人们据此认为，只要保持20%的复利增长，几十年之后就会成为巴菲特第二。可是事实上，年均20%的收益率非但不会成为巴菲特，相反只能永远呆在穷人的位置上动弹不得，最多也就是年复一年地原地踏步而已。道理很简单，一般人的账户根本做不到封闭运行。你得吃饭、看病、花销，你得不断从账户提款。越是职业交易者，越是没有交易以外的其他收入。更何况，从长期来看，指数连10%的年均增长率都难以达到。如果剔除通胀因素，持有指数基金的效果会更差。

二、超越指数不仅完全可能而且大有人在

大多数人的确难以超越指数，但这不应该成为自甘平庸的理由，我们应该向卓越交易家们看齐。理查德·丹尼斯魔术般地把400美元变成了2亿美元。布鲁斯·柯凡纳1978～1987年间的平均收益率高达87%，即如果在1978年初投入2 000美元，10年后这笔资金可以成长到100万美元。同样是在10年时间里，麦可·马可斯使他操盘的资金增长了2 500倍，折合年均报酬率约120%……金融市场的乾坤之大、能人之多，是远非象牙塔里的书呆子们所能想象的。

三、长期持有指数基金的最终结果有可能亏损

日经225指数1989年底已经接近4万点，至今仍不足1万点（最低曾到过7 000点）。如果在峰位时介入，持有该指数基金20年的结果是亏损超过70%！美国的纳斯达克指数2000年3月曾经高达5 132点，如今快10年过去了，依然匍匐在2 000点的位置（最低曾见1 100点）。由此可见，买卖指数基金也要依据大势操作，并且进出场的时机很重要。正确的做法应该是：在指数处于牛市时做多股指期货或指数基金，在指数处于熊市时则做空两者，而不是一味盲目地持有。

第四节　错误的理论——随机漫步理论（之二）

随机漫步理论虽然历史悠久，但迟至1964年才首次集中出现在保

罗·H.库特纳(Paul H. Cootner)编撰的《股票市场价格的随机行走特点》(*Random Character of Stock Market Prices*)一书中。伯顿·G. 马尔基尔(Burton G. Malkiel)1973年出版的《漫步华尔街》(*A Random Walk Down Wall Street*)一书则使之进一步发扬光大。马尔基尔在书中对技术分析者极尽嘲讽羞辱之能事：

走近技术分析师，仔细一瞅，常会看到他们的鞋子上有破洞，衬衫的领口也磨损了。我个人从未认识什么成功的技术分析师，倒是见过好几个不成功的折载沉沙，惨败不堪。令人称奇的是，身无分文的技术分析师却从来没有一丝悔意。如果你在社交场合冒昧地问他为何如此穷困潦倒，他会坦诚率直地说，之所以如此落魄，是因为他犯下了是人都会犯的错误：没有相信自己的图表。有一次，我的一位图表师朋友请我共进晚餐时就说过这样的话，我当场被食物噎着，弄得自己非常尴尬。自此之后，我就立了个规矩，永远不再和图表师一起吃饭。这不利于消化。

历史上任何一位知名交易家都不曾以如此狂妄的语气说话。随机漫步理论不仅否定技术分析，还同时否定基本分析。如果它成立的话，交易市场上的所有专家们都将无立锥之地，积极进取变得毫无意义，而众多杰出交易家的卓越绩效将不过是消极持有指数基金的结果。但是，众所周知，市场是规律性(趋势行情)与随机性(无趋势行情)的统一体。任何对金融市场的运作有正确认识的人士，都不难凭常识看出随机漫步理论的荒谬性。例如，技术分析大师约翰·墨菲就曾经反驳道：

满目随机其实只是无力辨识系统性价格变化形态的代名词。许多学者没有能力揭示价格形态，可这并不能证明价格形态不存在。随便翻翻哪本图表书，就可以很直观地看到趋势确实客观存在。如果价格变化前后无关，那么试问随机行走派诸君，如何解释触目可见的趋势呢？不少顺应趋势系统在现实交易中战果辉煌，利润丰厚，又该作何解释呢？

而在《股市趋势技术分析》第八版献给约翰·迈吉的纪念辞中，作者——约翰·迈吉公司的总裁理查德·迈克德莫特（Richard McDermott）写道：

对于那些坚信随机游走理论的人，他们曾对约翰声称华尔街上不存在可预测的行为。约翰对此的回答十分精彩,他说:"你们这些家伙过分依赖你们的电脑。到目前为止设计得最好的电脑仍然是人类的大脑。一些理论家试图模拟股市行为,在最终宣告失败的情况下就声称股市中的运动是随机游走。难道就不能同样平等地认为只是因为电脑程序不够灵敏,或者电脑本身不够强大,从而不能够成功地模拟人类大脑的思维过程吗?"接着,约翰走到他的一大堆图表处,从中取出他心爱的一张,将它展示给随机游走论者。图上展现出:价格猛烈地上冲,伴随大的成交量;价格调整巩固,伴随小的成交量;价格再次向上猛冲,伴随大的成交量;第三次;第四次。一张漂亮的、对称的图表:股价沿着一条界定清晰的趋势通道运行,成交量伴随着价格而运动。"你们真的相信这些形态是随机的吗?"约翰问道——他显然已经知道了答案。

你是愿意听一个身经百战的沙场老将的忠告,还是一个饱读兵书的书生的侃侃而谈?随机漫步理论在赢家那里没有任何市场,却因为"市场走势是随机的"这种说法颇能安慰输家们饱受创伤的心灵而大受其欢迎。1999年,麻省理工学院的安德鲁·W.罗(Andrew W. Lo)博士,以《华尔街的非随机漫步》(A Non-Random Walk Down Wall Street)一书将该理论驳斥得体无完肤。作者与所有的市场赢家一样,都深信资本市场的规律性不仅清晰而明显,并且像山岳一样不可撼动。因此,凡是那些认为资本市场没有任何规律可循的理论都是错误的理论,这就是我们最终的结论。

第五节 错误的理论——有效市场假说(之一)

1900年,法国数学家路易斯·巴舍利耶(Louis Bachelier)首次提出了金融资产价格服从对数正态分布的假设,并假设股票价格服从布朗运动(物理学中分子微粒所做的一种无休止的无序运动),这成为随机漫步理论和有效市场假说(Efficient Markets Hypothesis)共同的源头。1965年,芝加哥大学经济学教授尤金·法玛(Eugene Fama)正式提出有效市场假说:"假说的前提是股票价格总是正确的,因此,市场走势是随机的,没有人能预测市场未来的方向。价格正确的前提是,制定价格的人,一定是理性的,并且

掌握充分的信息。"根据这一理论,金融市场又被进一步划分为弱式(技术分析失效)、次强式(基本分析失效)和强式(内幕消息也失效)共计三类"有效市场"。

这个理论的要点是:一群"理性"的人,在同样的时间对同样的信息以同样的速度作出同样"理性"的反应之后,立即将该信息的影响传达到价格变化上,从而造就出一个"有效市场"。后来,该假说进一步与哈里·马克维茨(Harry Markowitz)以"均值—方差"法提出的资产组合理论相结合,诞生了一般均衡框架中以理性预期为基础的"资本资产定价模型"。从此,资产组合理论、资本资产定价理论和有效市场假说一起,在传统金融理论中占据了统治地位。这些理论的特点就是在假设持有期收益率服从正态分布的基础上,运用数理统计的方法来分析市场和指导投资。例如,资产组合理论就主张通过分散投资来降低风险,追求平均收益。

在我看来,有效市场假说至少存在如下疑问:

一、完全追求经济效用最大化的"理性经济人"并不存在

众所周知,人只是理性与非理性参半的动物。不论是出于无知还是故意,交易者都完全有可能作出损害自身利益的选择。所谓的"整体理性"也同样可疑。《非理性繁荣》(Irrational Exuberance)的作者、耶鲁大学经济学教授罗伯特·席勒(Robert Shiller)认为,市场有时候会被疯子和集体癔症所左右,这一观点实在是精彩绝伦(但是,这难道不是一件值得利用的好事吗?专业投机者无惧任何惊涛骇浪,唯独对死水一潭的市场一筹莫展)。反观新兴的行为金融学把人的心理和情绪因素引进金融交易决策过程的做法,就显得明智和务实得多了。

二、人们不可能同时获得相同的信息,对相同的信息也不会作出同样的反应

常识告诉我们,信息不可能像阳光一样不偏不倚地普照众生,亦即信息不对称的现象永远存在。况且,国王和乞丐之间的差别有多大,人和人之间的差别就有多大。即便是对于同样的信息,人们的反应也会大相径庭。信息的不对称和交易者个体之间的巨大差异,完全有可能导致有效市场的假设落空。

三、从历史走势出发对未来的价格涨跌作出部分预测完全可能

随机漫步理论和有效市场假说都认为市场走势混乱无序,价格变动的路径不可预期,投资者无法根据过去的价格预测未来,也无法跑赢大市。这两套理论的支持者天真地以为,价格走势的过去和现在没有关系,现在和未来也没有关系。但实际上,时间因素在价格变动中至关重要。无论是过去的价格或信息,都会对将来造成影响。因此说,市场存在记忆效应是不容置疑的事实,历史走势也因而具有不容忽视的研究价值。

市场走势究竟能否预测?这是一个存在巨大争议的问题。输家们一致认为不能,赢家们则不置可否,以沉默应对。事实上,从历史走势出发对市场的未来走势作出某种程度的预测是完全可能的,这种预测有时甚至能够达到相当准确的地步。简单地说,趋势行情相对容易预测(无论是趋势的开始、中途还是结束),无趋势行情则很难预测。越是大级别的趋势行情预测起来就越容易。我甚至可以肯定地说,大规模的趋势运动多数事先都是可以看得出来的。我知道这种说法令人震惊,但说到底,这只不过是个技术水平高低的问题罢了。

第六节　错误的理论——有效市场假说(之二)

四、市场的局部有效性不能消除超额利润的存在

如果说随机漫步理论宣扬的是不可知和不作为论,那么有效市场假说就是在为不作为或消极投资辩护。事实上,缺乏理性——更多情况下是缺乏知识——的投资大众,恰恰是赢家能够确立优势的原因。市场的局部有效性,即信息能够很快被价格充分消化吸收,是一个显而易见的事实;但是,这一事实并不能消除超额利润的存在。杰西·利维摩尔所开创的趋势跟踪一派在华尔街已经形成一个蔚为壮观的赢家群体,少数知名的价值投资者也已持续多年稳定盈利,就是明证。

五、除非学会以资金管理配合趋势跟踪,否则以有效市场假说为依据难逃破产的命运

长期资本管理公司(LTCM)曾有"债券套利之父"约翰·梅里韦瑟

(John Meriwether)的加盟,以及两位诺贝尔经济学奖得主、"布莱克—斯科尔斯"期权定价公式的发明人迈伦·S.斯科尔斯(Myron S. Scholes)和罗伯特·C.默顿(Robert C. Merton)的参与,其最终破产的结局对于世人来说是个意味深长的警示。经济学家埃德加·E.彼得斯(Edgar E. Peters)曾经说道:"当市场被认为是'稳定的',有效市场假说和资产定价模型似乎运行得很好。可是,在恐慌和混乱期间,那些模型崩溃了。因为有效市场假说和资产定价模型是均衡模型,它们不能处理通向混乱的转变。"

问题的根源在于,收益率并不服从正态分布。传统金融理论一直认为金融数据符合这一假设,但实际上它们绝不符合。因为金融市场上趋势行情的大量存在,所以收益率显然不是完全随机的,也就不服从正态分布。许多学者,包括尤金·法玛本人在观测资产持有期收益率时都曾发现,其频数分布曲线的峰部比正态分布更高,尾部也比正态分布更大。较胖的尾部意味着市场发生剧变(如飙升或崩溃)的概率,比正态分布要大得多。对此,尤金·法玛说道:"如果价格变化是非正态分布的,一般来说,平均而言,每个股票出现距离均值超过 5 个标准差的价格,每 7 000 年才会出现一次。事实上,这样的情形似乎每过三四年就会发生一次。"诺贝尔物理学奖得主菲利普·安德逊(Philip Anderson)的一段话,也说明了来自常态分布思维的危险性:"在现实世界中,'尾部'极值事件发生的概率其实跟中间值和平均数是一样的,总有许多出乎意料的事情发生。我们需要突破用平均数思考的方式。"

六、"有效市场"如果成为现实,将是全体市场交易者共同的噩梦

每一个交易者几乎都是冲着超额利润来的,而"有效市场"的实现意味着超额利润将不复存在。果真如此,金融市场还能够吸引多少人参与呢?只有大波动才能赚大钱,失去波动的市场无异于失去了生命。好在这一切根本不会发生,否则金融市场只有关门大吉一途。在我看来,所谓的"有效市场"就像是金融市场中的乌托邦,只宜拿来作为想象之用。始于 2008 年 7 月、由美国次贷危机所诱发的一场全球范围内的股市和期市大崩溃,已经将有效市场假说彻底撕成了碎片。最后,让我们以华尔街交易名家赖瑞·海特(Larry Hite)的一段话作为对有效市场假说的总结:

经过多年交易经验的累积，我了解到市场的运作其实并没有效率。我有一位学经济学的朋友，他曾经一再向我解释，要想战胜市场，所做的一切努力其实都是徒劳无功的，因为"市场的运作非常有效率"。然而我发现，所有告诉我市场运作具有效率的人，都无法赚大钱。我这位朋友同我争辩说，如果我能设计出一套在市场中制胜的电脑交易程式，别人一样能做到，而这些系统的功用在市场上一定会相互抵消。虽然有人能够设计出在市场上制胜的交易系统，但也有人会犯错。有些人在交易赔钱的时候，会更改交易系统。有些人根本不相信交易系统，总会对交易系统所发出的指令表示怀疑。根据以上的说法，我们可以得到一个非常重要的结论，即人是不会改变的，而这就是市场交易这场游戏会持续发展的原因。

第四章 我的归宿
——趋势跟踪

第一节 认识趋势跟踪

"人是不会改变的"这个结论,奠定了图表型技术分析和趋势跟踪交易策略的基础。一代宗师杰西·利维摩尔——他即便不是趋势跟踪一派的开山鼻祖,也是其第一位集大成者——对于人性不变的原理和市场交易之间的关系有过精辟的论述:"华尔街没有新事物。人们的钱袋改变了,被欺骗的人改变了,股票改变了,但是华尔街从不改变,因为人性从不改变……无论是在什么时候,从根本上说,由于贪婪、恐惧、无知和希望,人们总是按照相同的方法来重复自己的行为——这就是为什么那些数字构成的图形和趋势总是一成不变地反复出现的原因。"

2007 年初,"趋势跟踪"一词随着迈克尔·卡沃尔(Michael Covel)所著的《趋势跟踪》一书开始在中国发行而逐渐为国人所知。但在此之前,我早已通过自身的努力独自发现了通过趋势跟踪从事交易的原理,我把它命名为"跟随理论",一种均线型趋势跟踪理论。后来我在阅读斯坦利·克罗的《期货交易策略》时,看到他也提到一种用 4/9/18 日均线指示趋势的模型,尽管很简陋,但思路是相同的。我认为,斯坦利·克罗的《期货交易策略》完全是杰西·利维摩尔交易策略的计算机图表版,两人都是大势追随者,所不同的只是在利维摩尔所处的时代计算机还没有被发明而已。

之所以说克罗的模型是简陋的,是因为克罗所处的时代,专业交易者所遭遇的竞争压力非常小,恢宏浩瀚的大规模趋势俯拾皆是,盈利对于当时尚属少数的专业交易者来说,几如探囊取物。那个时候的趋势,普遍级别较大且推进得迅速而猛烈;对于交易者来说,无论看日线图、周线图还是月线图效果几乎都是一样的。因此,克罗没有必要仔细对照三种宏观图表之间的对应关系,对均线与均线之间的位置关系缺少研究(当然,也许是克罗不愿意披露他的研究成果)。又由于当时日本蜡烛图技术尚未传入美国,因此,K线与K线、K线与均线之间的位置关系的研究尚属空白。

但如今,情形已经有了很大改变。由于专业交易者队伍的空前壮大,对抗已经白热化。大级别的趋势已经由以前的比比皆是演变为数年一遇。中等级别的趋势也日益难得。据统计,目前金融市场大约只有30%的时间是运行在趋势行情中,而有多达70%的交易日是处于无趋势横盘状态。交易心理学家范·K.撒普(Van K.Tharp)则更悲观,他认为市场行情在有趋势和无趋势之间的时间分配比例是15%:85%。无论怎样,都说明追随大势的交易策略面临交易机会减少的问题。但是,只要缩小时间域,以相同的原理启用微观交易学,趋势跟踪交易策略就依然有效。

早在"趋势跟踪"这个词出现之前,杰西·利维摩尔就已经是一名趋势跟踪交易者了。他之后的著名交易家,除了极少数价值投资者(例如,沃伦·巴菲特和彼得·林奇)以外,几乎全都可以视为他的学生。杰克·D.施威格采访过的30位当代最为杰出的交易家,绝大多数都是大势追随者。个别超短线高手,只不过是利用和趋势跟踪相同的原理,专门捕捉微观趋势罢了,本质上这算不上是另辟蹊径。因此,趋势——只有趋势,才是盈利的核心机密。趋势包括宏观趋势和微观趋势。赢家要么同时捕捉两者,要么捕捉其中之一。如果市场死水一潭,即既不存在宏观趋势,又不存在微观趋势,那么无论是谁,运用任何方法都无法盈利,这是一个基本结论。

艾德·斯科塔在被问及趋势跟踪交易系统是否会因为日益普遍的应用而导致成效大减时回答说:"不会。其实所有的交易都具有某种系统化的特质。许多相当成功的交易系统都是根据趋势追踪的理念设计的。生命本身其实也有顺应趋势的现象。当冬季来临时,鸟类就会南飞,公司也会依据市场趋势改变产品策略。交易系统表现优劣亦有其周期可循。交易系统表现突出时,一定会大为风行,然而当使用人数大增时,市场趋势会变

得起伏不定，导致交易系统无用武之地，于是使用的人数势必会减少，这又促使市场行情再度恢复到可以使用交易系统掌握其脉络的地步。"

第二节　世界上最伟大的交易家
——纪念杰西·利维摩尔（之一）

下面，请读者和我一起回顾我的精神导师——对现代金融交易有过卓越贡献的伟大资本先哲、有"百年美股第一人"之誉的杰西·利维摩尔惊人的一生，看看从中能获得哪些激励和警示。

1877年7月26日，利维摩尔出生于美国马萨诸塞州一个贫困的农夫之家。少年时代因参与赌行的交易连连得手，赢得少年天才的美誉。之后纵横华尔街35年，30岁即已成为百万富翁。由于正确预见了1907年10月的市场大暴跌，曾经一天之内获利300万美元。为此，当时力挽狂澜的金融泰斗J.P.摩根（J.P.Morgan）不得不特意派人请求他高抬贵手，停止做空。

利维摩尔还一度垄断了美国的棉花、玉米、小麦等商品期货市场。1919年，威尔森总统邀请他到白宫，请他在国家危难之际将自己的棉花期货平仓。在1929年的市场大崩盘中，他在位于纽约第5大道730号的赫克歇尔（Heckscher）大厦顶层、拥有私人电梯的豪华交易室里，指挥几十处分仓下单，大肆做空，一举获利1亿美元。要知道，当时美国全年的税收也不过只有42亿美元而已。

如此辉煌的战绩是在没有计算机帮助分析图表的情况下实现的。世界上第一台计算机是1946年发明的，这已是他辞世6年之后的事。在他操盘的时代，交易者能够拥有一个打出报价带的报价机就算是非常专业的了，大多数人都是看着黑板交易。因此，他是没有图形可看的。他只是看行情数字和价格动向就知道热门股是否正在刷新高价纪录。他靠着对数字惊人的记忆与敏感发展出一整套系统的操作方法。

1940年3月出版了他的原创性著作《股票大作手操盘术》（*How to Trade in Stocks*）。这本书价值几何？我的看法是：无数人孜孜以求的交易秘笈，尽在其中。传记记者埃德温·拉斐尔（Edwin Lefevre）根据对他的采访稿撰写而成、于1923年出版的《股票作手回忆录》(Reminiscences of a Stock Operator) 系统阐述了他一生的主要经历和操作理念，该书字字珠玑，文采斐然，智慧闪烁，至今已成为专业人士的必读教科书和投机领域的传世经典。

威廉·奥尼尔这样评价这部经典："根据我45年的从业经验，我发现仅有10~12本书真正是有一定的实际价值，而《股票作手回忆录》就是其中的一本。"《华尔街操盘高手》的作者、身兼资深交易专家和财经记者两种身份的杰克·D. 施威格则说："在对当代最杰出的30位交易员的采访中，我向他们提出了同样一个问题：哪一本书对其最有启发？迄今为止，独占这一榜单首位的，仍然是70多年前出版的伟大著作——《股票作手回忆录》。"

杰西叱咤风云的年代，价值投资的王者沃伦·巴菲特还没有出生。直到他去世，巴菲特还只是一个10岁的孩子而已。他的前辈大炒家们，例如，丹尼尔·德鲁(Danial Drew)、杰伊·古尔德(Jay Gould)等，没有留下任何成型的理论或片言只语的著作。"道氏理论"首次集中出现在汉密尔顿(Hamilton)于1922年出版的《股市晴雨表》(The Stock Market Barometer)一书中，此时他非但不能受益半分，而且早凭一己之力功成名就了。

他的一生三起四落。每次从破产中东山再起，他都会恪守信用，连本带利地向债权人清偿那些法律早已豁免的债务。然而，生活考验的严酷有时不亚于一场苦难。除了遭遇多次常人难以忍受的大起大落，他的婚姻也屡次失败。他的第二任妻子不忠，还曾枪击他的长子。1931年，再度遭逢厄运的他失去了半数财产；1933年，又输掉了另一半。1940年11月27日，一个大雪纷飞之夜，深陷抑郁症的他在雪莉—荷兰(Sherry-Netherland)酒店的衣帽间里举枪自尽。死前他曾留下字条："我的一生是个失败。"

《纽约时报》为他致悼词："他的去世为一个时代画上了句号。他的功过任由后人评说。"

第三节　世界上最伟大的交易家
——纪念杰西·利维摩尔(之二)

利维摩尔一生全神贯注于投机市场的所有层面，做了大量开创性研究。他愿意抓住每一个机会来提高交易技巧。他犯过大部分人在市场中都会犯的错误，但他广泛检讨这些错误，从中学习。迄今为止，几乎所有与交易市场有关的规律和技巧，以及一切对于投机市场操作具有重大指导作用的法则、策略和理念，都是他在实战中发现并提出的。因此，他的历史地位无论怎样强调都不过分。

他确定了趋势能够横扫一切不确定因素的战略战术思想；他发明了以试探性建仓测试市场强弱的技术；他倡导顺势加码的交易策略；他主张抓住领导板块和领头羊；他提出了临界点交易法；他发现了成交量技术；他首次提出资金管理和风险控制的概念；他反复强调耐心、纪律和控制情绪的重要性；他是指出消息落后于价格变化、股价变动的原因不重要这一基本事实的第一人；他反复告诫交易者要忽视小道消息和所谓的"专家意见"，一切依靠自己……

很少有谁能够像他那样，死后还为世人留下上百条脍炙人口的格言警句，不仅详尽地指导人们交易，也在生活的其他层面给人们以教益和启迪，其中每一条都值得交易者熟读甚至背诵下来。利维摩尔留给我们的遗产是如此丰富，以至于我们今天所研究的一切问题，都能在他那里找到现成的答案。后人无论怎样努力，都无法走出他的光环、发明出哪怕带有一点点新意的东西。相形之下，"股神"巴菲特却只告诉了我们傻瓜般的"买进持有"四个字而已。

利维摩尔之所以伟大，不仅在于其震撼人心的业绩和对于金融交易学举世无双的重大贡献，还在于他的人格魅力、他的非凡智慧与勇气。他没有强大的集体资源可以依靠，也从不需要内幕消息或与人联手坐庄。他是华尔街最大的个人投资者，至死都是独立操作。因此，尽管百年来诞生的交易大师灿若群星，但无论是谁都无缘"最伟大的交易家"这一称号，而唯有他独享桂冠。尽管他破产自杀了，可是这一令人惋惜的结局不能否定他的伟大成就和历史地位。随着时间的流逝，后人对他的怀念和敬仰反而越来越深切。说到利维摩尔晚年失利，其原因可能有以下几个：

一、他没能保持生活的简约和平衡

利维摩尔在交易生涯的早期是洁身自好、自律甚严的；但中期和晚期却因其奢靡和放纵的生活方式而饱受诟病：多处豪宅、豪华游艇、盛大舞会夜夜狂欢……在当时经济大萧条的背景下，这招致不少人的忌恨，尤其是那些把他视为1929年市场大崩溃之罪魁祸首的人们。对于他"我亏钱是因为我错了，而不是因为我放荡不羁或过度享乐"的辩解，同时代的威廉·D.江恩（William D.Gann）指责他说："贪婪地追逐金融资本的利润，一旦成功获取了巨额利润又忘乎所以，大肆挥霍。"最终，极端不平衡的生活方式导致他罹患抑郁症。

二、当时的美国股市规模太小、流动性太差

当他的头寸大到"我即市场"时，在一个尚未实现电子交易的狭小市场中，哪怕他看出了自己的糟糕处境，又如何能及时处理头寸，迅速从不利的情势中摆脱出来呢？无论换了谁，恐怕也只有眼睁睁地看着自己被困其中吧。没人能赢得和自己的赛跑。

三、他违背了自己制定的交易法则

导致交易失利的原因，无外乎逆势、重仓、频繁交易或没能及时止损四种情况而已。尽管这些他都心知肚明，可是他依然违反了其中至少一条，也许是全都违反了。而这一切，可能都和可怕的抑郁症有关。抑郁症会导致厌世，而厌世者会倾向于自毁——包括一生苦心经营的事业和生命本身。

四、缘于人的本质性的非理性因素

国内期货界前辈操盘手青泽先生指出，理性与非理性都是人的本质属性，人只是两者参半的动物。因此，人只能有限度地战胜自己和市场，而不能终极意义上地完胜自己和市场。就如利维摩尔自己所说："你可能是一时的国王，但你永远无法完败市场。"在《股票大作手操盘术》中，有人曾问他："你有这么丰富的经验，怎么还让自己干这种蠢事呢？"他回答说：

"答案很简单,我是人,也有人性的弱点。"

第四节　认识你自己

　　交易者的身份形形色色,来到这个市场的原因和目的也各不相同。交易者大体可以分成三类:博傻者、专业投机者和价值投资者。所谓"博傻者",就是拿自己的无知和市场搏斗的人,所有的输家和新手都可以被归为这一类。当然,"博傻期"过后会开始分化,少部分人转化为专业投机者或价值投资者,多数人则会终生停留在博傻阶段,直到被"洗白"退出市场为止。专业投机者和价值投资者是指那些至少能和市场打平,或能够持续稳定盈利的人。达至这一目标的过程一般至少需要 10 年以上,并且时间上因各人资质的不同而可长可短,这还是仅就勤奋钻研市场规律的参与者而言的。大多数参与者,要么由于缺乏追求,要么由于努力不够,要么由于不愿自律,而终生徘徊在市场的大门之外。

　　专业投机者是指那些一心探索市场规律,并且按规律办事的实事求是的参与者。这类人善于提炼客观事物的内部规律,看问题直奔核心,不易被行情假象或虚假无用的漂亮理论所蒙蔽。他们以市场本身为研究对象,只相信自己的判断力,不轻易被他人的意见所左右,不听信任何所谓的内幕消息。这类人的获利能力在三类参与者中是最强的。他们主要使用技术分析工具,同时参考价值投资者的研究成果,寻找最佳的作战时机。他们以波段操作为主,兼顾短线和长线。价值投资者一般对投机市场缺乏真正的了解,他们以宗教信仰般的虔诚来弥补自信心的不足,同时对标的品种倾注了太多情感。这类人以基本分析为工具,喜欢长线持有。

　　一个浸淫市场多年的交易者如果仍然停留在博傻者的位置上,一定存在一些致命的毛病。最常见的,就是做事不能专注、不肯深入、不愿持久或拒绝自律。这类人不愿意动脑筋,也不愿意吃苦,没有学习兴趣,缺乏研究动力。通观他们的一生,很容易就会发现他们一辈子都是在不断"尝试"——蜻蜓点水、浅尝辄止地"尝试"——和不停地"改行"中度过的。他们试验了多种行业,因为准备不足或不能坚持,失败了;然后又换另一个行业。他们的一生就是一连串的失败,从来没有专心做过一件事,也没坚持过任何一件事。一直到死,也不知道自己想要的究竟是什么。这类人征战市场的唯一"利器"就是对自己"难以置信的好运"的期待。他们属于"浪漫主义者",不愿付出、逃避现实是其典型特征。

艾德·斯科塔曾说:"不论输赢,每个人都能在市场上如愿以偿。有些人似乎天生就喜欢输,因此,他们最大的胜利就是输钱。"在部分博傻者的心里,也许压根儿就没打算赢。已经定型的专业投机者是一些务求取胜的"理想主义者"。他们喜欢自由——人身自由和财务自由,喜欢做自己命运的主宰和完全没有羁绊地发挥创造力。他们不愿意看别人的脸色过活。他们是独行侠,不愿意领导别人,也拒绝接受领导。他们是"现实的浪漫主义者"或"浪漫的现实主义者"。他们不像真正的浪漫主义者那样脱离实际,但又不失理想。他们极不欣赏"现实主义者"谨慎小心、局促狭隘的生活。在他们看来,"现实主义者"无论是他们本身还是他们的投资理念——所谓的"价值投资"——都太乏味了。他们是最灵活的一群人。

已经定型的价值投资者属于"现实主义者"。顽固、坚守、执着是他们的特色。他们无疑是脚踏实地、令人钦佩的,一如耕耘的老牛。他们无疑是好父亲、好丈夫、好兄长,但不会有多少浪漫情调。他们是有责任感的人,也是可以依靠的人。他们在生活中有良好的声誉,作息有规律,总是一步步坚实地迈向成功的目标。他们或许并不聪明,其所信仰的"价值投资"是否真的可行也非常可疑,但他们的精神力量感动了上帝,惊人的耐心最终导致盈利的结果也完全在情理之中。这类人能够理解和接受专业投机者的灵活做派,但对于那些热衷于"博傻"的人,他们却报之以深恶痛绝的态度。他们认为,博傻者的行为不仅是弱智的,在道德上也是可耻的。总之,胸怀博大的他无法同情或原谅"博傻者"。

第五节 循环——自然的韵律

现在,如您所知,市场大规模的价格变迁不可避免并且可以利用。如果长时间内不存在大级别行情,我们还可以利用微观交易学的知识,到保证金交易市场里去淘金。宏观交易学和微观交易学的原理相同,都是立足于捕捉趋势。前者主要捕捉宏观趋势,后者主要捕捉微观趋势。在股票市场上,我一般运用月线图、周线图和日线图联合趋势跟踪的技术来捕捉牛市或中等级别的宏观行情;在期货市场上,则运用日线图、60分钟和15分钟K线图来同时捕捉宏观行情和微观行情,同时适当参考周线图。对于外盘,如美国股市和期市,方法类似。大级别的趋势又称牛市或熊市,两者交替出现。如果说牛市是涨潮,熊市就是退潮;如果把牛市比喻为上山,熊市就相当于下山;如果说牛市像夏天,熊市就像冬天……这一切,只不过是自然界的一种循环现象而已。

这种循环背后的驱动力,可能是经济周期——确切地说应该是货币及其标价物的对应关系——在起作用,实物商品的供求关系对价格的影响尚在其次。因为自从纸币与黄金脱钩而独立存在以来,就给人类的经济活动带来极大的便利。随着经济总量的不断增长,纸币的发行量亦逐年增加。因此,从长远来看,纸币势必处于不断贬值的漫漫熊途之中。人们总是习惯于用货币给股票或商品标价,但事实上它们互相标价。货币贬值了,它所标价的股票或商品就升值了;股票或商品贬值了,相应的货币就升值了。由于某种不可知的原因,人类的经济活动会呈现荣枯循环的现象。当工业生产和商业活动走出谷底开始复苏,且货币供应量较为充沛的时候,股市就极易爆发出剧烈的牛市。

因此,以"基本分析预测加技术分析求证"相结合的办法来捕捉牛市其实是相当容易的。如果不懂基本分析也无关紧要,技术分析的功力足够深厚照样可以达到目的。比基本分析优越的是,技术分析还可以锁定熊市——这就是K线、均线和成交量技术以及趋势跟踪交易策略的巨大威力。输家和新手必须放弃"市场走势无限复杂"这种无知的想法。事实上,交易市场不仅存在明显而强烈的规律性,其运作模式也非常有限,穷尽这些模式是完全可能的。举例来说,一个有经验的交易家打开某个交易品种的月线图、周线图和日线图,只要扫上一眼,那么该品种是处于上升趋势、下降趋势或无趋势行情中的某个阶段或位置、有无回撤的可能就都一目了然了。如果他再看一眼美元、黄金、原油、铜以及各大股指,那么全世界金融市场的走势就都尽收眼底了,心中也就有数了。

技术分析有三条基本假设:(1)市场行为包容消化一切(或图表反映一切信息);(2)价格以趋势方式演变;(3)历史会重演。输家和新手最喜欢质疑的就是第(3)条。他们会问:"用过去的价格资料预测未来是否科学?"这仿佛成了他们反对技术分析的法宝。对此,约翰·墨菲回答说:"大家都明白,每一种预测方法,从气象预报到基本分析,都是建筑在对历史资料的研究之上。除此之外,还有什么资料可供选择呢?"现在,混沌理论(Chaos Theory)已经将"历史会重演"修订为"自我相似性",即市场上所有的"顶"和"底"都类似,就好比没有两片完全相同的树叶,但所有的树叶看起来都差不多;又好比您遇到一个10年没见的朋友,无论身材还是相貌,他和10年前肯定有所不同,但您依然认识他。

最后,我们仍然用一段杰西·利维摩尔那犹如醍醐灌顶的格言作为本节的结束:

我认为,在股市中所有大的趋势后面都有不可抗拒的力量在起作用。所有成功的投机者都应该知道的一点,就是一定要认清股票的走势,并根据常识采取行动。根据国内外大事或经济形势来推测股市走势,这太难了,真的很难,因为股市总是在世界大事发生之前就出现变化了。股市之所以发生变化,并不是因为当时的形势,也不反映当时的形势;股市反映的是将来的形势。市场的发展与人们普遍的感觉和当前发生的世界大事往往并不是同步的。它好像有它自己的想法。它就是要愚弄大多数人,愚弄大多数时间。只有到了最后,它才露出它为什么这么发展的真实原因……

下篇 步入交易的殿堂

丈夫为志,穷且益坚,老当益壮。
——《后汉书·马援传》

第五章 趋势与形态

第一节 认识趋势

无论何种交易品种,无论它是股票还是期货,也无论它是石油、美元、黄金还是指数,其价格走势都一样:趋势和无趋势交替出现或直接由数个"形态"首尾衔接而成。"形态"是指以头肩形、矩形、三角形等特定图形形式出现的无趋势行情,但无趋势未必都是"形态"。趋势有三种:(1)高点和低点不断抬高的上升趋势,依次抬高的低点的连线称为"上升趋势线"(见图5-1);(2)高点和低点不断降低的下降趋势,依次降低的高点的连线称为"下降趋势线";(3)横向延伸的无趋势,称为"盘整"或"整理"。趋势线被突破或跌穿,意味着趋势的结束。今后,我们将直接用移动平均线来代替趋势线(见图5-2)。

上升趋势线　　　　下降趋势线

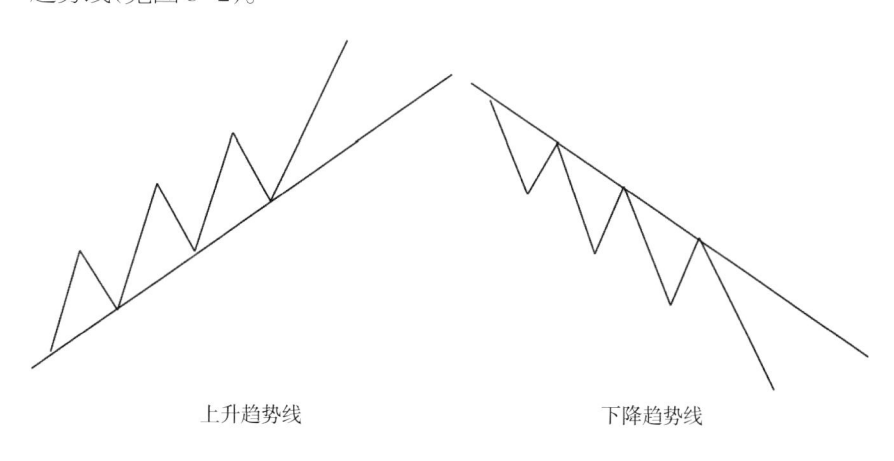

图 5-1　趋势线

上升趋势　　　　　　下降趋势

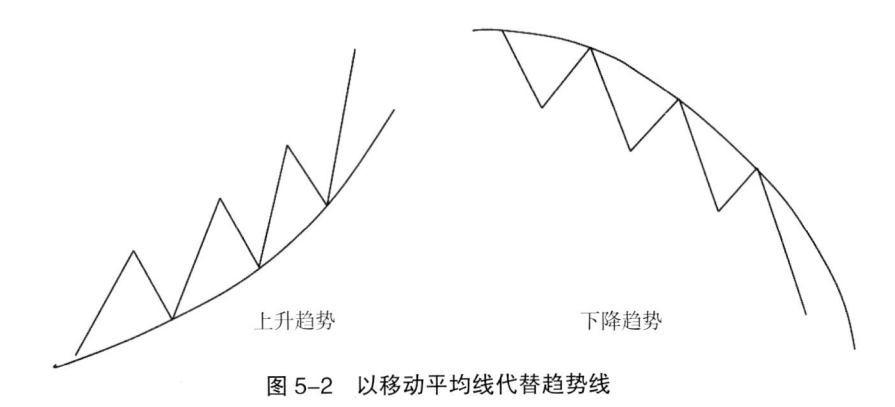

图 5-2　以移动平均线代替趋势线

"趋势"包括"趋"——代表价格波动的方向,以及"势"——代表价格波动的力度或能量大小。趋势是靠买卖双方的力量差推进的。当多空双方势均力敌的时候,趋势就结束或暂时结束了。当多方力量占据主导地位,价格走势就体现为上升趋势;当空方力量占据主导地位,价格走势就体现为下降趋势。一般来说,如果趋势的推进能够连续保持数月以上,在月线图上体现为以月阳线为主、价格重心不断攀升的明显可辨认的上升行情,则称为"月线级别的上升趋势";如果在月线图上体现为以月阴线为主、价格重心不断下降的明显可辨认的下跌行情,则称为"月线级别的下降趋势"。相应地,如果趋势的连续推进出现在周线图或日线图上,则分别称为"周线级别的上升或下降趋势",以及"日线级别的上升或下降趋势"。

价格运行空间越广阔,则行情的级别就越大。月线级别的上升趋势,我们通常称之为"牛市",其发起因素极其复杂,以推进力度大、持续时间久而闻名。无论谁反对,它都将义无反顾地从头走到尾,并且一路将所有的障碍物踏为齑粉。超大级别的牛市可以持续数年之久,升幅以数倍乃至几十上百倍计。当然,股票大盘指数的升幅一般没有个股那么大。即便如此,2005 年 6 月 6 日至 2007 年 10 月 16 日 A 股市场的牛市中,上证指数从 998 点运行到 6 124 点,升幅也高达 6 倍。美国的道—琼斯指数更是从 1982 年 8 月的 800 点起步,展开过一轮长达 18 年的大牛市(见图 5-3),一直到 2000 年 1 月的 11 750 点才告结束,升幅超过 14 倍!超大级别的牛市通常 5~20 年一遇。较小级别的牛市则 1~3 年一遇,虽然不如超大级别牛市那样气势恢宏,但同样是投资者的盛宴。

图 5-3　美国道—琼斯指数 1982 年 8 月 800 点至 2000 年 1 月 11 750 点 18 年大牛市月线全景图

"熊市"以下跌空间巨大、破坏力惊人而著称。超大级别的"熊市"5～20 年一遇,时间短则数月、长则数年,跌幅通常高达 20%～90%。人类金融市场上有史以来最严重的熊市,冠军当属 1973 年的香港股市;其间恒生指数从 300 点上升至 1 700 点,再下跌至 150 点,跌幅高达 91%!亚军当属美国股市 1929 年的大崩盘。道—琼斯指数从 1929 年 10 月的 386 点辗转跌至 1932 年 11 月的 41 点,跌幅达 89%!价值投资之父格雷厄姆在这轮熊市中实质上破产,险些自杀。熊市季军台北股市从 1986 年 12 月开始仅仅用了 3 年时间,从 1 000 点一路飙升到 12 682 点,整整上涨 12 倍,从 1990 年 2 月开始又一路下跌至 10 月的 2 485 点,8 个月内跌幅 80%(见图 5-4)。位居熊市第四名的日经指数由 1985 年的 12 000 点持续上升到 1989 年底的 38 957 点,5 年上涨 3.2 倍;然后展开为期 20 年的下跌(见图 5-5)。2003 年 4 月曾跌至 7 600 点,最大跌幅 80%。与国际金融市场类似,超大级别的熊市在国内市场上也屡见不鲜。A 股最近的一轮熊市,自 2007 年 10 月 16 日的 6 124 点开始,跌至 2008 年 10 月 28 日的 1 664 点,最大跌幅 73%(见图 5-6)。

图 5-4　台北加权指数 1986 年 12 月 1 000 点至 1990 年 2 月 12 682 点再至 1990 年 10 月 2 485 点，一轮完整的牛熊循环

图 5-5　日经 225 指数 1989 年 12 月近 39 000 点之后 20 年大熊市月线全景图

图 5-6　中国大陆 A 股上证指数 1996 年 1 月至今近 20 年走势月线全景图

牛市和熊市，譬如四季之轮回，又如海潮之涨退，它们是金融市场的宿命。迄今为止没有发现任何已知的力量——无论个人、组织还是这个星球上实力最为强大的政府——能够阻止它！识别牛熊市特别是大级别牛熊市的方法是日线图、周线图和月线图联合趋势跟踪。本书将告诉您如何做到这一点。

第二节　初识形态

当一段上升或下降趋势的能量宣泄完毕，亦即推进趋势的决定性因素——多空力量强弱的对比，由一方压倒另一方转变为多空势均力敌的时候，市场行情往往开始构筑形态。当形态的外观为一矩形的时候，我们也叫它"区间震荡"。对于"区间震荡"行情，正确的交易方法通常不是当价格接近上边界时追多，或接近下边界时追空，而是在震荡区间的上边界做空，在下边界做多，因为这种震荡形态维持的时间可能会很长，其间还伴随着不少"假突破"。真正的突破，尤其是向上突破，必定伴随着成交量的显著放大，以及通常都有的一个针对被突破的上边界的缩量回抽确认动作。以上以矩形形态为例,说明了其与趋势行情的不同之处。形态有两个要素:图形本身和起验证作用的成交量特征,二者缺一不可。

一个形态通常位于两段趋势之间。两段趋势的方向可能相同,也可能相反。如果相同,相应的形态被称为持续形态,或者叫中继、巩固、整理形态;如果相反,相应的形态被称为反转形态。具体地说,就是形态构筑完毕后,继续上升趋势的,称为"上升中继形态";继续下降趋势的,称为"下降中继形态";由上升趋势扭转为下降趋势的,称为"顶部反转形态";由下降趋势扭转为上升趋势的,称为"底部反转形态"。除非是空间范围足够大的形态,否则我们一般不在形态的内部交易,而是待形态构筑完毕之后再做决定。对于上升中继形态而言,当它构筑完毕之后,一个重要的特征是成交量的明显萎缩甚至是"干枯"。牢记这一规则,您将发现它有利可图。

如果说奔腾的江河是趋势的话,那么水流遇到阻碍产生的巨大漩涡就是形态。形态的级别大小与它所在的行情中的位置有关。大级别的形态通常占据的价格空间范围大,构筑时间长,对于研判未来行情走向而言所具备的价值大、确定性高。通常,一个日线级别的形态可能会持续几个或十几个甚至几十上百个交易日;一个周线级别的形态可能会持续几个或十几个甚至几十上百个交易周;一个月线级别的形态可能会持续几个或十几个月;但是,那种横跨几十上百个月的所谓"超大型形态"反而没有什么意义。和趋势一样,形态可以分别在日线图、周线图和月线图上观察到。日线、周线、月线级别的形态往往分别夹在日线、周线、月线级别的两段简单趋势之间。

趋势有简单与复杂之分。前者运行轨迹清晰而流畅,两段趋势之间以形态间隔;后者又称"震荡盘升"或"震荡盘跌",直接由数个形态首尾衔接而成。形态学的创始人是理查德·W.夏巴克(Richard W.Schabacker),他的两部著作《股市技术分析》(Technical Markets Analysis)和《股市理论与实践》(Stock Market Theory and Practice)详尽记录了他的独到发现。1942年,他的妹夫罗伯特·D.爱德华(Robert D.Edwards)和他重要的合作伙伴约翰·迈吉一起重新检验了此前所有的研究成果,在加入了新的内容之后,他们合著并出版了形态学的集大成之作——《股市趋势技术分析》。该

书全面地总结了各种形态的规律性，并在相当程度上为股市定量分析——以形态测量未来行情可能达到的目标价位——奠定了基础。

本书将金融交易学划分为宏观交易学和微观交易学两部分。所谓宏观交易学，简单说就是月线图、周线图和日线图的联合作战，主要用于在非保证金交易市场(譬如 A 股)中捕捉宏观趋势行情，对无趋势行情一般放弃。所谓微观交易学，主要适用于保证金交易，如期货或外汇市场；既可以用来捕捉宏观趋势，也可以通过预估日 K 线将收阳还是收阴，再依据分时走势或日内图表所体现出来的多空强弱对比来专门捕捉微观趋势。所谓保证金交易，就是建仓标的品种只需支付相应证券或合约价值 0.2%～50%的保证金，即存在 2～500 倍不等的杠杆效应。保证金交易重视微观趋势。因此，"形态"这种在宏观交易者看来应该放弃的"无趋势"行情，在日内交易者眼里却可能是有参与价值的——只要日内波幅足够大即可。

第三节　反转形态

一、三重底与三重顶

三重底的外形就像是三个"V"字并排连接在一起。作为大型反转形态之一，其价格空间和构筑时间比一般人想象的更大和更长。它通常在日线图上会占据几十个甚至上百个交易日，或在周线图上占据几十或上百个交易周。三个底部基本处于同一水平线上，两个基本水平的反弹高点的连线被称为颈线。三重底对应的成交量的外轮廓线也呈现出和它本身同样的外形，即两个高点对应大成交量，三个低点对应明显萎缩的成交量。当颈线位被向上突破的时候，成交量通常会剧烈增加，然后伴随着一个通常都会有的针对颈线位的缩量回抽确认动作。

把三重底倒过来看就得到三重顶。其三个顶部基本处于同一水平线上，两个基本水平的下探低点的连线被称为颈线。三个顶部的成交量渐次减少。当颈线位被向下突破的时候，成交量未必会明显增加，但往往是在回抽颈线位之后重新下跌时增加。三重顶底构造完成且颈线位被突破后，最小量度升跌幅为形态本身的最大高度，即过底部或顶部的水平直线至颈线位的垂直距离,但通常都远远超过。

三重顶和三重底实际上也可以被归类为价格范围比较宽的矩形形态。在日本蜡烛图(即 K 线图)技术中,它们又分别被称为"三山顶部形态"和"三川底部形态"。三重顶与三重底的基本形态如图 5-7 所示。在图 5-8 和图 5-9 中分别举出了周线三重底和周线三重顶的例子。

三重底　　　　　　　　　三重顶

图 5-7　三重底与三重顶

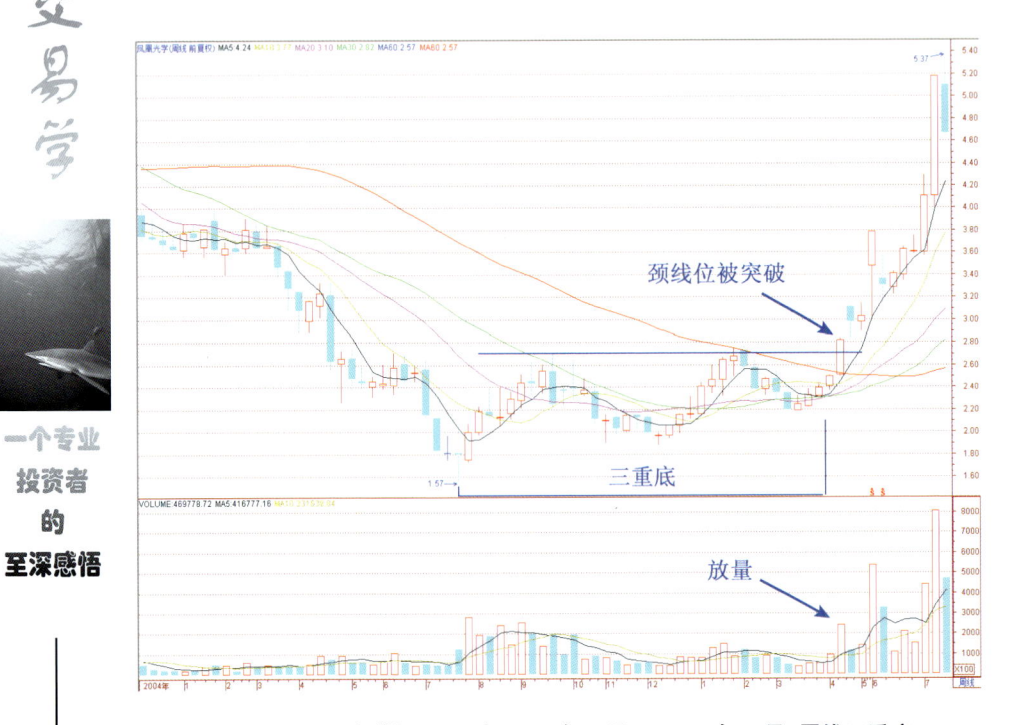

图 5-8　凤凰光学(600071),2005 年 7 月至 2006 年 3 月,周线三重底

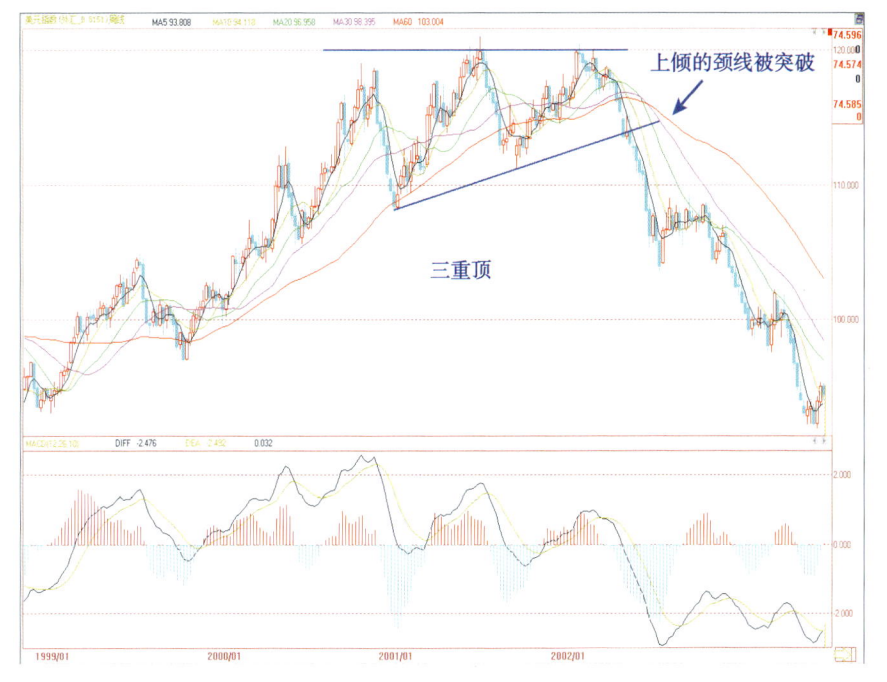

图 5-9　美元指数,2000 年 10 月至 2002 年 2 月,周线三重顶

二、双底与双顶

双底与双顶又分别被称为"W 底"和"M 头"（见图 5-10），仅仅比三重顶或三重底少一个顶或底，其他方面包括分析方法都与三重顶或三重底相同。

需要注意的是，一个最初被怀疑为双顶的形态也可能仅仅只是一个上升中继；反之,所谓的双底也可能后来被证明是一个下降中继。区别在于双底与双顶作为反转形态出现时，无论价格空间还是构筑时间都比作为中继形态出现时更大更长。以双顶为例,如果两个顶在时间上靠得很近且两者之间仅有一个小回落,那么它是中继形态的可能性要大些。如果双峰距离较远（如间隔时间大于一个月），且两者之间的价格回落幅度较深（如 20%），则更有可能为顶部反转形态。

双底与双顶的具体举例见图 5-11、图 5-12、图 5-13 和图 5-14。

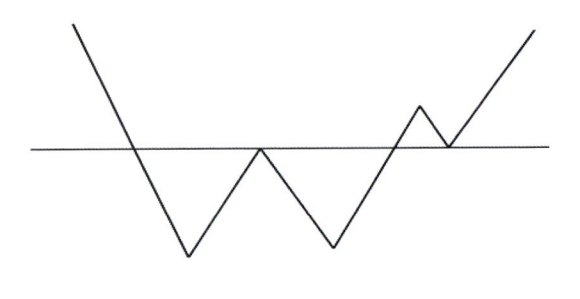

双底

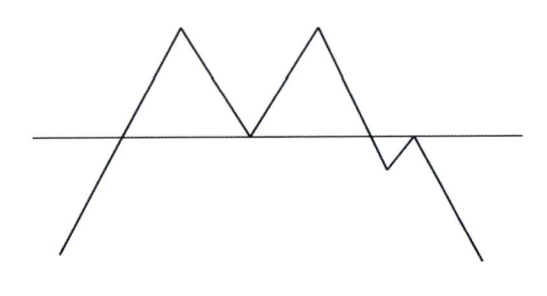

双顶

图 5-10 双底与双顶

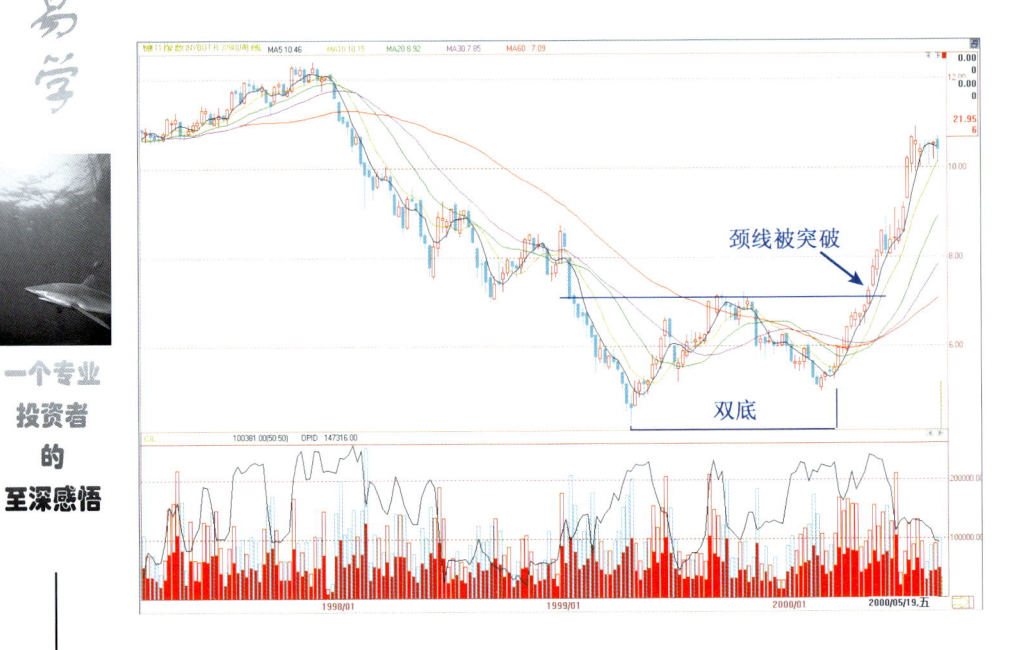

图 5-11 美国糖 11 号，1999 年 4 月至 2000 年 3 月，周线双底

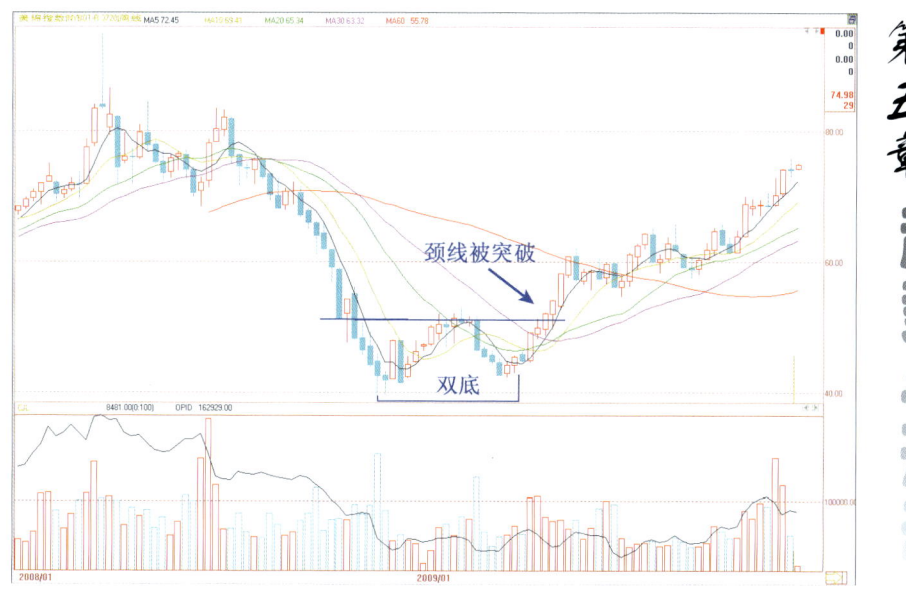

图 5-12　美国棉花，2008 年 10 月至 2009 年 5 月，周线双底

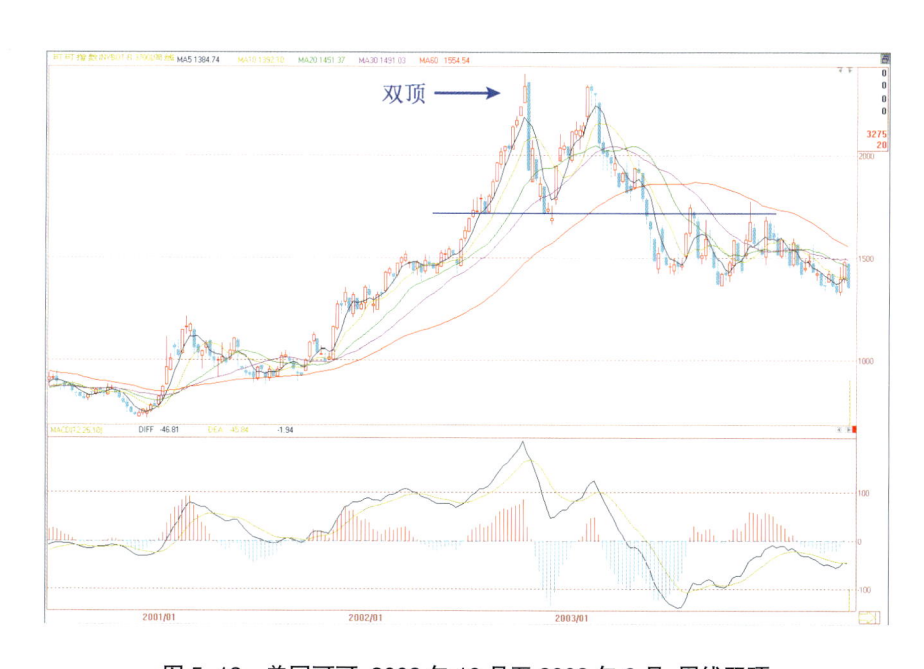

图 5-13　美国可可，2002 年 10 月至 2003 年 2 月，周线双顶

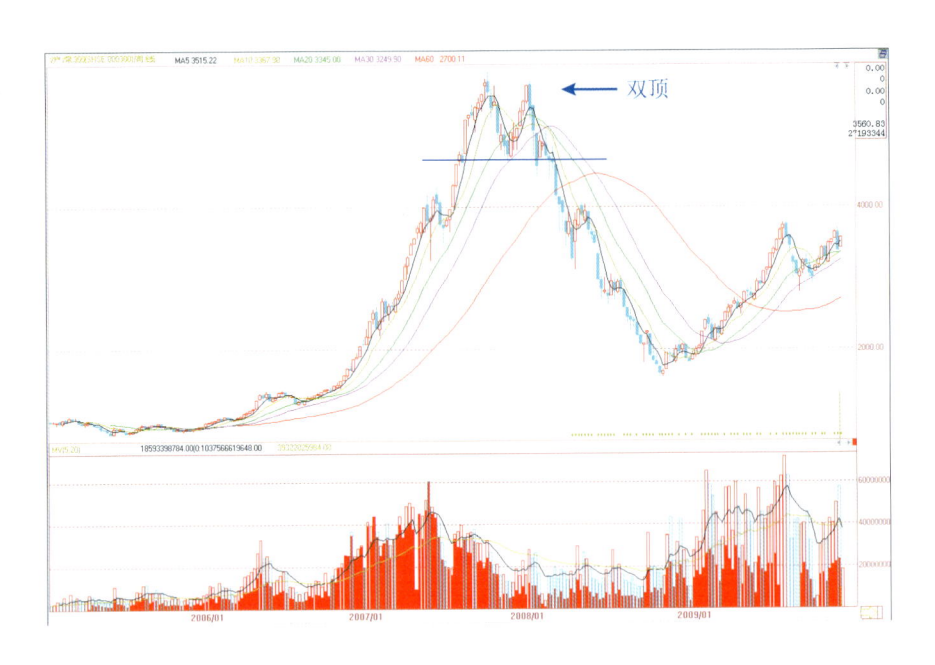

图 5-14　沪深 300 指数,2007 年 10 月至 2008 年 1 月,周线双顶

三、头肩底与头肩顶

如果三重底中间的那个底明显地低于两边的两个底,就构成头肩底形态。中间最低的那个底被称为"底",两边的两个底则被分别称为"左肩"和"右肩"。通常头肩底的三个低点对应较小的成交量,然后放量反弹,形成两个基本水平的反弹高点(其连线即颈线)对应着较大的成交量。把头肩底倒过来就得到头肩顶,通常顶部和左肩的成交量大而接近,右肩的成交量明显小于前两者。

头肩形与三重顶底的分析方法完全类似。此外还有一种左肩和右肩同时为两个或三个的头肩底,我们称之为"复合头肩底",把它倒过来,就得到"复合头肩顶"。与一般人想象的相反,复合头肩形后续价格运动的力度要小于经典头肩形。

在 K 线图技术中,头肩底和头肩顶又分别被称为"三尊形态"和"倒三尊形态",其基本形态见图 5-15,具体举例见图 5-16 和图 5-17。

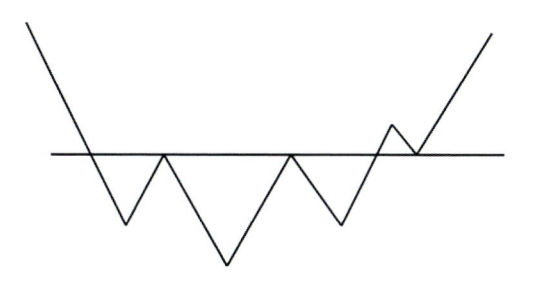

头肩底

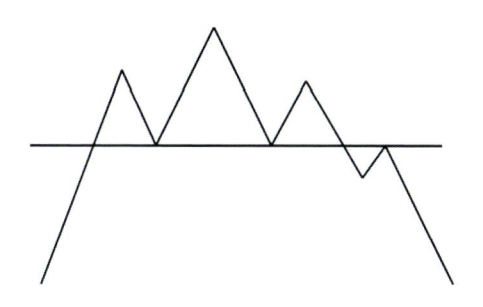

头肩顶

图 5-15　头肩底与头肩顶

颈线位被突破

头肩底

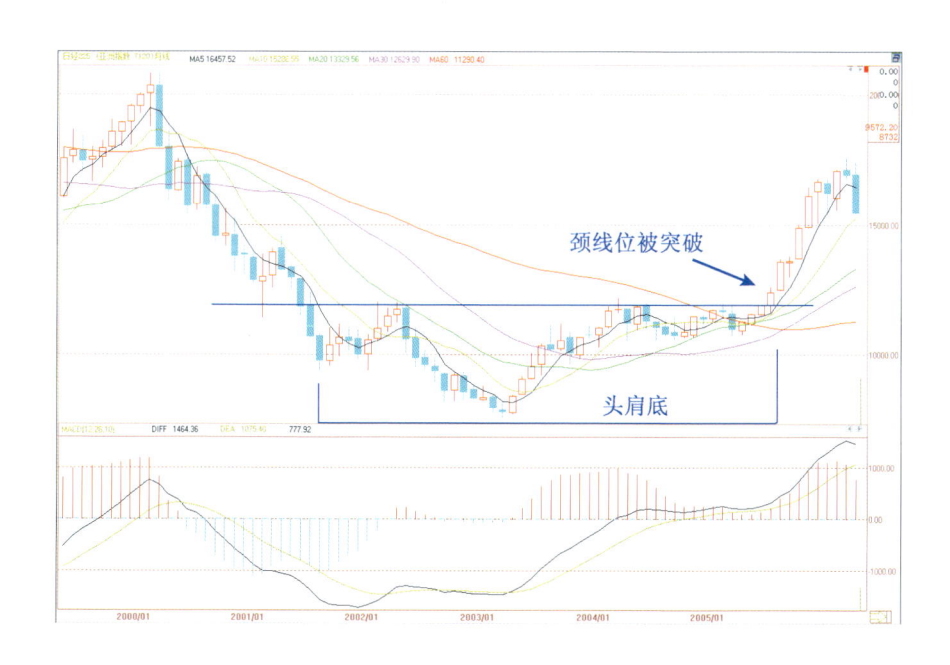

图 5-16　日经 225 指数 2001 年 9 月至 2005 年 8 月，月线头肩底

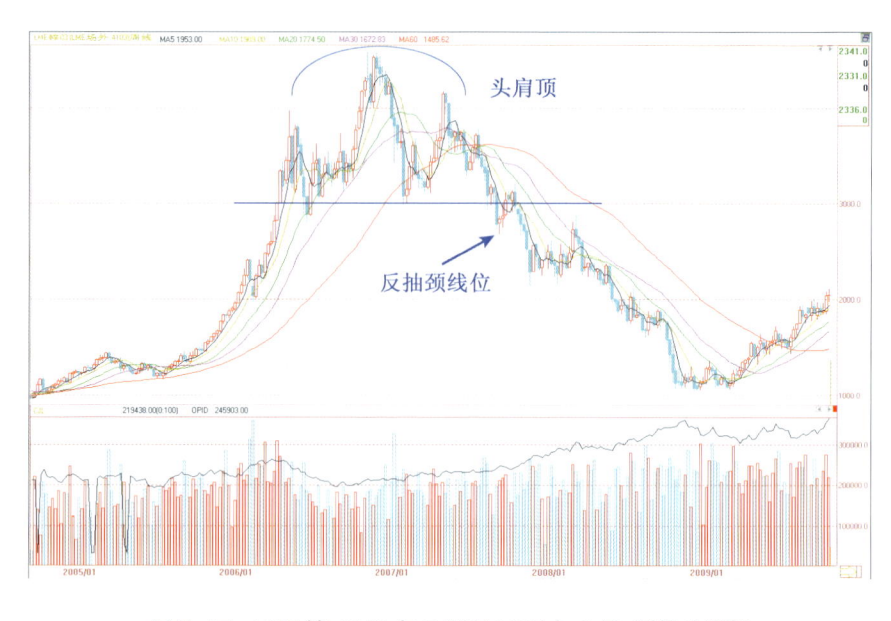

图 5-17　LME 锌,2006 年 5 月至 2007 年 5 月,周线头肩顶

四、圆弧底与圆弧顶

圆弧底的外观曾被形容为一口圆底锅。相应地,圆弧顶就像是一口倒扣的锅了。圆弧底与圆弧顶是高可靠性的反转形态,其构造完成之后的价格目标位虽无相应的测量手段,但幅度绝对可观。一般来说,圆弧底的成交量分布也呈圆弧状,即左边沿对应大成交量,"锅底"对应极低的成交量,右边沿随着价格的加速飙升呈现出比左边沿更为迅猛增加的成交量。圆弧顶的成交量分布不像圆弧底那么清晰,总体上大而不规则,"锅顶"的成交量较两边沿略少。如果圆弧顶右边沿出现向下跳空的突破缺口,或圆弧底的右边沿出现向上跳空的突破缺口且伴随着放量,则其可靠性大增。圆弧底和圆弧顶的基本形态见图 5-18,具体举例见图 5-19 至图5-23。

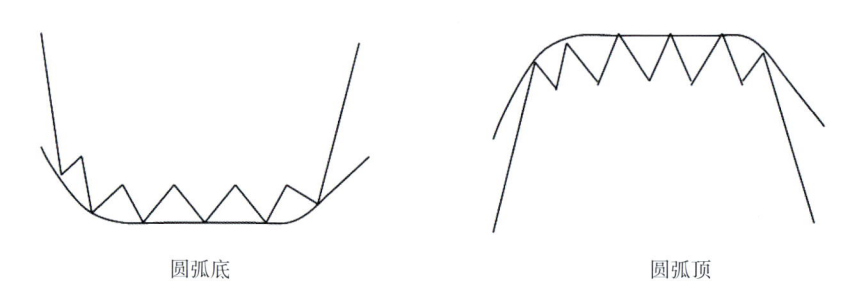

图 5-18　圆弧底与圆弧顶

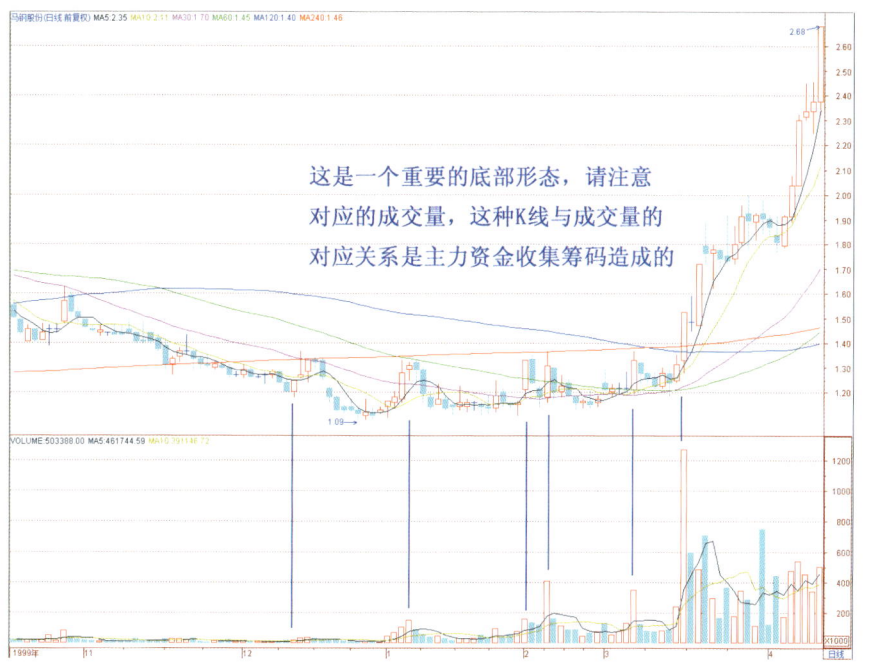

图 5-19　马钢股份(600808)，1999 年 12 月 27 日至 2000 年 3 月 16 日，日线"平底锅"

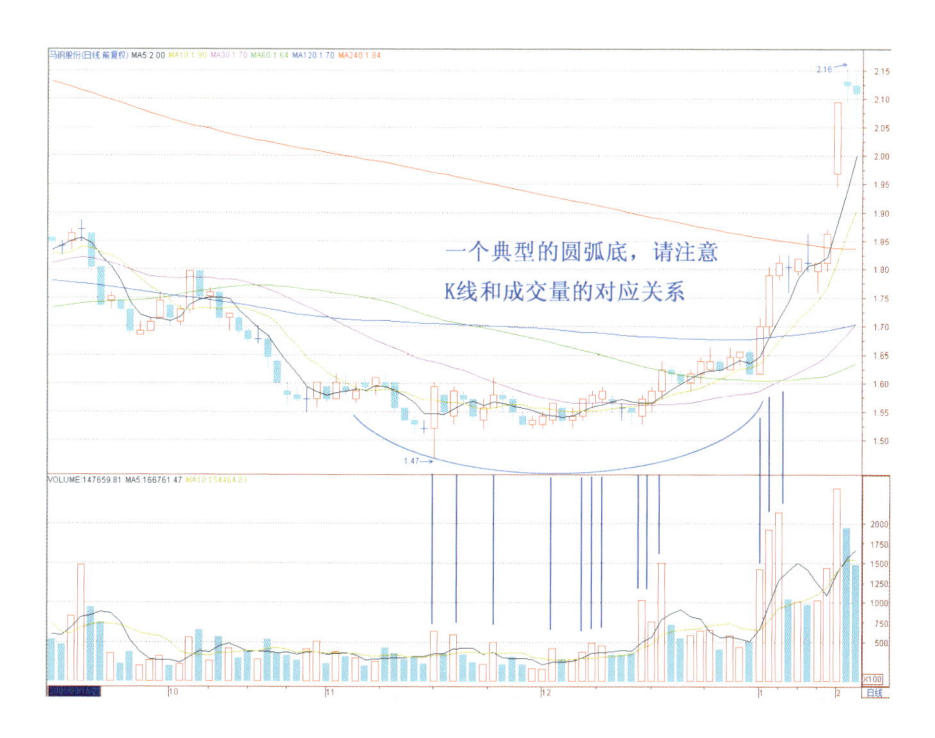

图 5-20　马钢股份(600808)，2005 年 10 月 31 日至 2006 年 1 月 4 日，日线圆弧底

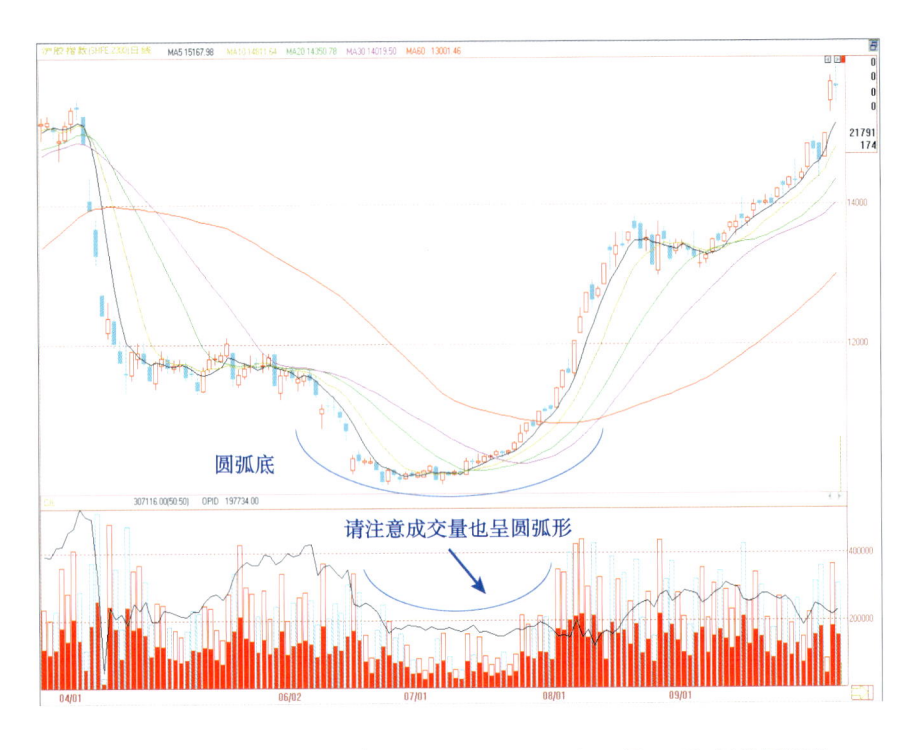

图 5-21　上海橡胶,2003 年 6 月 17 日至 2003 年 7 月 30 日,日线圆弧底

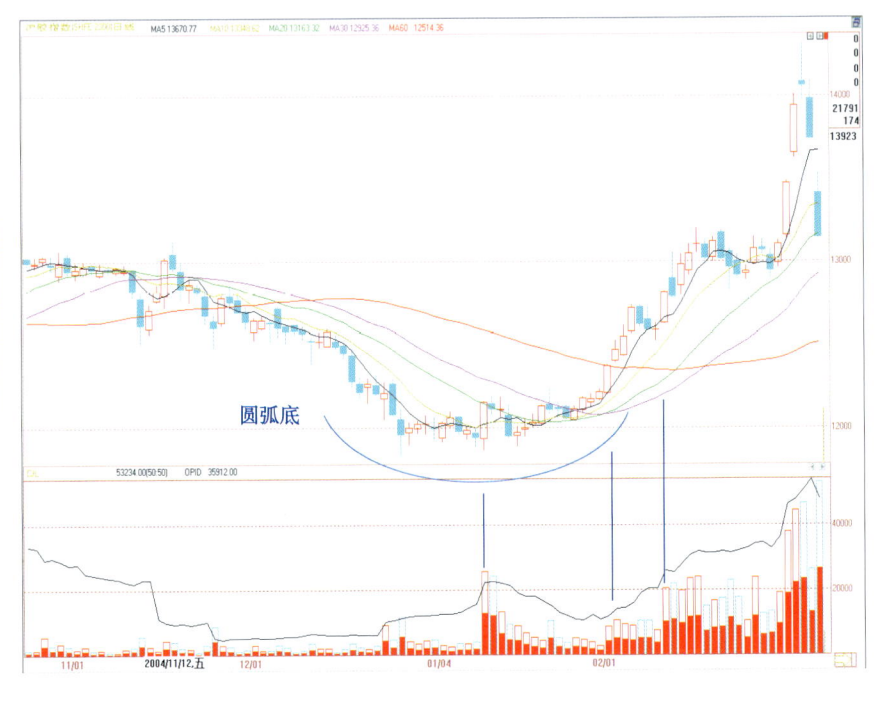

图 5-22　上海橡胶,2004 年 12 月 20 日至 2005 年 2 月 3 日,日线圆弧底

图 5-23　丰原生化(000930),2001 年 3 月至 2001 年 7 月,日线圆弧顶

五、V 形底与 V 形顶

前面讨论的形态都留给趋势的演变以足够的时间,V 形却是趋势在极短时间内发生的一种剧烈逆转。如果同时出现"反转日"或"岛形反转"现象(见后述),则可靠性更高。

V 形反转并不少见,事先也并非无迹可寻。一般来说,它们出现在疯狂的拉升或陡峭的下跌之后,同时伴随着巨大的成交量。如果缺乏保护性的止损措施并及时行动,它们对于原方向的持仓所造成的伤害将是灾难性的。

V 形底与 V 形顶的具体举例见图 5-24、图 5-25、图 5-26 和图 5-27。

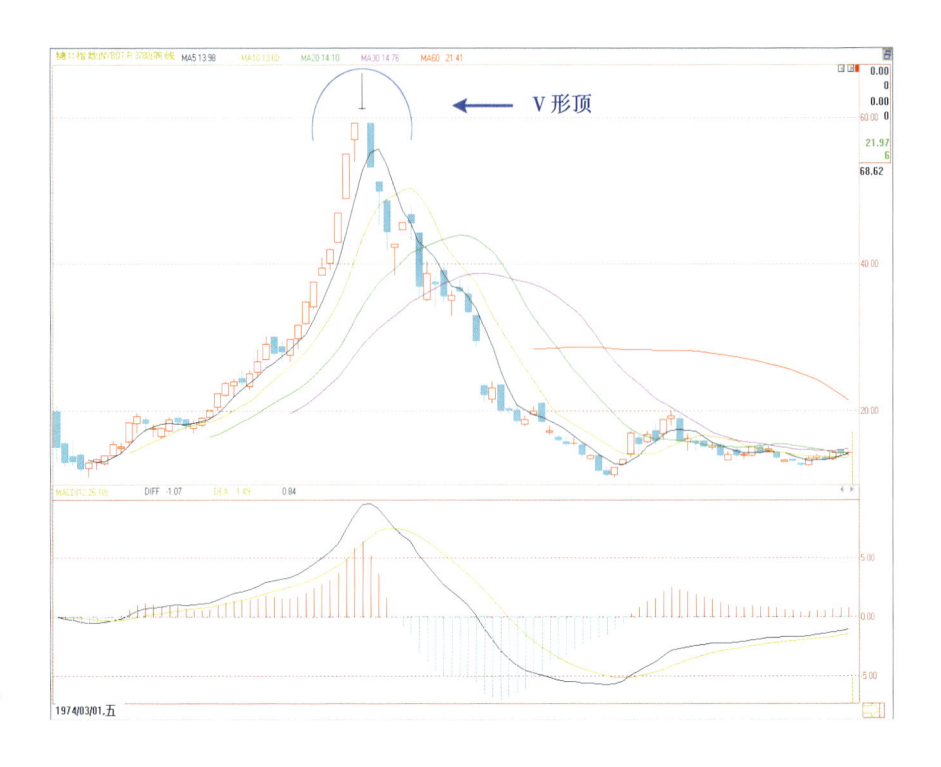

图 5-24　美国糖 11 号，1974 年 11 月，周线 V 形顶

图 5-25　上海螺纹钢，2009 年 8 月 4 日，日线 V 形顶

图 5-26　美国小麦,2009 年 6 月 2 日,日线 V 形顶

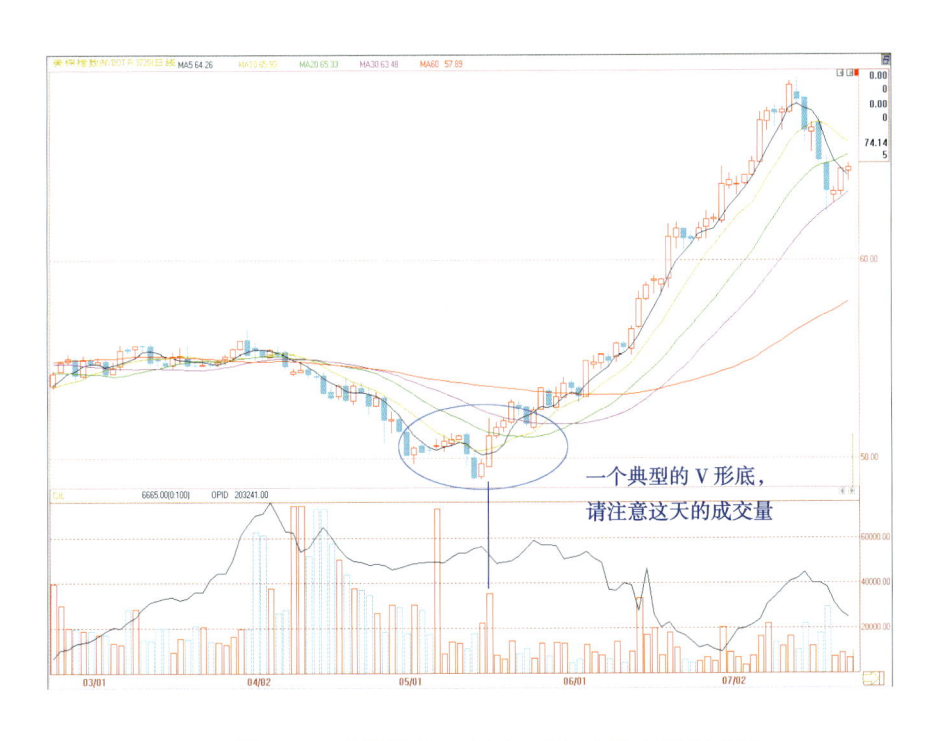

图 5-27　美国棉花,2007 年 5 月 16 日,日线 V 形底

第四节　中继形态

一、对称三角形

对称三角形多数情况下以中继形态出现，少数情况下以反转形态出现(见图 5-28)，作为反转形态出现时的价格空间与构筑时间大于和长于中继形态。由一条连接几个依次降低的反弹高点因而下倾的上边界和一条连接几个依次抬高的下探低点因而上倾的下边界界定而成，两条边界与顶点所在的水平直线的夹角几乎相同。当价格在形态内从左到右波动时，成交量会明显萎缩。当价格在顶点之前一定距离向上突破时，成交量往往会显著增加，并且随后通常都会出现一个针对顶点或上边界的缩量回抽确认动作。当价格在顶点之前向下突破后，通常也会出现针对顶点或下边界的回抽确认动作，但向下突破时的成交量可能会增加，也可能不会，而往往会在回抽完成、价格重新转为下跌时增加。

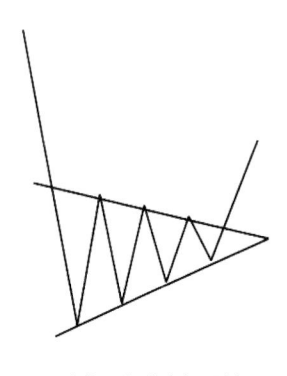

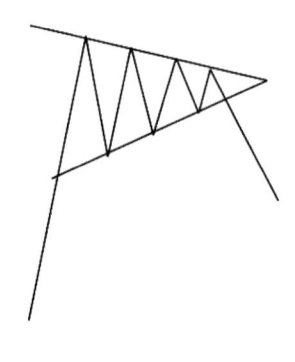

对称三角形底部反转　　　　　对称三角形顶部反转

图 5-28　对称三角形底部反转与顶部反转

对称三角形作为中继形态出现(见图 5-29)时，突破后的价格运动幅度与形态前的接近相等。对称三角形的测量规则，以向上突破为例，从形态的左上角出发作一条平行于下边界的直线，后续的价格运动有望上升到这条线。对向下突破而言，只需从形态的左下角出发作一条平行于上边界的直线（这一规则也适用于下面将要讲到的上升或下降直角三角形）。

值得注意的是,"突破点"越是靠近顶点,则形态失效的可能性越大——它接下来通常会开始一段有气无力的随机漫步。对称三角形与下面将要讲到的其他形态一样,可以分别出现在日线图(见图 5-30 和图 5-31)和周线图(见图 5-32 和图 5-33),或 30/60 分钟 K 线图之中。

对称三角形上升中继　　　　　对称三角形下降中继

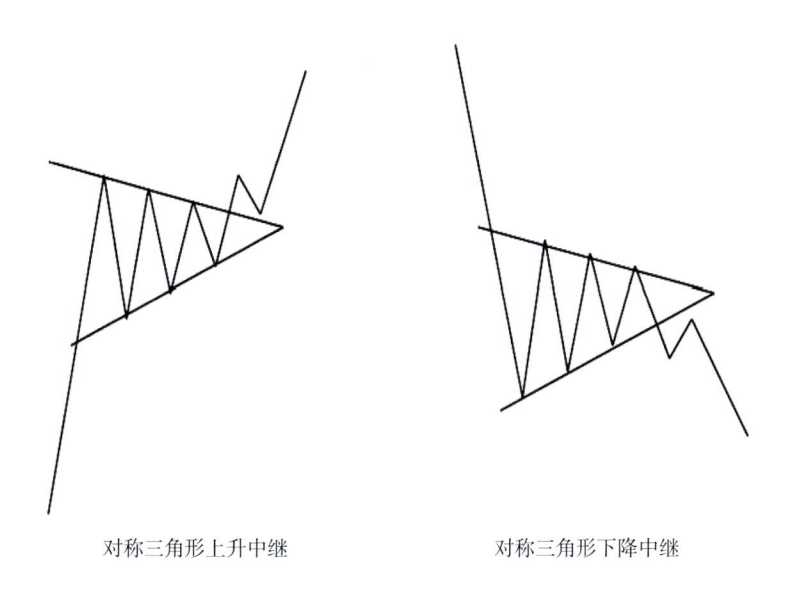

图 5-29　对称三角形上升中继与下降中继

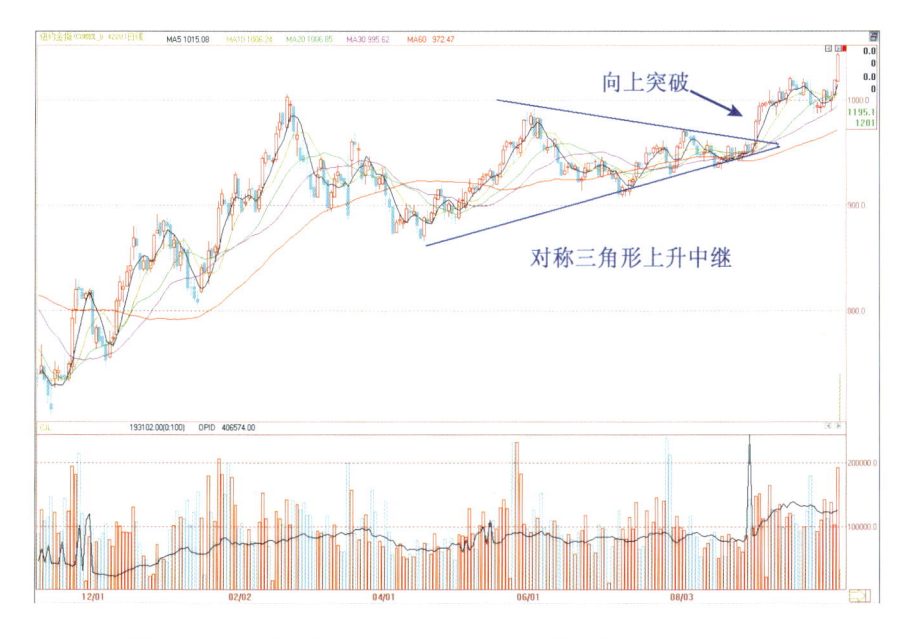

图 5-30　纽约黄金,2009 年 9 月 2 日,日线对称三角形上升中继

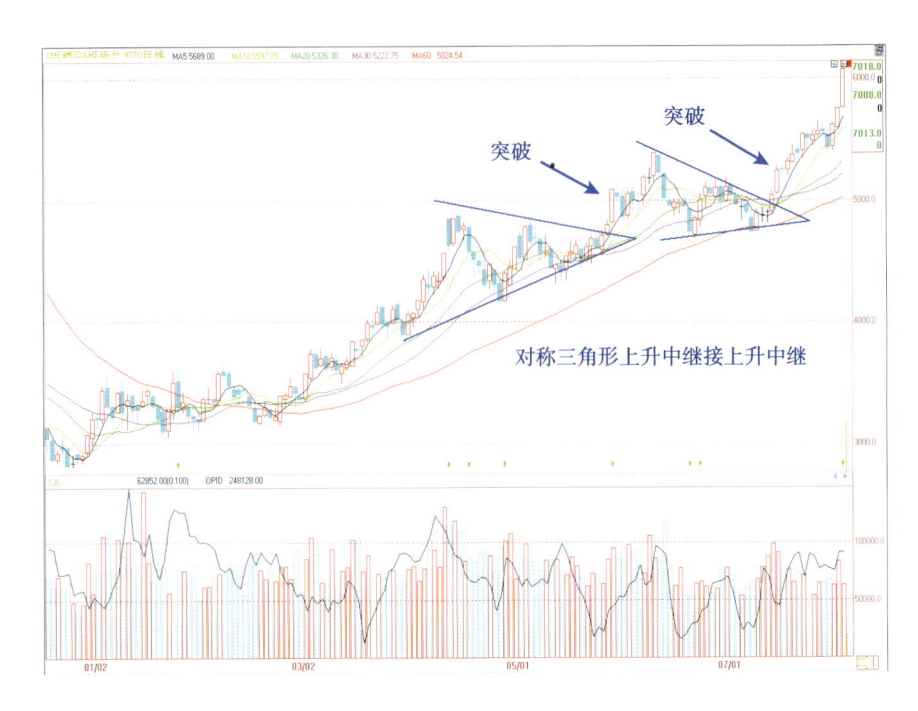

图 5-31　LME 铜,2009 年 6 月 1 日及 2009 年 7 月 15 日,日线对称三角形上升中继接上升中继

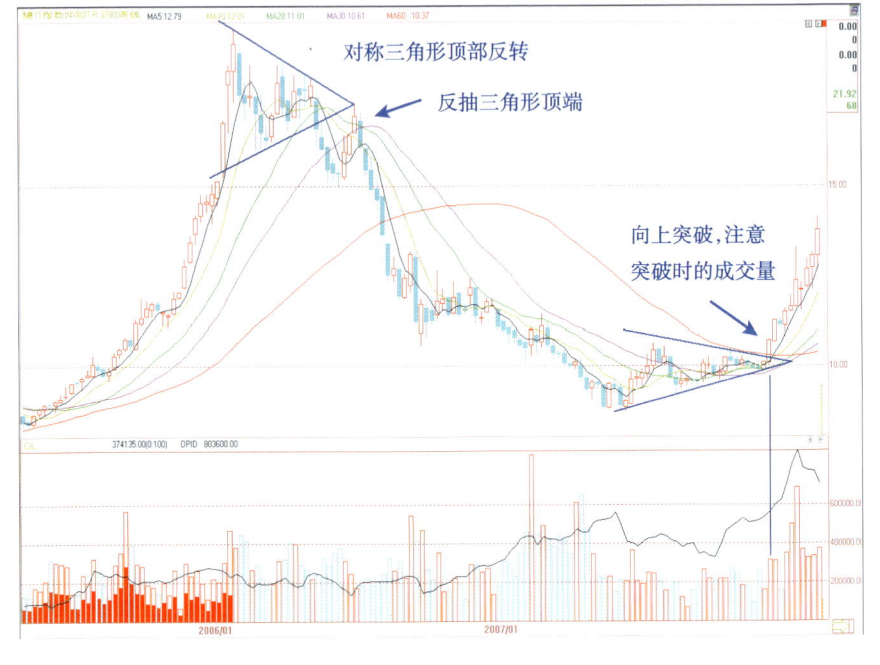

图 5-32　美国糖 11 号,2006 年 2~5 月和 2007 年 6~12 月,周线对称三角形顶部反转和底部反转

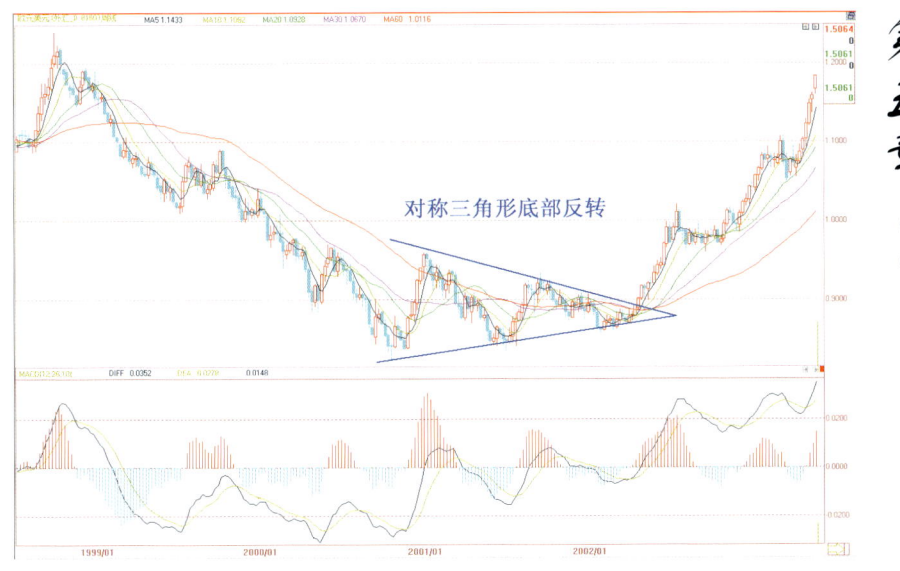

图 5-33　欧元兑美元,2000 年 10 月至 2002 年 4 月,周线对称三角形底部反转

二、上升直角三角形和下降直角三角形

上升直角三角形为底部反转形态或上升中继形态。同理,作为反转形态时的"个头"要大于中继形态。由一条连接几个价位接近的反弹高点因而水平的上边界和一条连接几个依次抬高的下探低点因而上倾的下边界界定。形态内部的每一个反弹高点都对应大成交量,下探低点则对应小成交量,且成交量分布总体上呈现萎缩趋势。与对称三角形类似,当价格在顶点之前一定距离向上突破时,成交量往往会决定性地增加,并且随后通常都会出现一个针对上边界的缩量回抽确认动作。上升直角三角形也是突破越早可靠性越高,直到顶点才突破同样会让这一形态失去大部分能量。

下降直角三角形为顶部反转形态或下降中继形态。由一条连接几个依次降低的反弹高点因而下倾的上边界和一条连接几个价位接近的下探低点因而水平的下边界界定。如果说上升直角三角形具有强烈的看涨意味的话,那么下降直角三角形就有强烈的看跌意味。下降直角三角形向下突破下边界时成交量未必会明显增加,但通常会在跌出形态后的第二至第三天增长。并且,突破后针对形态下边界的回试反扑也经常出现。

上升直角三角形与下降直角三角形基本形态见图 5-34,具体举例见图 5-35 和图 5-36。

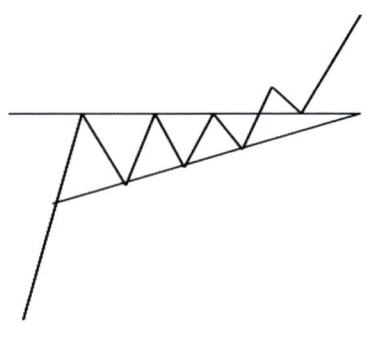

上升直角三角形

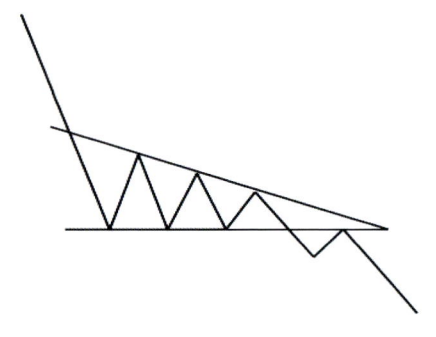

下降直角三角形

图 5-34　上升直角三角形与下降直角三角形

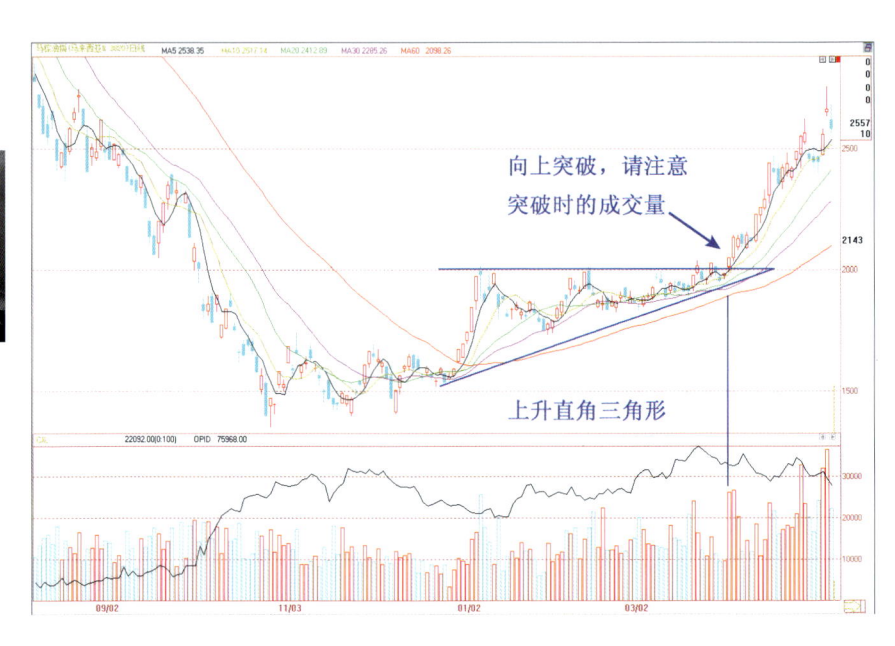

图 5-35　马来西亚棕榈油，2009 年 1~3 月，日线上升直角三角形

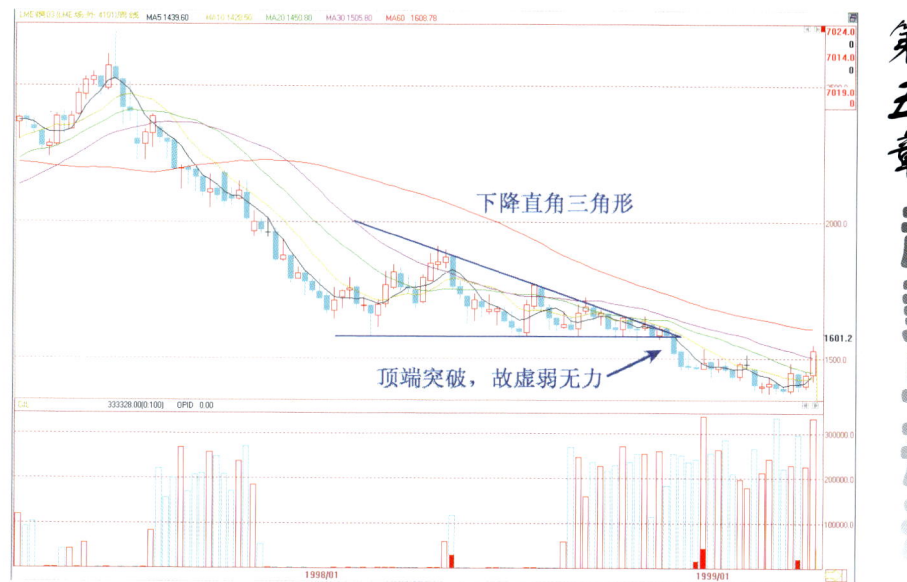

图 5-36　LME 铜，1998 年 4～12 月，周线下降直角三角形

三、矩形

在第二节"初识形态"中我们已经提到了矩形，它由两条分别代表供给线和需求、几乎水平且平行的上下边界界定。多数情况下以中继形态出现（见图 5-37），少数情况下以反转形态出现（见图 5-38），作为反转形态时的"个头"要大于中继形态。作为中继形态，其内部的成交量分布必定总体上呈现明显萎缩的趋势；作为底部反转形态，反弹高点对应大成交量，下探低点对应小成交量；而作为顶部反转形态，成交量则总体上呈现高而不规则的特征。

一般来说，持续时间短、波动范围宽，形似正方形且成交活跃的矩形比那些持续时间长而波动范围窄的矩形具有更大的动能。作为中继形态的矩形其最小测量规则等于它的高度，但实际上可能会远远超出这一价格目标。

三重顶或三重底也可以分别被归类为只有三个顶点或三个低点的比较高的矩形。类似地，一个发展失败的直角三角形也可以被重新归类为矩形。矩形的具体举例见图 5-39 和图 5-40。

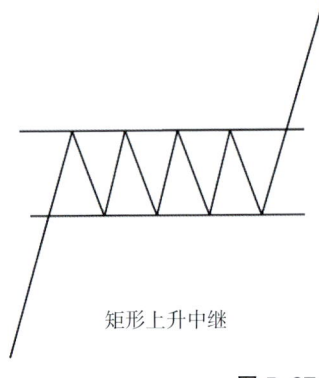

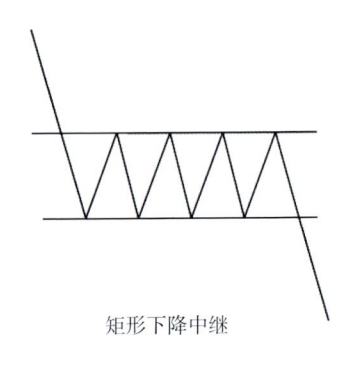

矩形上升中继　　　　　　　　　矩形下降中继

图 5-37　矩形上升中继与下降中继

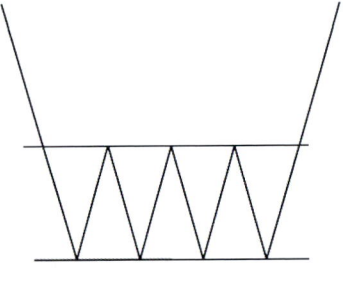

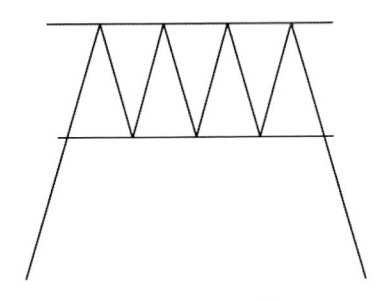

矩形底部反转　　　　　　　　　矩形顶部反转

图 5-38　矩形底部反转与顶部反转

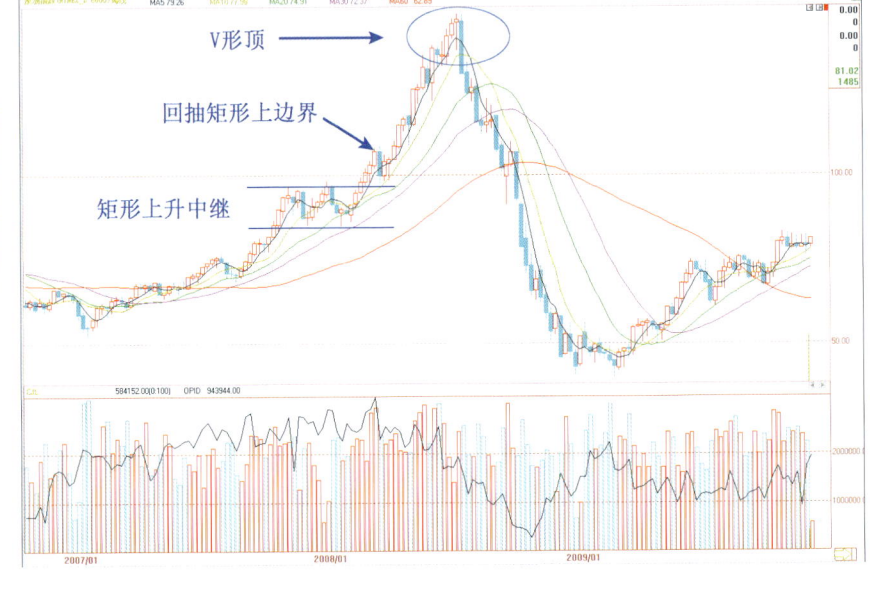

图 5-39　原油,2007 年 11 月至 2008 年 2 月,周线矩形上升中继

图 5-40　南玻 A(000012),2001 年 3~7 月,日线矩形下降中继

四、头肩形中继形态

在第三节"反转形态"里我们将头肩形归类为主要反转形态之一。但事实上,某些时候,头肩底也会作为上升中继形态出现;而头肩顶,也会作为下降中继形态出现,例如图 5-41 中的例子。

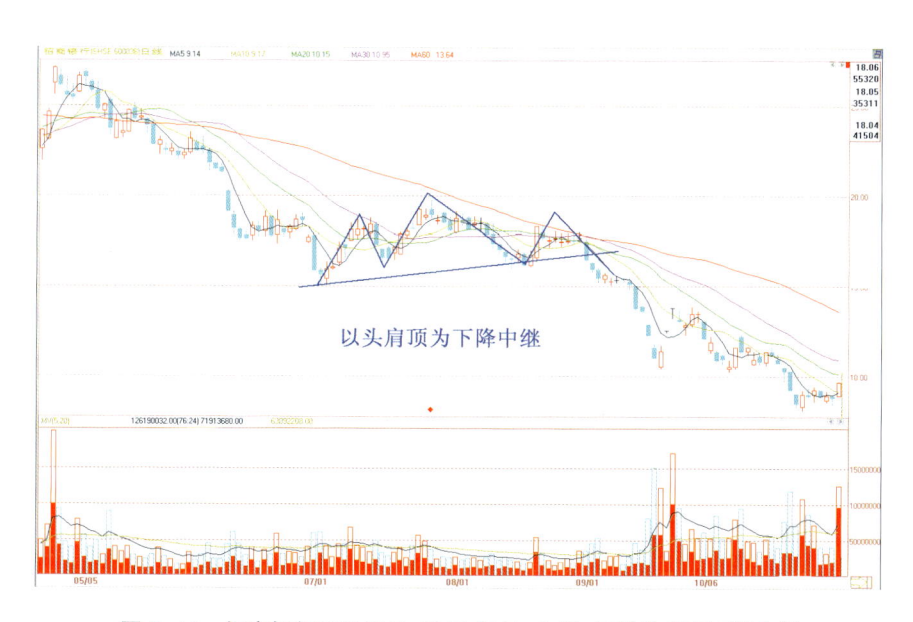

图 5-41　招商银行(600036),2008 年 7~9 月,日线头肩顶下降中继

第五节　特殊形态

一、旗形与三角旗形

（一）看涨下倾旗形和看跌上倾旗形

看涨下倾旗形为上升中继形态，由旗杆和旗面组成。旗杆代表一段笔直的上涨，始于前一个放量突破点，终于旗面左上角。旗面由两条平行且下倾的边界界定，看似一个平行四边形。旗面构筑过程中成交量显著萎缩，当价格挟爆发性的大成交量从旗面的尾部向上突破时，将再次展开一段笔直的上涨——几乎就是前一旗杆的翻版。

看跌上倾旗形为下降中继形态，把看涨下倾旗形倒过来即可得到。旗杆代表一段笔直的下跌，旗面由两条平行且上倾的边界界定。成交量在旗面中萎缩，并在价格跌破后重新增长。

旗形上升中继与旗形下降中继基本形态见图 5-42。

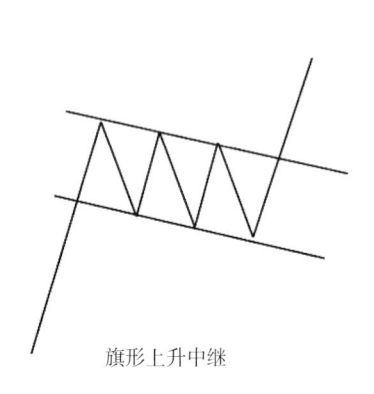

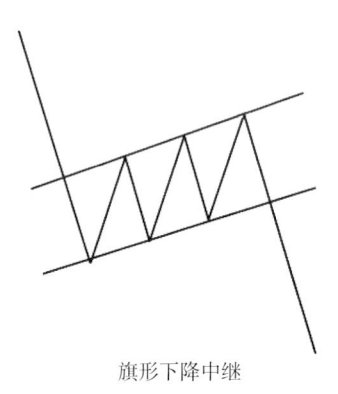

图 5-42　旗形上升中继与下降中继

（二）尖角旗形

尖角旗形也分为上升和下降两种，分别作为上升和下降中继出现（见图 5-43），但前者更常见。整个形态与旗形极为类似，区别在于旗面形似小对称三角形。

旗形与尖角旗形是有高可靠性的中继形态。它们只出现在日线图中，构筑时间通常只有1~3周。当价格从旗面突破后,其目标价位等于从旗面突破点算起与前一旗杆等长处。具体举例见图5-44和图5-45。

尖角旗形上升中继

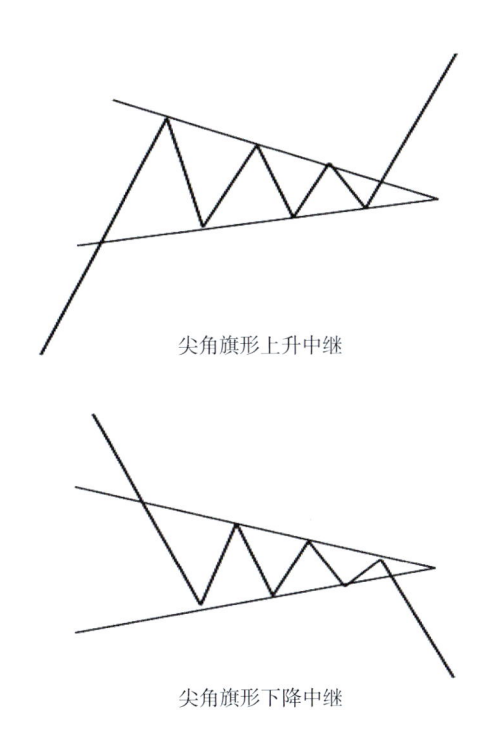

尖角旗形下降中继

图5-43 尖角旗形上升中继与下降中继

旗形下降中继
(看跌上倾旗形)

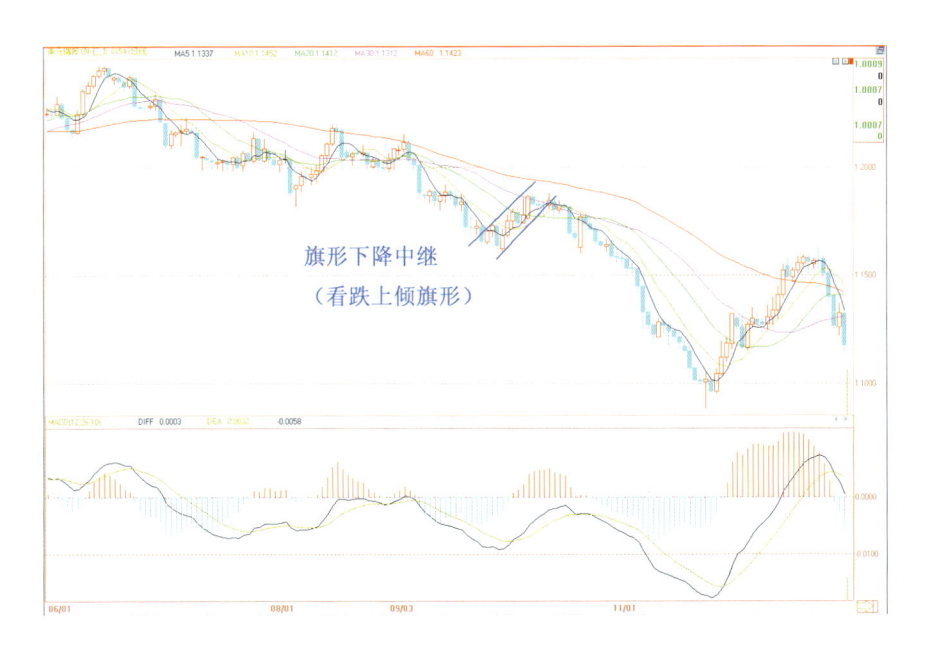

图5-44 美元兑瑞郎,2007年10月1~9日,日线看跌上倾旗形

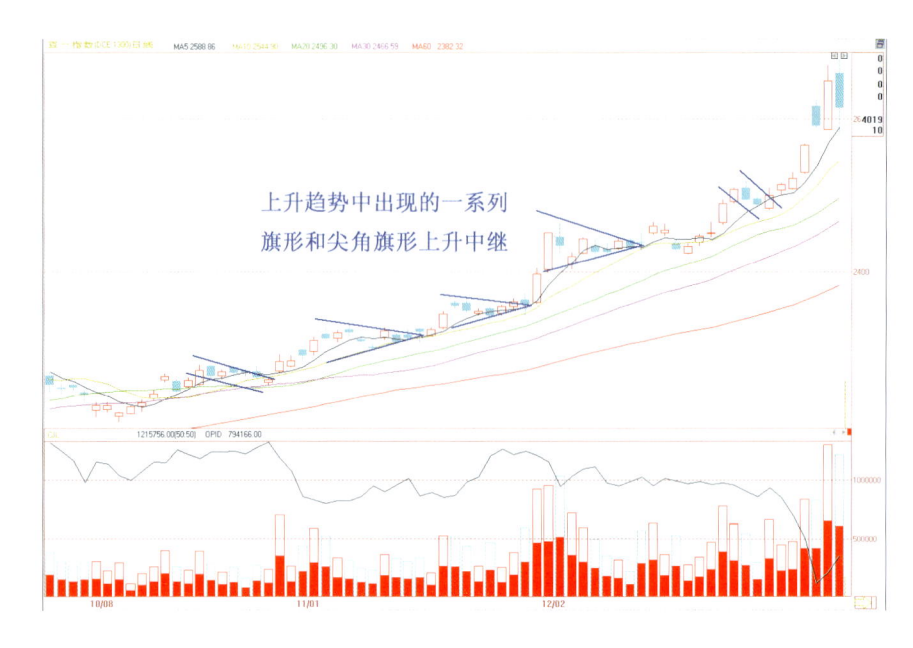

图 5-45　大连大豆,2002 年 10～12 月,日线旗形与三角旗形

二、楔形

(一)看跌上倾楔形

看跌上倾楔形为顶部反转形态或下降中继形态。由两条收敛且同时上倾的边界线界定,下边界较上边界更陡峭。当价格向楔形顶点方向运动时成交量逐渐萎缩,一旦价格跌破楔形下边界,往往开始急跌,至少跌去楔形本身所积累的涨幅。这一形态通常需要多于 3 周的时间来完成,并且经常出现在熊市反弹中。

(二)看涨下倾楔形

看涨下倾楔形为底部反转形态或上升中继形态。由两条收敛且同时下倾的边界线界定,上边界较下边界更陡峭。与看跌上倾楔形不同的是,前者向下突破后往往跌势凌厉,而后者向上突破后通常不急着上涨,而是缓慢地进入一段横向漂移运动。

楔形底部反转与顶部反转基本形态见图 5-46,楔形上升中继与下降中继基本形态见图 5-47,具体举例见图 5-48 和图 5-49。

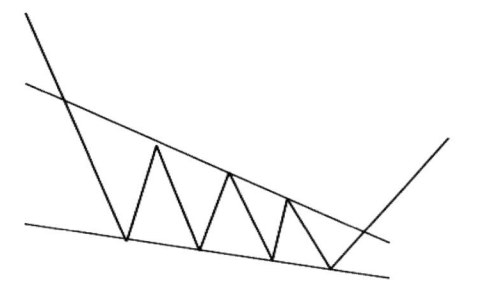

楔形底部反转

楔形顶部反转

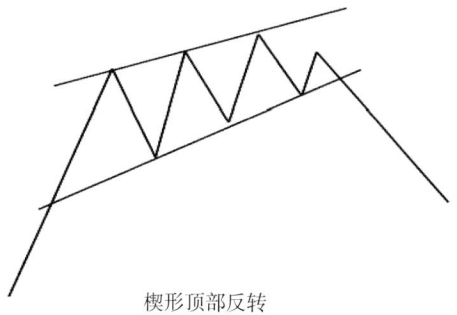

图 5-46　楔形底部反转与顶部反转

楔形上升中继

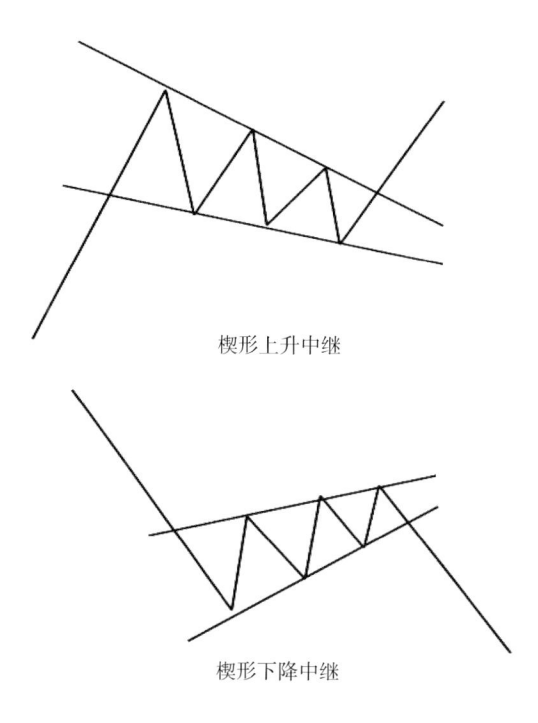

楔形下降中继

图 5-47　楔形上升中继与下降中继

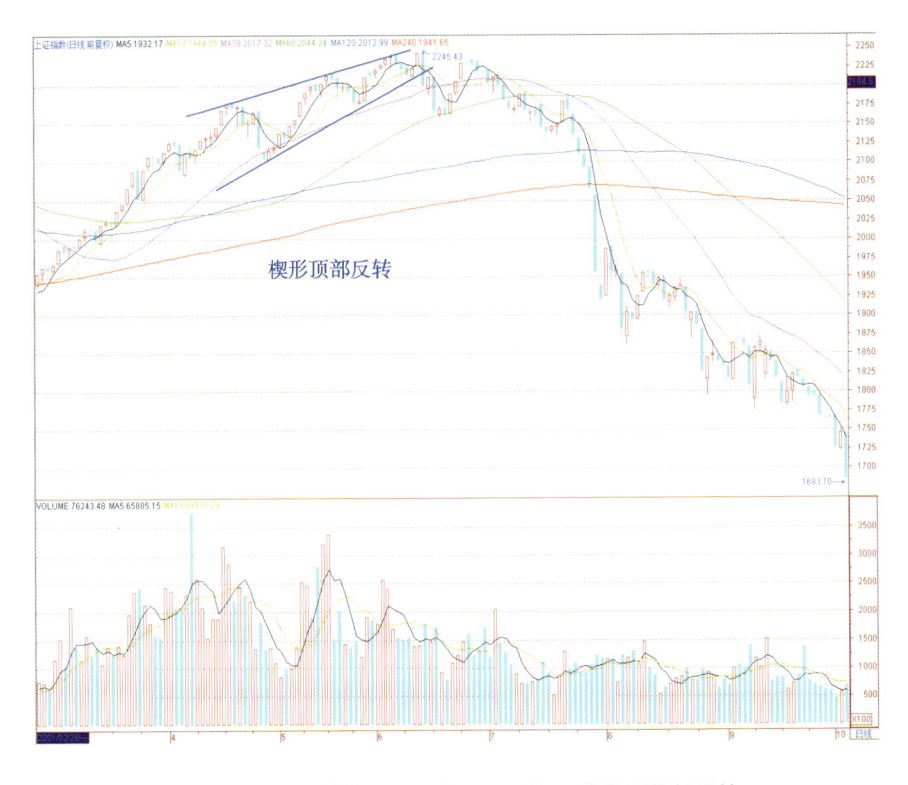

图 5-48　上证指数,2001 年 4～6 月,日线楔形顶部反转

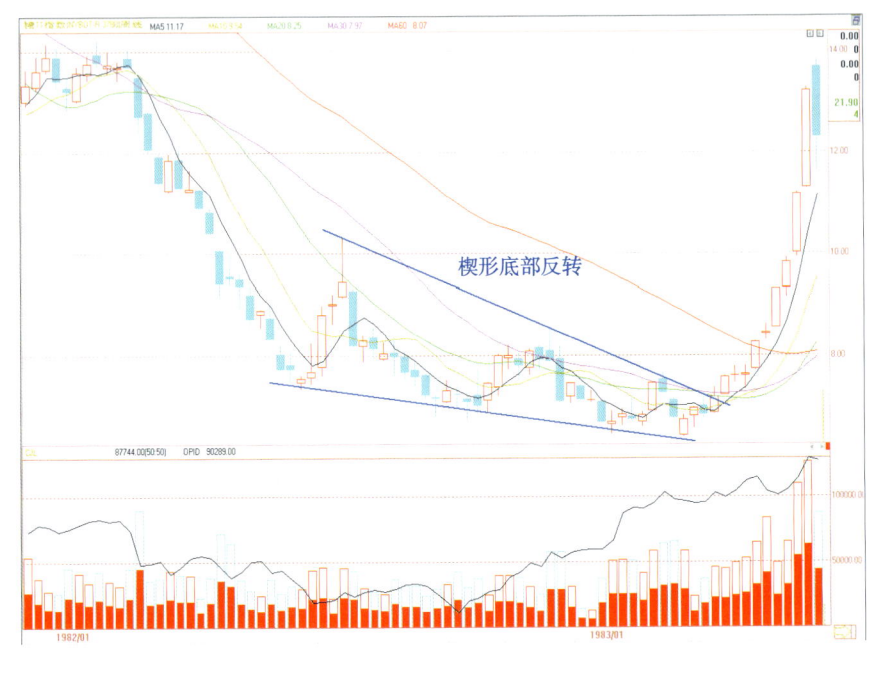

图 5-49　美国糖 11 号,1982 年 7 月至 1983 年 4 月,周线楔形底部反转

三、扩散形态

（一）对称扩散顶

扩散形态有三种，分别可由对称三角形、上升三角形和下降三角形左右翻转对调得到。

一个对称扩散形态形似一个顶点在左侧的反的对称三角形，由一条上倾的上边界和一条下倾的下边界界定。如果说对称三角形是待明朗的疑虑之形，矩形是受控制的冲突之形，那么对称扩散形态就是一种代表市场情绪失控的狂乱图形。它具有明确的看跌意义，因而通常作为顶部反转形态出现。其内部的成交量一般保持较高水平且不规则，这与中继形态必然伴随缩量的情形明显不同。

如果价格将向下突破扩散形态，其内部的最后一轮反弹通常达不到前一轮反弹的高度。而对于一个失败的扩散形态，价格向上突破前的最后一轮回落往往无法回到前一轮回落的水平。

正统的扩散顶有三个渐高的顶和两个渐低的底，一旦从第三个顶开始的回落将价格打到第二个底之下，该形态即告完成且作为反转信号开始起作用。但是通常，此时还会发生一次重返形态内的回抽，收复最近一轮跌幅的一半左右才又重新转为下跌。扩散形态只在日线图中有效。

（二）平顶直角扩散形态

平顶直角扩散形态由一条水平的上边界和一条下倾的下边界界定。多数作为顶部反转形态出现，这时其内部的成交量持续高位且不规则；偶尔作为上升中继出现，这时其内部的成交量会大幅萎缩，突破上边界时会急剧放量。

（三）平底直角扩散形态

平底直角扩散形态为顶部反转形态，由一条上倾的上边界和一条水平的下边界界定。价格向下突破后通常会有反扑发生。

以上三种扩散顶的基本形态见图5-50，具体举例见图5-51和图5-52。

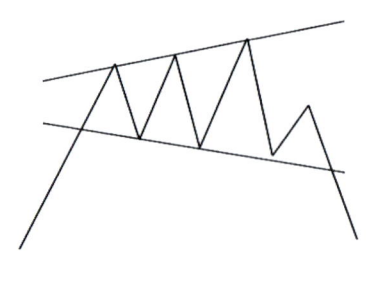

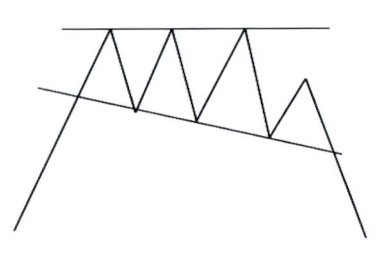

对称扩散顶 　　　　　　平顶直角扩散顶

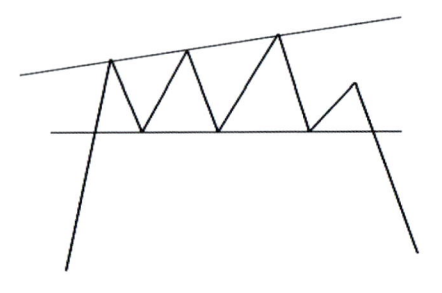

平底直角扩散顶

图 5-50　三种扩散顶

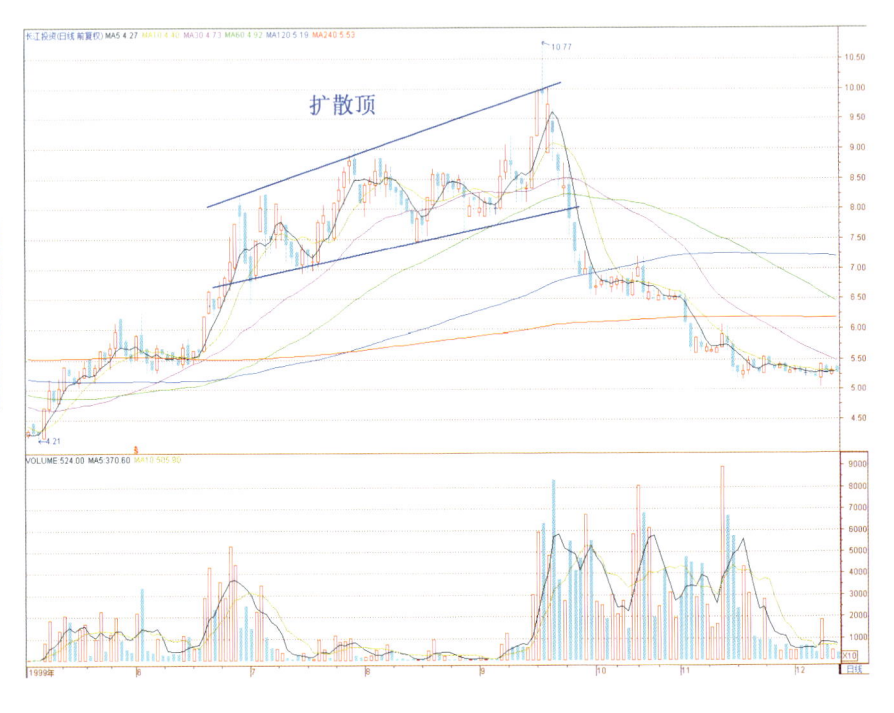

图 5-51　长江投资(600119),1999 年 6～9 月,日线对称扩散顶

图 5-52　美国糖 11 号,1994 年 11 月至 1995 年 2 月,日线平底直角扩散顶

四、钻石

钻石形态也称为菱形(见图 5-53),一般是顶部反转形态,偶尔作为上升中继形态出现。在周线图中出现时更为清晰。图 5-54 中举出了一个日线菱形反转的例子。

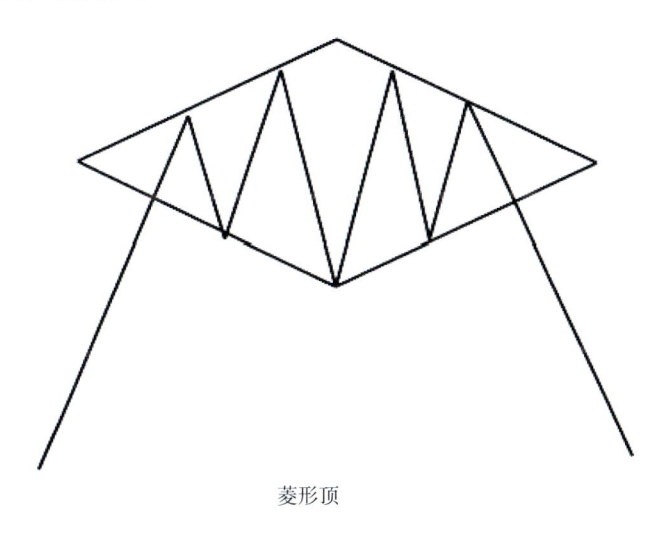

菱形顶

图 5-53　菱形顶

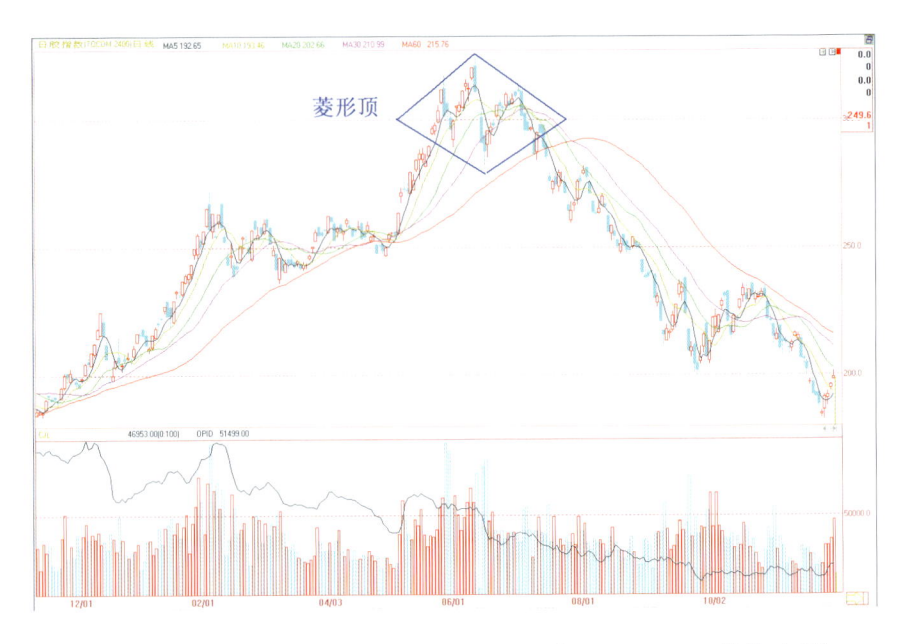

图 5-54　日本橡胶,2006 年 5 月 29 日至 2006 年 7 月 14 日,日线菱形反转

五、贝形

贝形也称为重复圆弧。顾名思义，就是价格运动由一个接一个的圆(弧)底组成。每段圆弧对应的成交量也呈圆弧状分布。这种价格形态主要出现在低价大盘股的走势图中。

第六节　重要现象

一、缺口

在日线图中,当某天交易品种的最低价高于前一天的最高价,或最高价低于前一天的最低价时,缺口就形成了。它也可以出现在周线图、月线图或日内 K 线图中。它可能因出现于形态内部易被回补而没有什么意义,也可能意味着趋势的开始、中继或结束,相应地被分别命名为普通缺口（在形态内）、突破缺口（在形态外）、中继缺口（产生于直线上涨或下跌过程中，通常位于一轮上升或下降趋势的中点）和衰竭缺口（通常会在 2～5 天内被回补）。所有的底部反转或上升中继形态向上突破时,或在价格向上跨越阻挡位或密集成交区时,都有可能向上跳空产生缺口,该缺口

代表多方力量极其强劲,其力度相当于一根大阳线,并且通常伴随着明显放大的成交量;向下跳空的情形与之类似但方向相反。

缺口是图表中重要的技术现象,如果与K线技术、均线技术和成交量技术结合起来研判,可以取得惊人的效果。缺口出现后,经常成为下一步价格运动的支撑或阻挡。一个伴随着大成交量的突破或中继缺口,短期内很难被回补,有些缺口也许永远都不会被回补。如果一张图表中常有大量缺口,任何一个一般都没有特殊意义,除权除息造成的缺口通常也不具备趋势含义。在期货交易中,日内缺口的重要性可能不亚于日间缺口。

二、岛形反转

(一)顶部岛形反转

一段上升趋势之后出现一个向上跳空的衰竭缺口,然后是一段持续数日或数周的呈矩形或弧形排列的K线组合,接着是一个向下跳空的突破缺口。两个缺口发生在相近的价位上,中间被隔离的那段K线组合形如孤岛。通常顶部岛形反转形态对应着较高的成交量,且其向下突破缺口有可能被一轮向上的价格反扑所回补,然后继续下跌之路。图5-55给出了一个日线岛形顶式下降中继的例子。

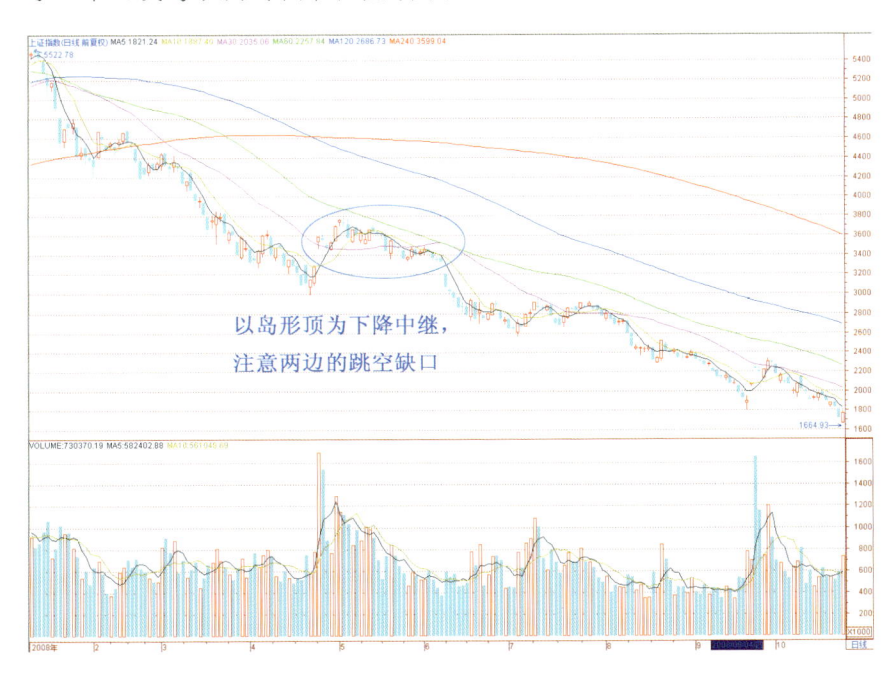

图5-55 上证指数,2008年4月24日至2008年6月6日,日线岛形顶式下降中继

(二)底部岛形反转

将顶部岛形反转倒过来即可得到底部岛形反转。岛形反转可以是周线级别的,此时确定性较高;也可以是日线级别的(见图5-56),此时算不上是主要的反转形态,但可以作为更大的反转形态的一部分出现,例如头肩形的头部。有时,整个头肩形也可以在两端分别出现一个缺口,即头肩形整体上以岛形反转的形式出现。

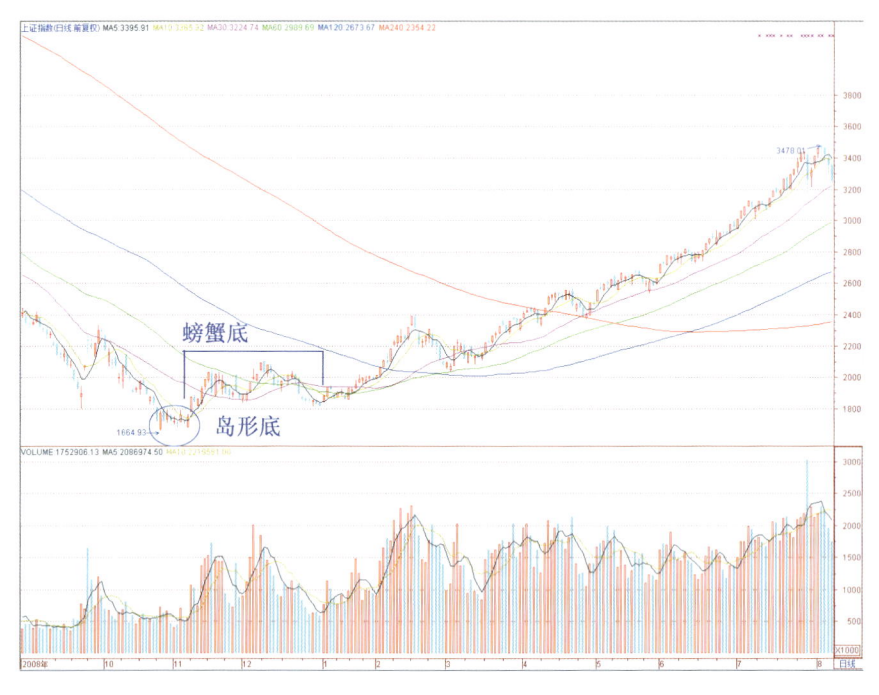

图5-56 上证指数,2008年10月27日至2008年11月7日,日线底部岛形反转

三、单日反转

(一)顶部单日反转

顶部单日反转也称为抢购高潮,可能形成长期顶部,也可能形成中期或短期高点。通常出现在一轮加速的上升趋势之后,市场做多心理已经白热化的背景下。当天一开盘,价格向上大幅跳空,高开高走,急剧飙涨,在一两个小时内走过正常情况下要花三四天才能走完的距离。就在多方如入无人之境时,价格前进的步伐突然停顿,并急速向下掉头逆转,大幅震荡的同时爆发出惊人的成交量。这天结束时的收盘价与开盘价接近,日线图上出现形体巨大的流星线、吊颈线、高浪线、天针或天剑。如果次日低开

于此形态的收盘价之下,且低开低走,全天收阴线的迹象明显,则头部成立的确定性非常高。顶部单日反转举例见图 5-57。

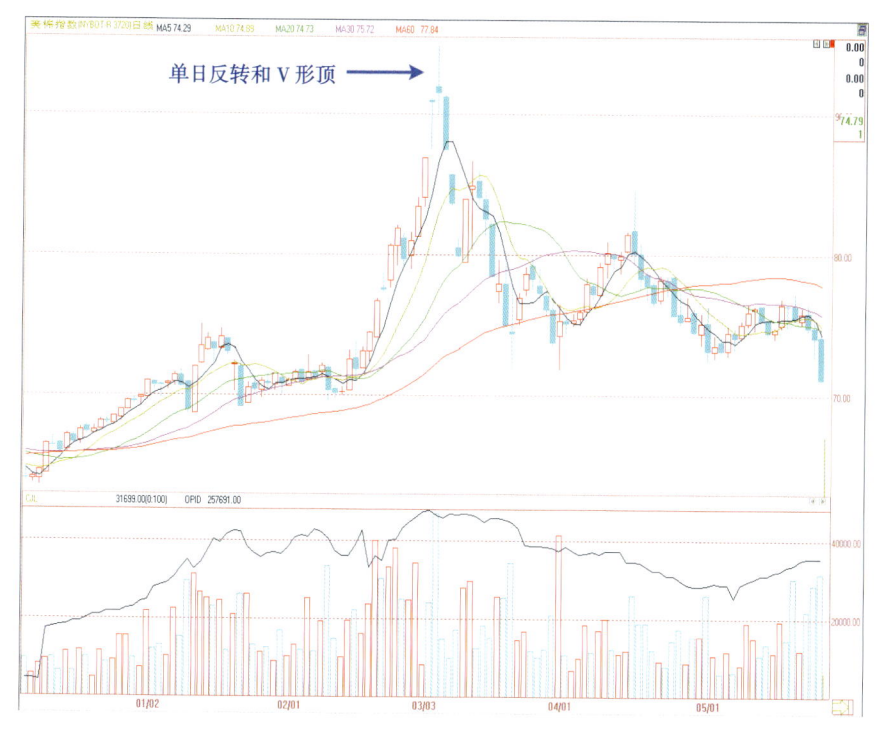

图 5-57　美国棉花,2008 年 3 月 5 日,日线顶部单日反转

(二)底部单日反转

底部单日反转也称为抛售高潮。将顶部单日反转倒过来即可得到,在指数图表中尤其常见。有可能只是造成短期底部,不排除再创新低的可能。西方传统上把上升趋势中某个创了新高价但收盘价却低于前一交易日收盘价的情形称为顶部反转日,底部反转日与之类似。如果当天还打穿了前一交易日的最低价,则谓之扩张日,比反转日还受重视。如果经过两个交易日取得与反转日类似的效果,则谓之双日反转。相应地,在周线图和月线图上,还存在周反转和月反转。

底部单日反转举例见图 5-58。

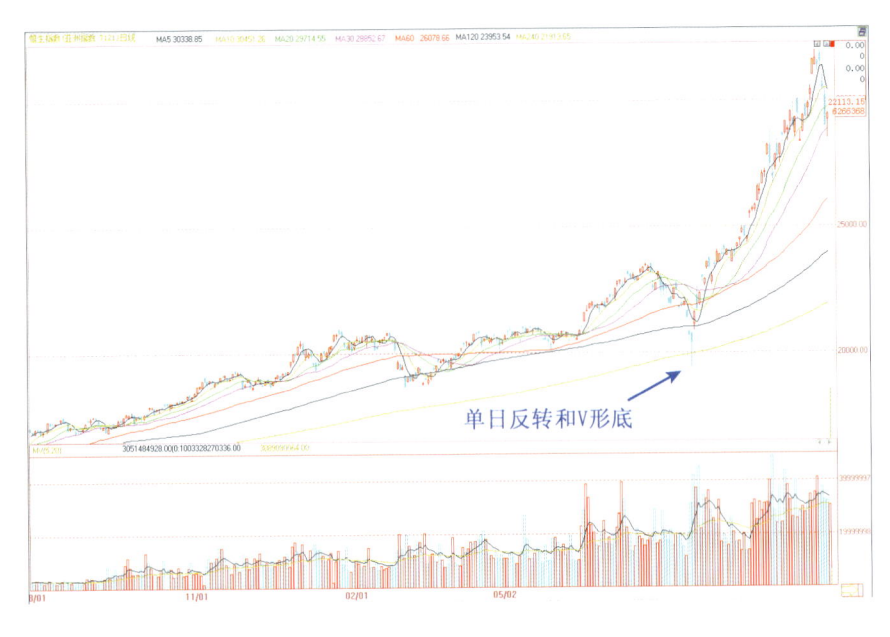

图 5-58　恒生指数，2007 年 8 月 17 日，日线底部单日反转

四、支撑与阻挡的互化

旧的支撑水平被跌破后会演变为新的阻挡水平；旧的阻挡水平被突破后会演变为新的支撑水平，这就是具备极高实战价值的"极性转换原则"，包括缺口、密集成交区、特定 K 线组合、移动平均线、前期高低点和整数关六大技术因素所导致的支撑或阻挡水平。在商品期货交易中，几乎每一道整数关都代表一个压力或阻挡水平。股票指数也存在一定的整数关效应，但个股的整数关效应则不太明显。支撑与阻挡互化的基本形态见图 5-59，举例见图 5-60 和图 5-61。

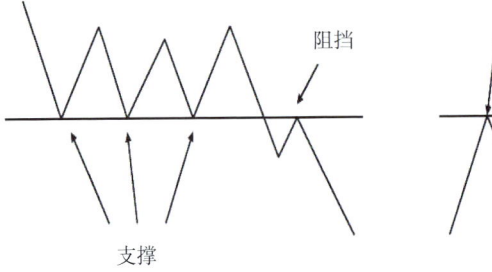

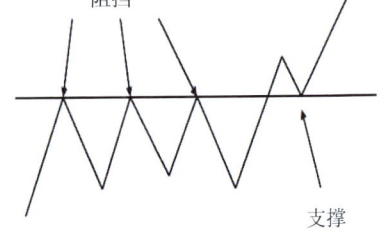

图 5-59　支撑与阻挡的互化

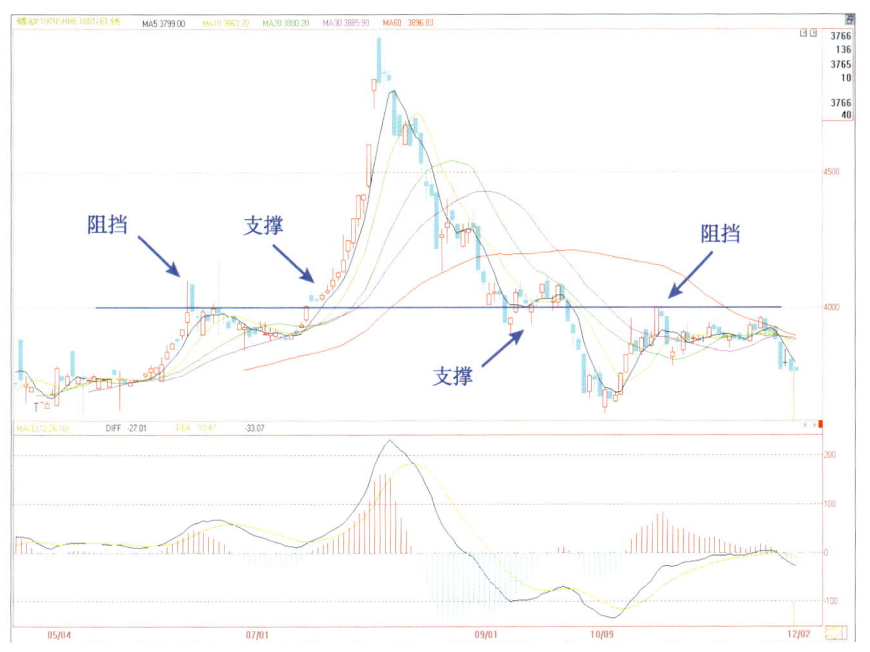

图 5-60 上海螺纹钢，2009 年 6～11 月，日线支撑与阻挡的互化

图 5-61 中国联通（600050），2008 年 11 月至 2009 年 9 月，周线支撑与阻挡的互化

五、破低反涨与破高反跌

破低反涨与破高反跌（见图 5-62）是具备实战价值的重要技术现象。在无趋势行情里，可为交易者进行高抛低吸操作提供依据。这两种现象可能是市场自然形成的，也可能是主力资金以假突破的方式对支撑或压力位进行测试造成的。前者是看涨信号，后者是看跌信号。一般而言，它们出现在周线图中比出现在日线图中更有价值。具体举例见图 5-63 和图 5-64。

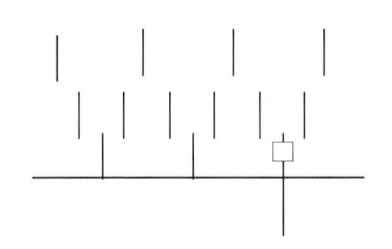

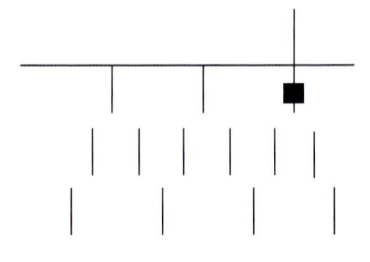

破低反涨容易收出锤子线或剑形线　　破高反跌容易收出流星线或弓形线

图 5-62　破低反涨与破高反跌

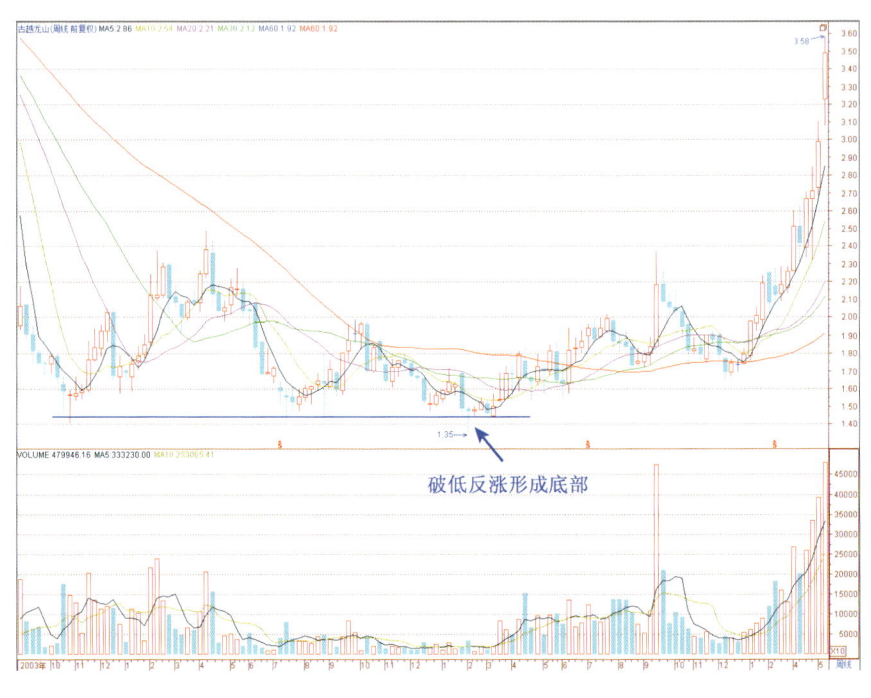

图 5-63　古越龙山(600059)，2005 年 2 月 4 日所在周，周线破低反涨看涨信号

图 5-64　冠豪高新(600433),2009 年 12 月 2 日,日线破高反跌看跌信号

第六章　K线技术

第一节　与势为友

一位老手曾经讲过他和一个想要学习"秘诀"的新手的故事。新手说："请用简单明了的方式教我。"富有经验的交易者把这个新手带到海边,他们站在那里,看着海浪冲击海岸线。新手问："带我来这里做什么?"老交易者说："到海浪冲击海岸线的地方去,当海浪后退时,你就跟着往前跑,当海浪冲过来时,你就跑回来。你跟着海浪进退,仅仅是为了踏准海浪的节奏。"甚至远在加入这个市场之前,对于类似"趋势是你的朋友"之类的格言,想必您早已耳熟能详。事实上,这句话是千真万确的真理。也就是说,顺势交易应该是金融交易的第一法则。当然,仅仅顺势还不足以保证您成为赢家。因为除了交易技术,您还必须学会资金管理和自我管理。除了宏观交易学,您还必须通晓微观交易学的奥秘。

我们曾说形态是对两段趋势起连接作用的中间部分。但事实上,趋势本身也可以由连续几个形态首尾衔接而成,此时我们称之为震荡型趋势,这是相对于简单型趋势——可以用移动平均线清晰地予以指示的趋势——而言的。具体来说,就是用5/10日均线金叉(5日均线从下向上穿越10日均线)后多排(5日均线位于10日均线之上且两者同时向上挺升)来指示日线级别的上升趋势;用5/10日均线死叉(5日均线从上向下穿越10日均线)后空排(5日均线位于10日均线之下且两者同时向下挺进)来指示日线级别的下降趋势。如果5/10日均线时而金叉时而死叉,则表示正在构筑日线级别的形态。同理,我们可以用5/10周和5/10月均线

的位置关系来分别指示周线和月线级别的趋势。

道氏理论的"定理一"将趋势划分为三个级别:一是主要趋势,俗称多头市场(牛市)或空头市场(熊市),它是一种市场整体向上或向下的走势,时间可能长达数年,目前没有任何已知的方法可以预测其持续时限。二是次级折返走势,它是牛市中重要的下跌(调整)或熊市中重要的上涨(反弹),持续时间从数周至数月不等,折返幅度一般可达前一轮趋势长度的1/3、1/2 或 2/3,因而经常被误以为是主要趋势已经发生改变。相对于主要趋势而言,次级折返走势有暴涨暴跌的倾向。三是日间杂波,就是市场每天的波动。道氏理论认为日间杂波是最无意义的价格波动,具有随机性、不确定性和可人为操纵性,是市场诱惑交易者不断参与的诱饵。

我注意到道氏理论对趋势级别的划分和波浪理论对浪型结构的划分相当类似。如果我们把首个主要上升趋势看成是一轮独立的牛市,把次级折返走势看成是一轮独立的熊市,然后把下一波主要上升趋势看成是一轮独立的牛市,则这三个趋势可以合并成一个更大规模的牛市;这与波浪理论所说的一浪上升二浪回调三浪上升,然后这三浪可以组成一个更大级别浪型的第一大浪完全是一回事。相反,如果把首个主要下跌趋势看成是一轮独立的熊市,把次级折返走势看成是一轮独立的牛市,然后把下一波主要下跌趋势看成是一轮独立的熊市,则这三个趋势可以合并成一个更大规模的熊市;这与波浪理论所说的 A 浪回调 B 浪回升 C 浪回调,然后这三浪可以组成一个更大级别浪型的 A 浪也完全是一回事。

道氏理论"定理一"后来被修订如下:"股票指数和任何市场都有三种趋势:短期趋势,持续数天至数周;中期趋势,持续数周至数月;长期趋势,持续数月至数年。任何市场中,三种趋势必然同时存在,彼此方向可能相反。"在本书中,我们认为短期、中期和长期趋势分别等同于日线、周线和月线级别的趋势,三者统称为宏观趋势。除此以外,还存在微观趋势和波段趋势,后两者对于期货与外汇交易而言是至关重要的。必须指出的是,类似"一个大趋势被一个更大规模的超级趋势所包容"这样过于宏观的视角对于实战而言可能是有害无益的。要想成为赢家,必须学会"长线短做",即每次只锁定"一段"行情。

第二节　K线图

无论何种交易对象,无论它是股票、期货、期权、外汇、债券还是别的什么,在我眼里都没有任何差别,都是而且仅仅是一张张K线图而已。我从来只重视如下技术要素:(1)K线与K线的形态与位置关系;(2)K线与均线的形态与位置关系;(3)均线与均线的位置关系;(4)成交量技术;(5)支撑与阻挡的互化;(6)形态学。够了,我甚至都没提技术指标。我通常不看基本面信息。我不分析企业的财务报表,对一般性经济政策不管不问,对伦敦铜的库存增加还是减少不感兴趣,对世界大豆的产量如何毫不知情……准确地说,我不知道这些漫天飞舞的信息对于交易而言究竟有何用处。除了对央行的货币政策,例如,利率水平和货币供应量比较关心以外,其他方面对我来说,就是"盘面反映一切"。

由上述六大技术要素可见,K线(也称为蜡烛图)技术,处于至关重要的地位。K线最早由日本人本间宗久运用于日本稻米期货市场,用来记录稻米的价格变动,之后被推广应用到全球证券期货市场。它由四个价格要素构成:开盘价、收盘价、最高价和最低价。通常以开盘价和收盘价为上下边沿画长条框,哪个价位高哪个就在上方。如果收盘价低于开盘价,就将长条框涂黑,谓之阴线;如果收盘价高于开盘价,就将长条框涂红,谓之阳线。收盘价和开盘价之间的长条框部分谓之实体。最高价与实体上边沿之连线,谓之上影线;最低价与实体下边沿之连线,谓之下影线。如果K线的四个要素分别是指一个交易日之内的四价,则谓之日K线。周K线、月K线或日内K线同理。

以时间为横坐标,以价格为纵坐标,以多根日K线、周K线、月K线或日内K线为基础绘制的价格走势图分别称为日线图、周线图、月线图或日内K线图。完整的K线图通常还配有移动平均线、成交量柱图和技术指标。无论何种交易品种,都可以通过交易软件自动生成任何时间周期的K线图。K线图因其时间周期长短不同可以被划分为宏观K线图与微观(日内)K线图。前者包括日线图、周线图和月线图,主要用于指导宏观

交易;后者主要用于指导微观交易。对于国内每 4 小时一个交易日的期货市场而言,微图中的 60 分钟 K 线图最重要,我一般不看更短时间周期的微观图表。我认为交易者过于重视微观图表是误入歧途,久而久之很容易迷失方向,导致"一叶障目不见森林"。如果一个交易日的交易时间增加为 8 小时,那么相应的微观图表就应该参考 2 小时图,以此类推。

在我看来,交易者应该同时从宏观和微观两个层面把握交易对象的价格走势。反映在 K 线图上,就是同时观察月图、周图、日图和微图,全方位、多层次地实现趋势跟踪。换言之,所谓的金融交易,本质上就是综合研判各种时间周期长短不同的 K 线图,从中发现多空力量强弱对比的事实,然后相机行事。对于非保证金交易市场如 A 股而言,仅具备宏观交易的知识就已足够。而对于保证金交易,因为杠杆的关系,不妨适当参考微图,但要适可而止,不可将其视为核心图表。有关 K 线技术最经典的教材,个人认为首推史蒂夫·尼森所著的《日本蜡烛图技术》和《股票 K 线战法》。愿意深究的读者,敬请阅读原著。

新手特别容易犯的一个毛病,就是太重视微观交易。这主要是源于他们试图从市场中强行取利,哪怕是在无趋势行情中也要"创造"利润的心理。其实过于微观的价格运动与随机漫步无异,确定性极差,会导致反复止损。须知只有优秀的宏观交易者才能胜任微观交易——当然,宏观交易做好了本身就能赚大钱,微观交易学不学、做不做也就不那么重要了。总之,微观交易必须以看懂宏观 K 线图所指示的宏观大背景为前提。那些一开始就做微观交易的人,早晚有一天不得不从头系统地学习宏观交易。还有一类交易者,津津乐道他们以季线图、年线图为依据进行操作的故事。但图表周期越长,也就越迟钝。月线图已经足以描述最为宏观的趋势,因此我完全无法理解分析季线图或年线图的意义何在。

第三节　K 线综述

K 线如人,有力量大和力量弱之分;有重要和次要之分;有特殊和平庸之分。我们要关注那些力量大的、重要的、特殊的 K 线并予以重点分析,同时忽略那些力量弱的、次要的、平庸的 K 线。或者说,在均线和成交量技术配合的情况下,那些力量大的、重要的、特殊的 K 线通常起到明确指示趋势开始或结束的作用,而那些力量弱的、次要的、平庸的 K 线通常只起到趋势中继的作用,而很少起到指示趋势逆转的作用。当然,有时候,某些不起眼的小 K 线,例如,一根小十字线最终导致趋势反转的情形也是有的,这里所说的是一般情况,存在例外总是难免的。大体来说,K 线包括大 K 线(实体超大或影线超长)与小 K 线(实体小、影线也短)。

比较而言,大 K 线代表大的多空力量的喷发或多空搏杀的战况激烈,视觉效果上也更加引人注目,无论作为突破信号、中继信号还是反转信号,都不难引起重视,包括大阳线、大阴线和形体较大的特殊 K 线;小 K 线则意义模糊且容易被忽视,但作为反转信号特别是顶部反转信号出现时显得意味深长,包括小阳线、小阴线和形体较小的特殊 K 线(如小十字线)。从另一角度,K 线又可被划分为普通 K 线和特殊 K 线。所谓普通 K 线,就是那些在实体和影线两方面都没有任何特色——"四价"不出现其中两价或三价相等的情况,实体与影线长度分配比例也不失衡——的 K 线,包括大阳线、大阴线、中阳线、中阴线、小阳线、小阴线(可以略带上下影线)共计六种,其中前四种为大 K 线。

所谓特殊 K 线,就是指 K 线的"四价"之中至少有一个出现异常,如其中的两价、三价甚至四价相等,或实体与影线长度分配比例失衡。特殊 K 线共有 13 大类,包括:(1)上吊线;(2)锤子线;(3)剑形线;(4)十字架;(5)T 字线;(6)流星线;(7)倒锤线;(8)弓形线;(9)倒十字架;(10)灵位线;(11)高浪线;(12)十字线;(13)一字涨跌停线。除第(13)种以外,这些特殊 K 线又有大小之分,因而出现一些有趣的名称,例如,大十字线又被称之为"长腿十字线"或"黄包车夫线"。当它跳空后充当顶部或底部信号时,又被分别称为"天针"或"地针"。大特殊 K 线(见图 6-1、图 6-2、图 6-3 和图 6-4)经常起到反转信号特别是头部反转信号的作用。如果同时伴随着跳空、巨量和超涨/超跌现象,则作为反转信号的效果更佳。

上吊线(实体是阳是阴不重要)　　　　锤子线(实体是阳是阴不重要)

图 6-1　大特殊 K 线(之一)

剑形线(实体是阳是阴不重要)　　　　十字架　　　　T 字线

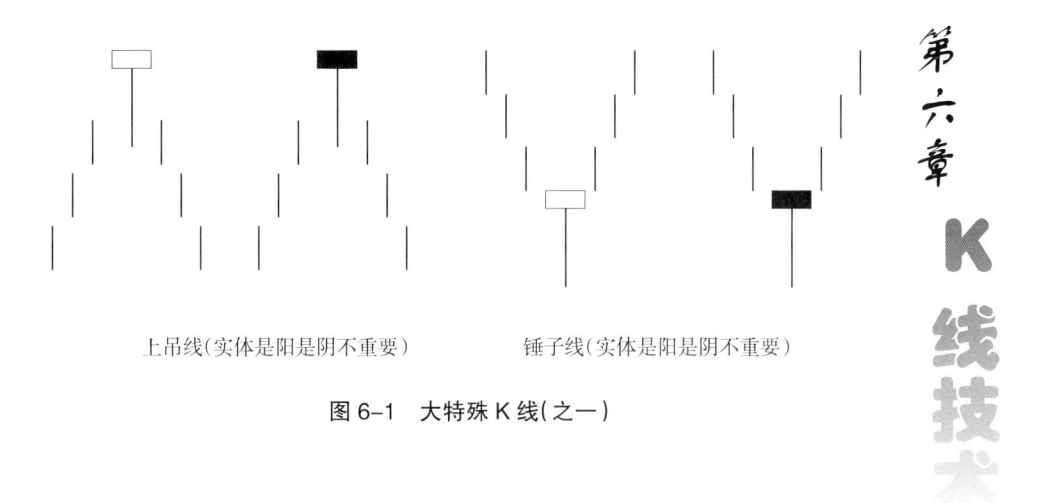

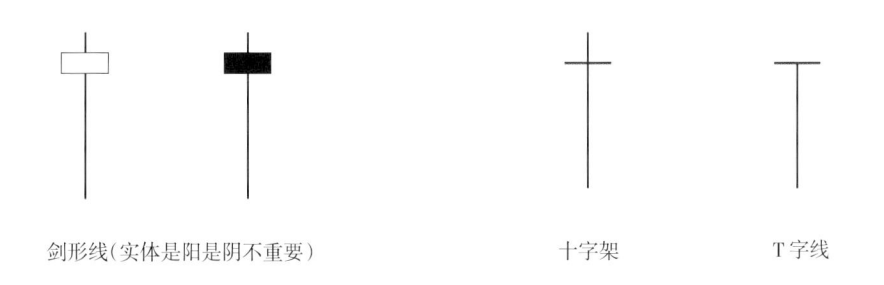

图 6-2　大特殊 K 线(之二)

流星线(实体是阳是阴不重要)　　　　倒锤线(实体是阳是阴不重要)

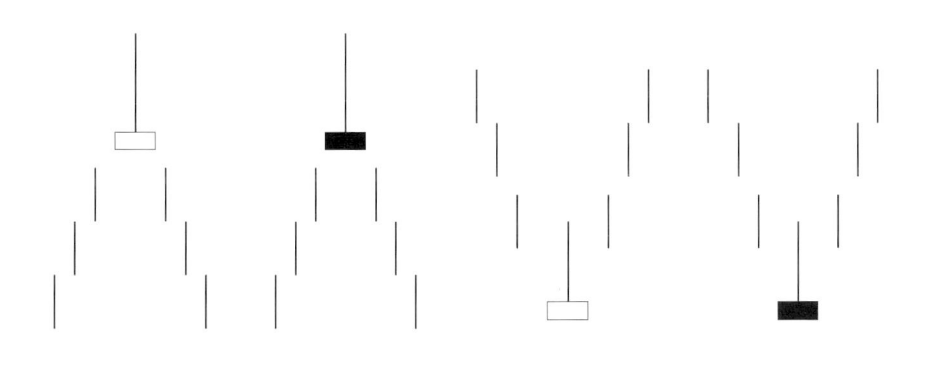

图 6-3　大特殊 K 线(之三)

弓形线　　　　　　倒十字架　　灵位线　　高浪线　　十字线
（实体是阳是阴不重要）

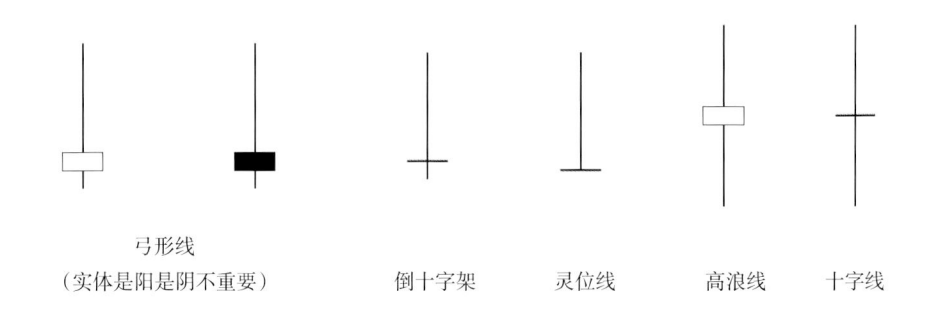

图 6-4　大特殊 K 线（之四）

　　这里所有的 K 线都是以日 K 线为例。但是，同样的研判方法也可以推广到周 K 线、月 K 线或日内 K 线。请注意随着时间周期的缩短，无论作为中继信号或反转信号，日内 K 线或 K 线组合的稳定性和确定性会逐步降低。一般来说，周 K 线的稳定性和确定性高于日 K 线，日 K 线的稳定性和确定性高于 60 分钟 K 线……以此类推（月 K 线因为幅度大而且较为迟钝需要单独考虑，因此，我们一般不提月 K 线的稳定性和确定性高于周 K 线这样的说法）。类似地，K 线图也是如此，即时间周期较长的 K 线图，其发出的做多或做空的交易信号的稳定性与确定性，高于时间周期较短的 K 线图。例如，月线级别的共振或反振信号，其有效性和对应的行情级别，要大于周线级别的共振或反振信号（参见后续共振/反振理论部分）。

　　综上所述，K 线包括四大类：(1)大特殊 K 线；(2)小特殊 K 线；(3)大普通 K 线；(4)小普通 K 线。现在，我们重新以"大阳大阴线"命名(3)，把(2)、(4)两大类予以合并，统一以"小星线"命名。它们的特点是：大特殊 K 线要么出现在上升趋势末端、高价圈、顶部区域，充当顶部反转信号；要么出现在下降趋势末端、低价圈、底部区域，充当底部反转信号；少数情况下，也会出现在趋势中途充当中继信号。但无论如何，它充当反转信号的确定性无疑要远高于小星线。大阳大阴线喜欢充当突破信号和趋势中继信号。小星线要么充当中继信号，要么充当反转信号，但因确定性低于大特殊 K 线而容易被人忽视，因此需要其他技术信号的配合与确认。

第四节　论大阳线

同一张图表上的 K 线之间,其地位、作用与含义不尽相同。有些 K 线力度强大,对行情起巨大的推动作用,一旦出现,行情要么突破,要么加速;有些起反转作用;有些起休整作用。按照用途,K 线可以被划分为如下五种类型:(1)趋势开始型,即以突破的形式开始一段新趋势。(2)趋势推动型,即以加速的形式推动趋势快速前进。(3)趋势中继型,即趋势进行途中具有休整或略有反叛性质的 K 线,无改变趋势方向的能力,对趋势亦没有推动作用。(4)无趋势随机型,就是那些横盘整理或"形态"中的 K 线。(5)趋势反转型,即直接导致趋势反转的 K 线。其中,(1)和(2)两类以大阳大阴线居多;(3)和(4)两类均以小星线居多,不具备趋势意义,没有选择方向的能力。

所谓大阳线,就是指形似蜡烛、实体长而上下影线比较短、因而几乎可以忽略不计的阳线。一般认为,对于股票个股而言,上涨幅度超过 5%的为大阳线,上涨幅度 2%~5%的为中阳线,上涨幅度小于 2%的为小阳线。阴线的划分与此类似。对大盘指数而言,大阳线、中阳线、小阳线的定义只需将个股的划分标准除以 2 即可得到,阴线的划分同理。大阳线也会导致行情见顶,特别是上涨速度突然加快而连续出现的那种。对大盘指数而言,如果上涨趋势已经运行了一段不是太短的时间,此时突然收出幅度超过 5%的日阳线,或幅度超过 10%的周阳线,或幅度超过 20%的月阳线,这些大阳线与其之前的阳线相比呈现明显的加速趋势;尤其是当这种 K 线连续出现了两根,那么就要随时警惕行情见顶,适当减持多头头寸。

我把大阳线划分为如下六种:(1)底部大阳线;(2)突破大阳线;(3)加速大阳线;(4)顶部大阳线;(5)横盘大阳线;(6)反叛大阳线。

所谓底部大阳线(见图 6-5),通常发生在下降趋势的末期,是多头资金在低价位击败空头资金,或多头主力建仓的结果,往往同时伴随着明显放大的成交量。如果这根大阳线与其之前的 K 线构成某种看涨型 K 线组合,则底部反转信号可以确认。注意此时经常会产生冲高回落、二次探底的现象,那就密切注意下一个看涨型 K 线组合的出现。

突破大阳线(见图 6-6)和加速大阳线(见图 6-7)往往都伴随着跳空和放量,后面将要介绍的"共振理论"中所说的"标志性阳 K 线"就是一种突破/加速大阳线,因为它结束一个旧形态,并且开始带动均线族共振。

顶部大阳线(见图 6-8)在行情超涨时出现,也称为"最后大阳线",它往往出现在升势漫长、涨幅巨大的上升趋势的末尾加速期,实体长度至少为其之前的阳线的 3～5 倍,同时相对于均线族存在超出经验极限值的正乖离率。一般它不宜单独作为判断顶部的依据,最好得到下一根 K 线的确认。

横盘大阳线(见图 6-9)指的是行情处于无趋势横向盘整状态,但其间发生的 K 线组合却是大阳大阴交替。如果这种情形发生在低位且阳线的数量和长度占上风,则有形成底部的可能。

反叛大阳线(见图 6-10)是指行情正式暴跌前多头的最后反扑,或下降趋势运行途中突然出现的反叛型大阳线,通常这样的大阳线会被漫漫阴跌所吞噬,直到价格创出新低。

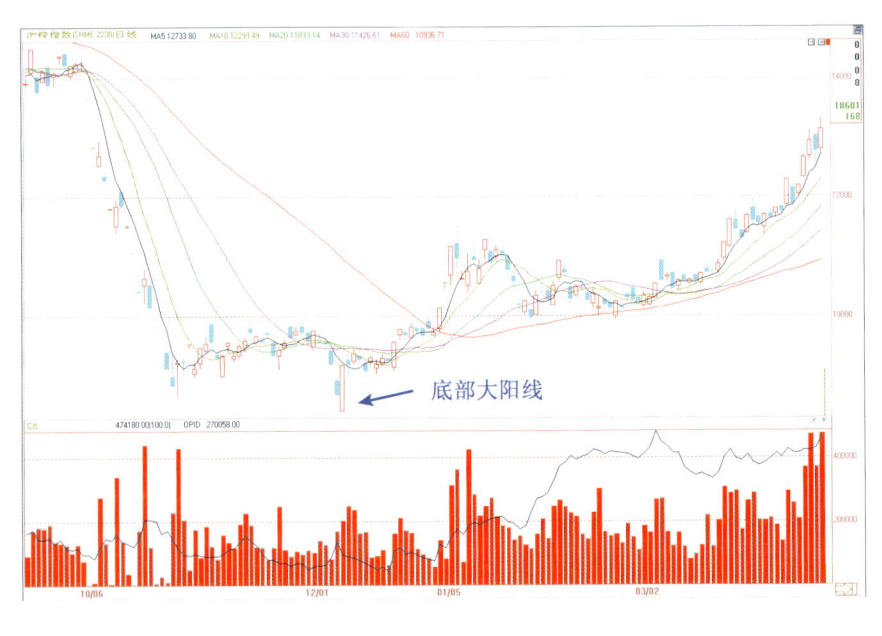

图 6-5　上海锌,2008 年 12 月 8 日,日线底部大阳线

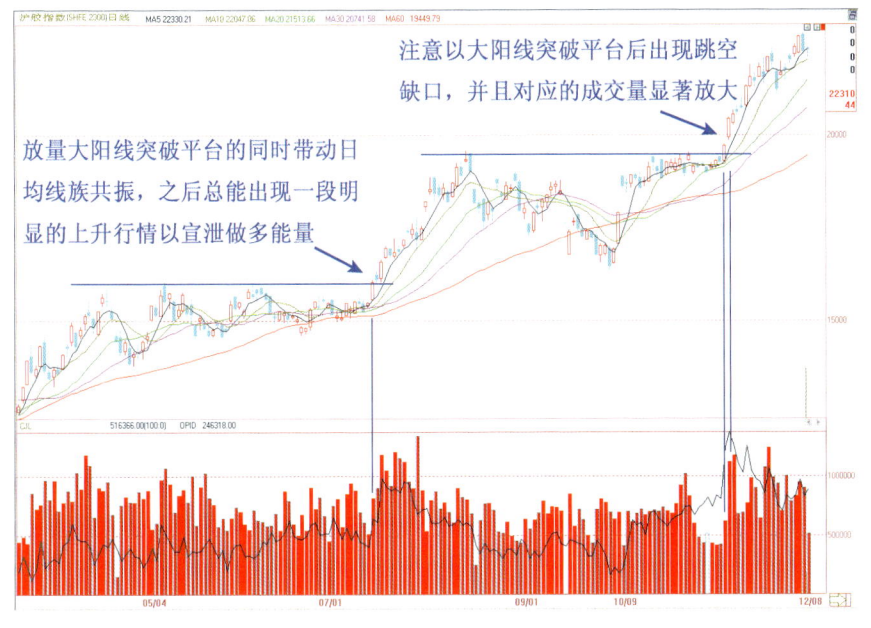

图 6-6　上海橡胶,2009 年 7 月 15 日及 2009 年 11 月 11 日,日线突破大阳线

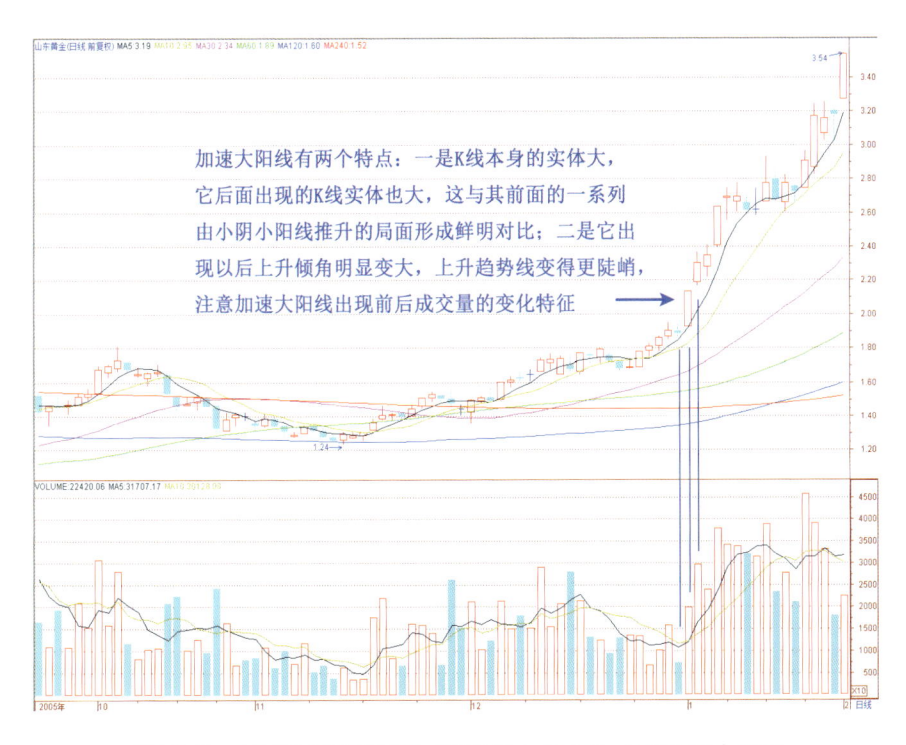

图 6-7　山东黄金(600547),2006 年 1 月 4 日,日线加速大阳线

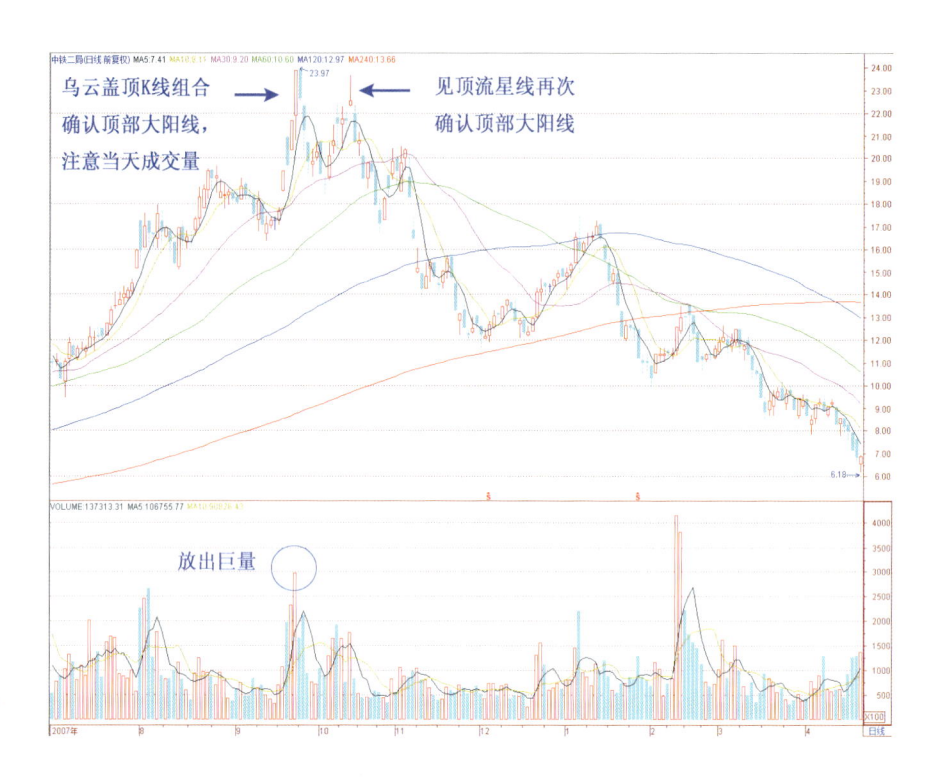

图 6-8　中铁二局(600528),2007 年 9 月 21 日,日线顶部大阳线

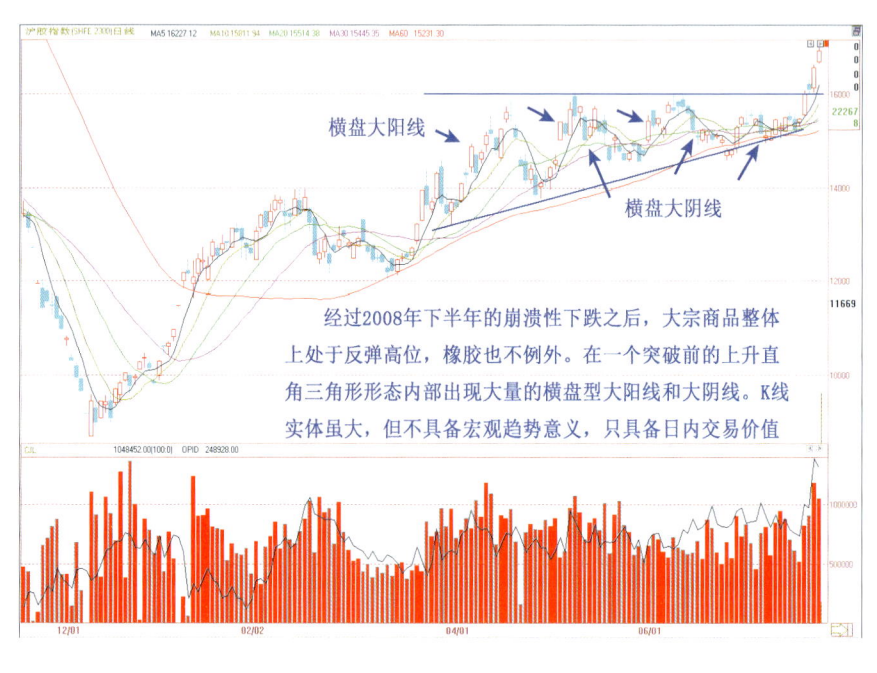

图 6-9　上海橡胶,2009 年 3～7 月,日线横盘大阳线

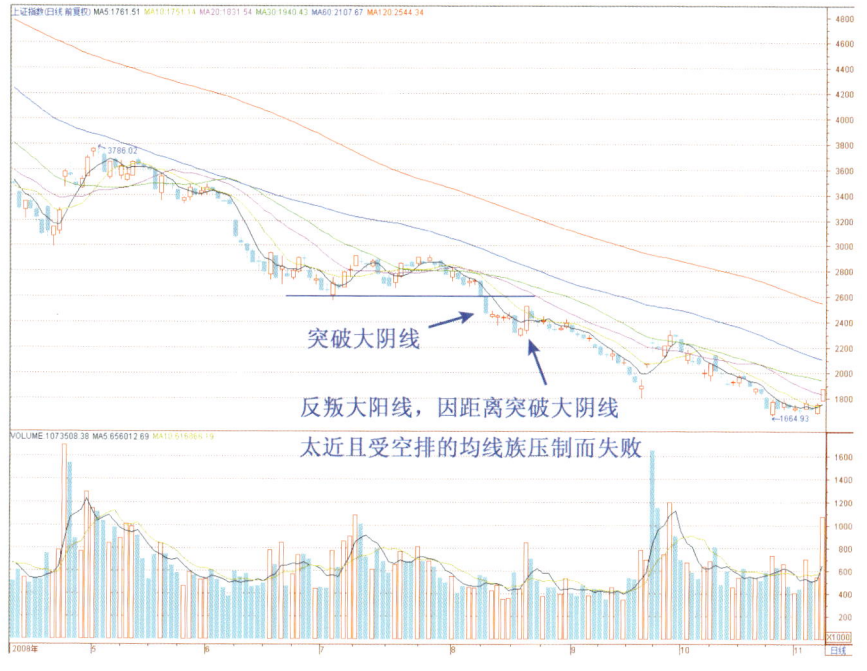

图 6-10　上证指数,2008 年 8 月 20 日,日线反叛大阳线

一般来说,大阳线还有如下三种功能。

1. 以大阳线确认下档支撑(见图 6-11)

大阳线可能依托连接前期低点而成的水平或上倾的支撑线或起支撑作用的移动平均线而拉出,对其下档存在价格支撑起确认作用,此时形成底部大阳线。具体举例见图 6-12 和图 6-13。

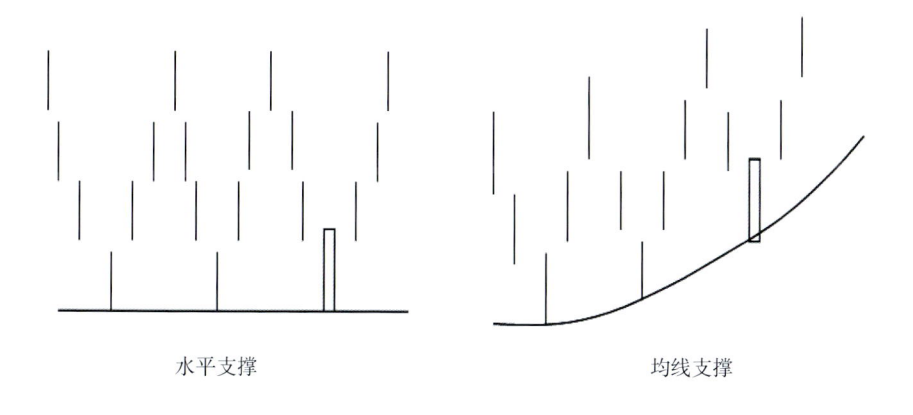

水平支撑　　　　　　　　　均线支撑

图 6-11　以大阳线确认下档支撑

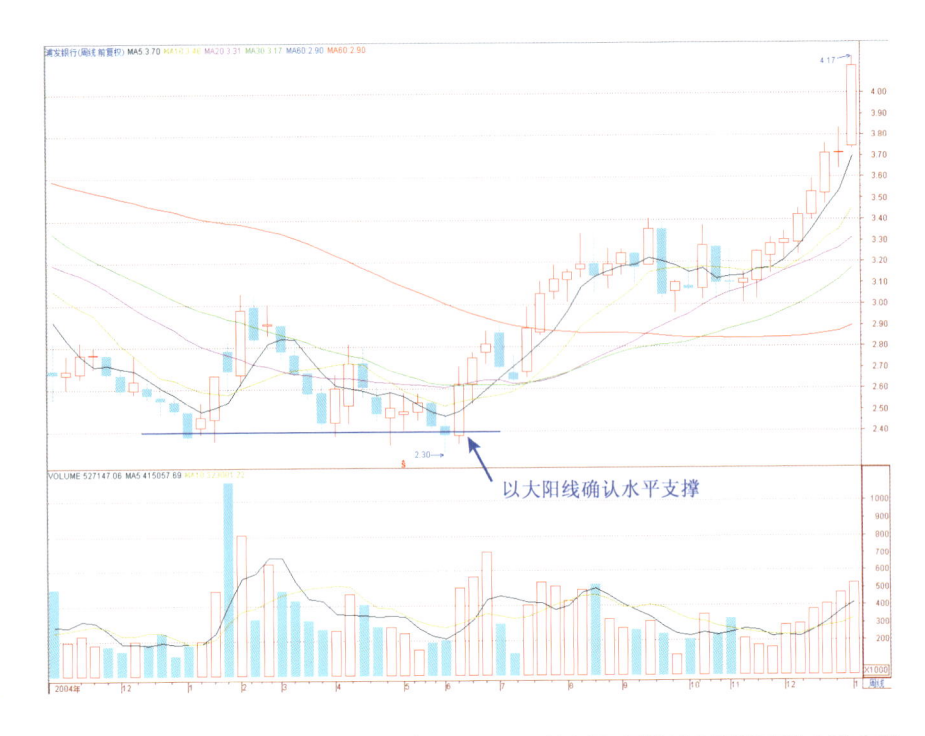

图 6-12　浦发银行(600000),2005 年 6 月 10 日所在周,周线以大阳线确认水平支撑

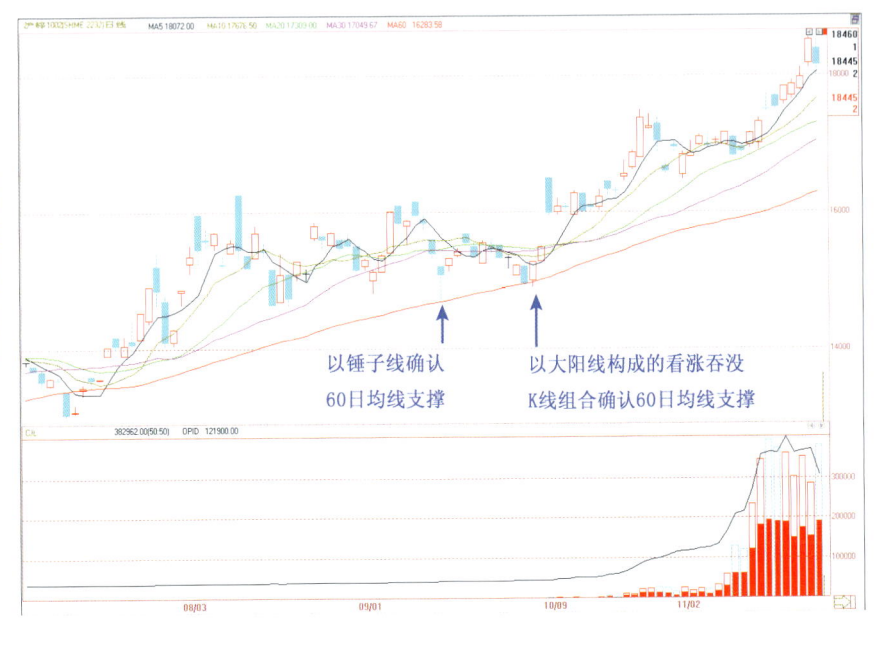

图 6-13　上海锌,2009 年 9 月 29 日,日线以大阳线确认 60 日均线支撑

2. 以大阳线突破上档压力（见图6-14）

大阳线也可以带跳空的形式突破连接前期高点而成的水平或下倾的压力线或起阻挡作用的移动平均线，此时形成突破大阳线。具体举例见图6-15和图6-16。

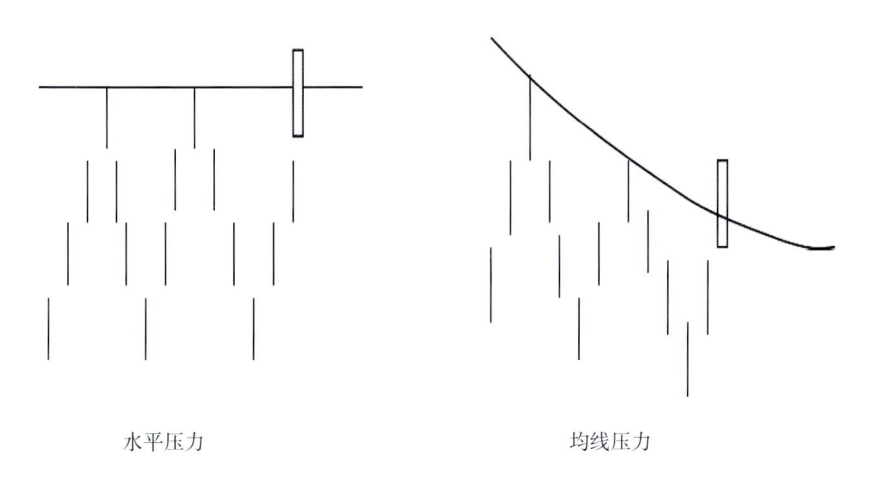

水平压力　　　　　　　　　均线压力

图6-14　以大阳线突破上档压力

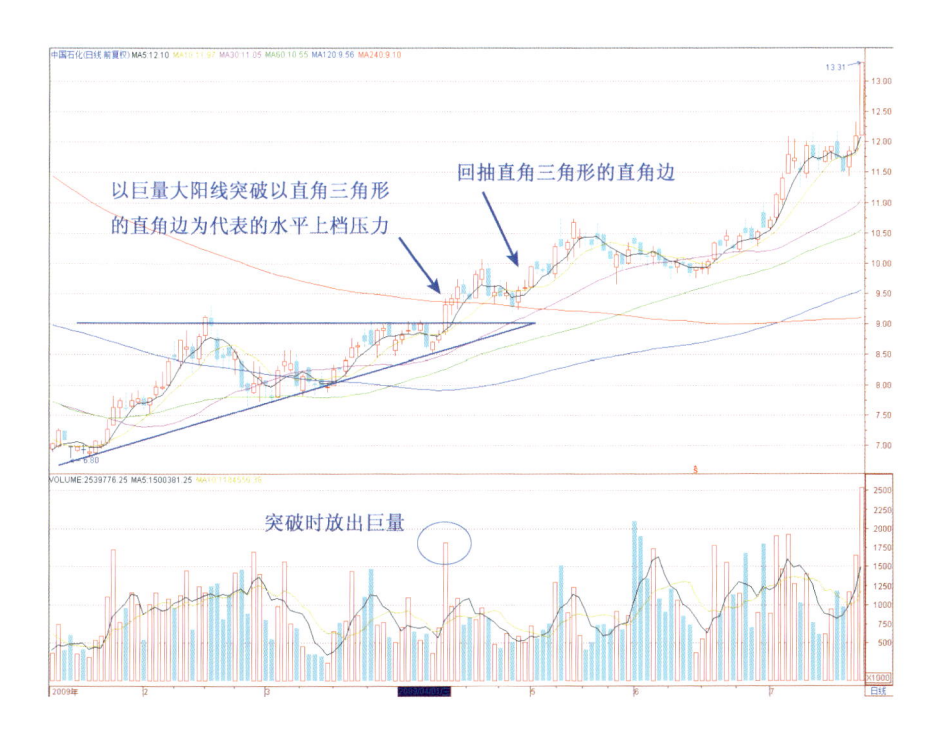

图6-15　中国石化(600028)，2009年4月13日，日线以大阳线突破水平压力

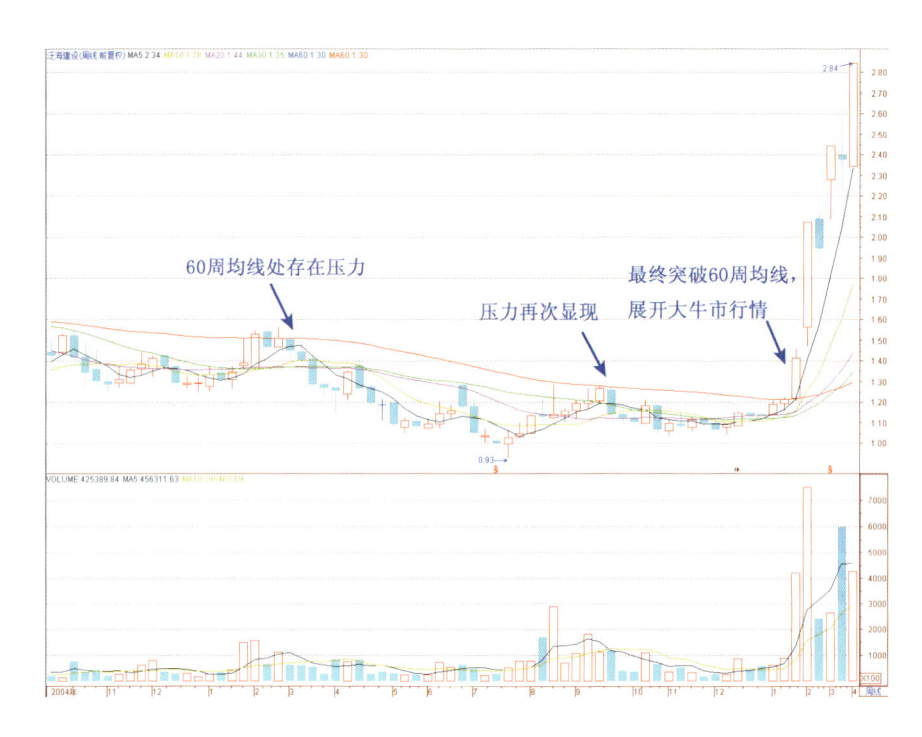

图 6-16　泛海建设(000046),2006 年 1 月 20 日所在周,周线以大阳线突破 60 周均线压力

3. 以大阳线本身为支撑(见图 6-17)

大阳线的中点或最低价可以作为之后出现的价格回撤的下档支撑,如果这里再次出现大阳线或某种看涨型 K 线组合,则支撑有效。如果支撑在盘中被跌破,但收盘价(对周、月 K 线而言指的是周或月收盘)拉回至支撑以上,则认为下档支撑仍然有效。具体举例见图 6-18 和图 6-19。

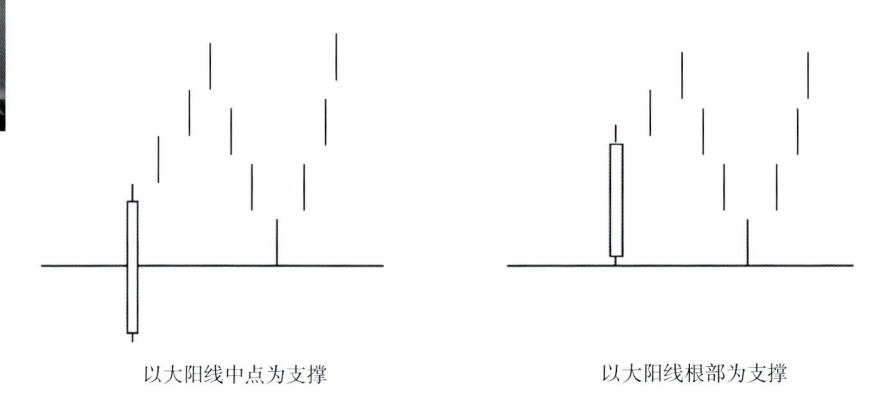

图 6-17　以大阳线本身为支撑

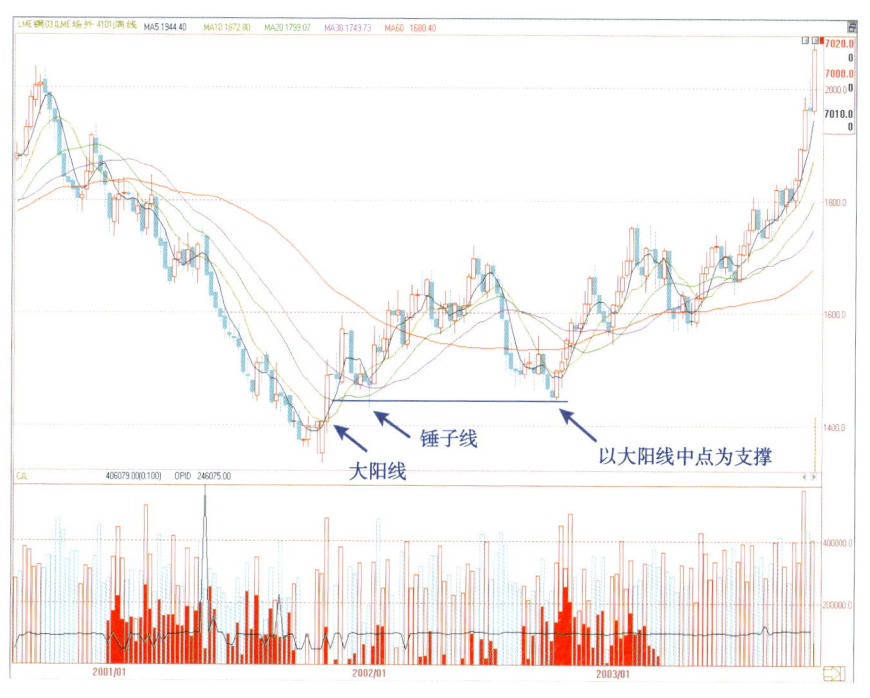

图 6-18　LME 铜,2001 年 11 月至 2002 年 10 月,周线以大阳线中点为支撑

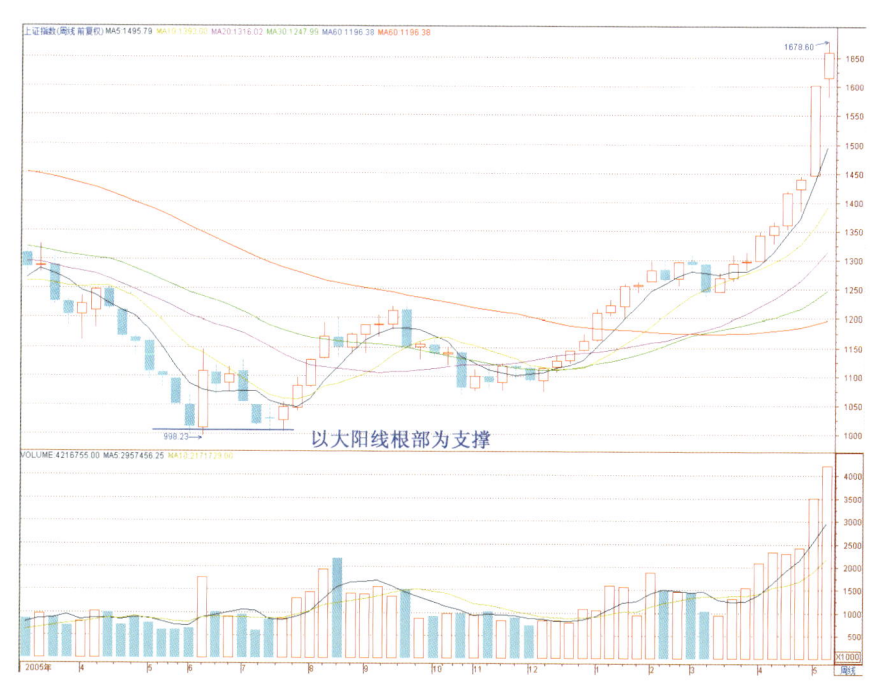

图 6-19　上证指数,2005 年 6~7 月,周线以大阳线根部为支撑

第五节　论大阴线

　　新手通常难以相信的是,对一个持有多头仓位的交易老手来说,大阴线多数是可以事先避免的。也就是说,某个交易品种有可能收出大阴线,事先是可以大致上看得出来的。即便事先没看出来,当大阴线刚开始成形时,他发现苗头不对,也能及时地摆脱出局,从而很难被结结实实地关在跌停板里。对大盘指数而言,如果下降趋势已经运行了一段不是太短的时间,此时突然收出幅度超过5%的日阴线,或幅度超过10%的周阴线,或幅度超过20%的月阴线,这些大阴线与其之前的阴线相比呈现明显的加速趋势;尤其是当这种K线连续出现了两根,那么就要随时警惕行情见底,适当减持空头头寸。但为了安全起见,此时做多还需谨慎。

　　我把大阴线划分为如下六种:(1)顶部大阴线;(2)突破大阴线;(3)加速大阴线;(4)底部大阴线;(5)横盘大阴线;(6)反叛大阴线。所谓顶部大阴线(见图6-20),通常发生在上升趋势末期,是空头资金在高价位击败多头资金,或多头主力出货的结果,不一定伴随着成交量的放大。如果这根大阴线与其之前的K线构成某种看跌型K线组合,则顶部反转信号可以确认。如果此时产生二次冲顶现象,那就密切注意下一个看跌型K线组合的出现。"绝顶独阴线"或"超涨阴包阳"是常见的顶部大阴线。突破大阴线(见图6-21)和加速大阴线(见图6-22)往往都伴随着跳空现象,后面将要介绍的"反振理论"中所说的"标志性阴K线"就是一种突破/加速大阴线,因为它结束一个旧形态,并且开始带动均线族反振。

　　底部大阴线(见图6-23)在行情超跌时出现,也称为"最后大阴线",它往往出现在跌势漫长、跌幅巨大的下降趋势末尾的加速期,实体长度至少为其之前的阴线的3～5倍,同时相对于均线族存在超出经验极限值的负乖离率。它一般不宜单独作为判断底部的依据,最好得到下一根K线的确认。横盘大阴线(见图6-9)指的是行情处于无趋势横向盘整状态,但其间发生的K线组合却是大阳大阴交替。如果这种情形发生在相对高位或跌势中途,且阴线的数量和长度占上风,则有继续下跌的可能。反叛大

阴线(见图6-24)是指行情正式暴涨前空头的最后反扑,或上升趋势运行途中突然出现的反叛型大阴线,通常这样的大阴线会被漫漫涨势所吞噬,直到价格创出新高。如果该阴线伴随着大得异常的成交量,往往是一种预警,提示头部要么就在此地,要么就在前方不远处。

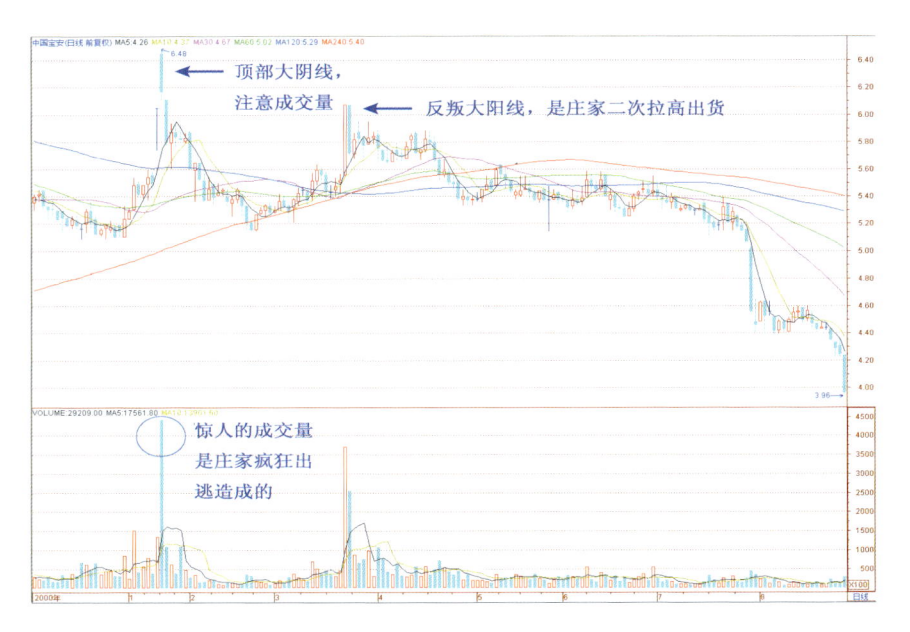

图6-20　中国宝安(000009),2001年1月12日,日线顶部大阴线

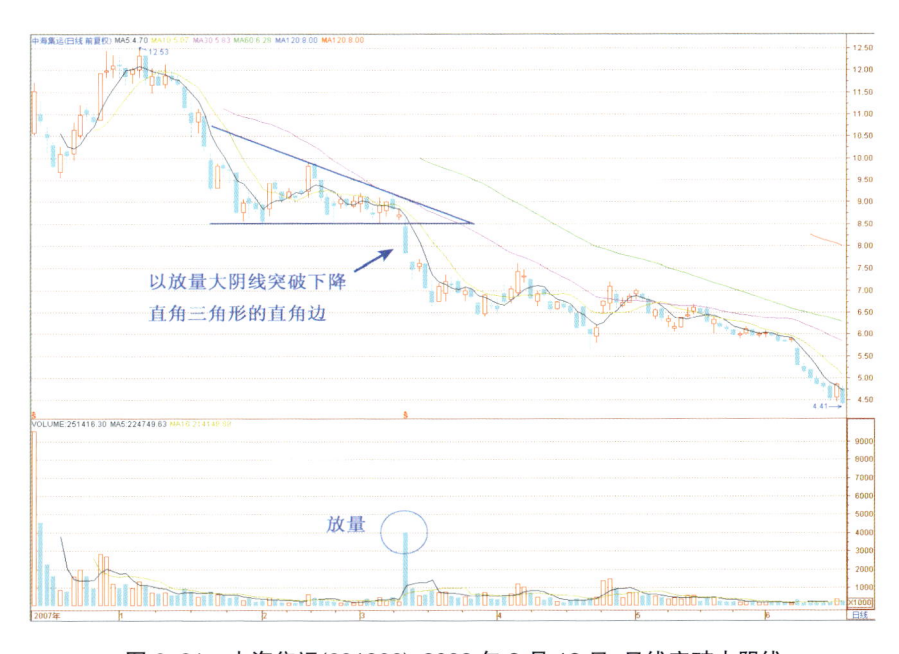

图6-21　中海集运(601866),2009年3月12日,日线突破大阴线

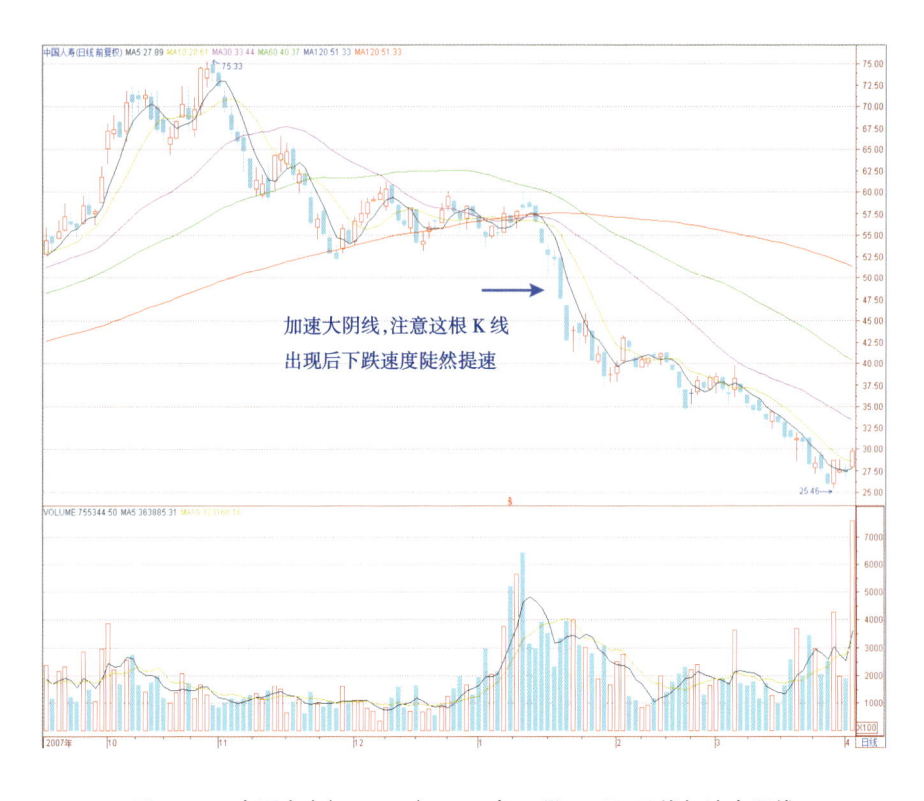

图 6-22　中国人寿(601628),2008 年 1 月 21 日,日线加速大阴线

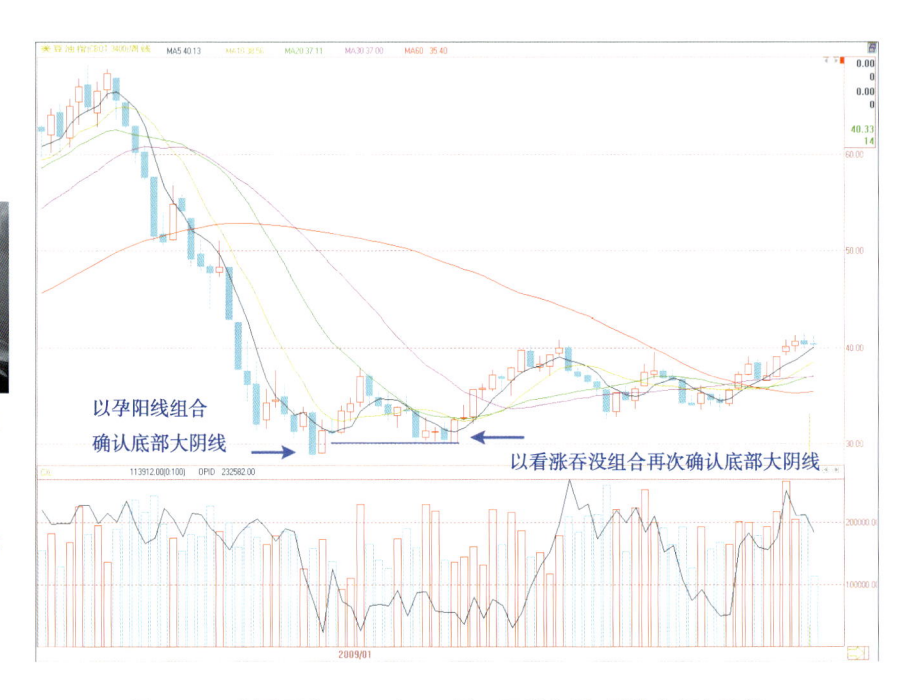

图 6-23　美国豆油,2008 年 12 月 5 日所在周,周线底部大阴线

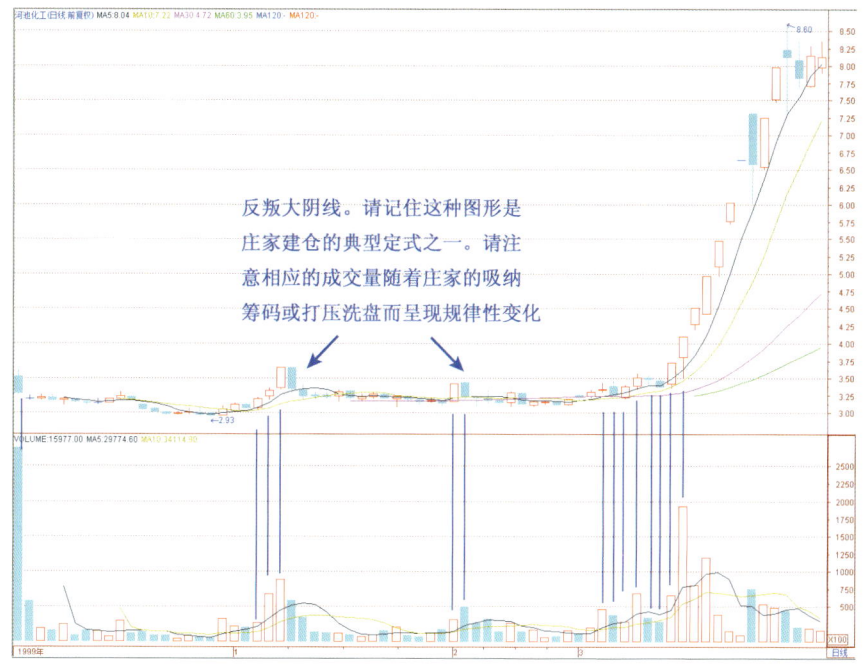

图 6-24　河池化工(000953),2000 年 1 月 11 日及 2000 年 2 月 15 日,日线反叛大阴线

一般来说,大阴线还有如下三种功能。

1. 以大阴线确认上档压力(见图 6-25)

大阴线可能依托连接前期高点而成的水平或下倾的压力线或起阻挡作用的移动平均线而开出,对其上档存在价格压力起确认作用,此时形成顶部大阴线。具体举例见图 6-26 和图 6-27。

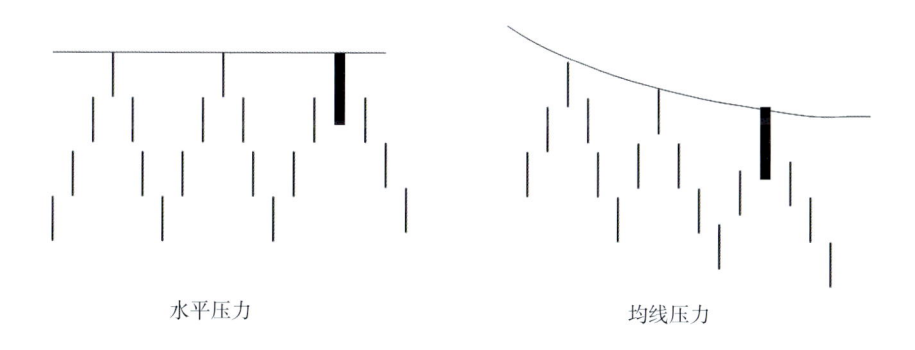

水平压力　　　　　　　　均线压力

图 6-25　以大阴线确认上档压力

图 6-26　楚天高速(600035),2008 年 1 月 25 日所在周,周线以大阴线确认水平压力

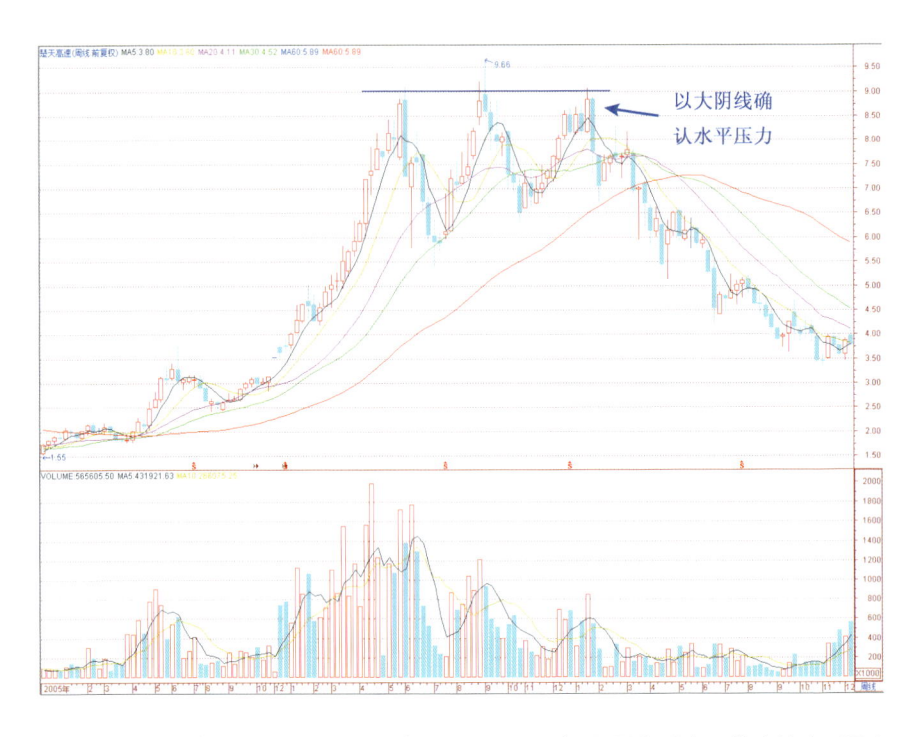

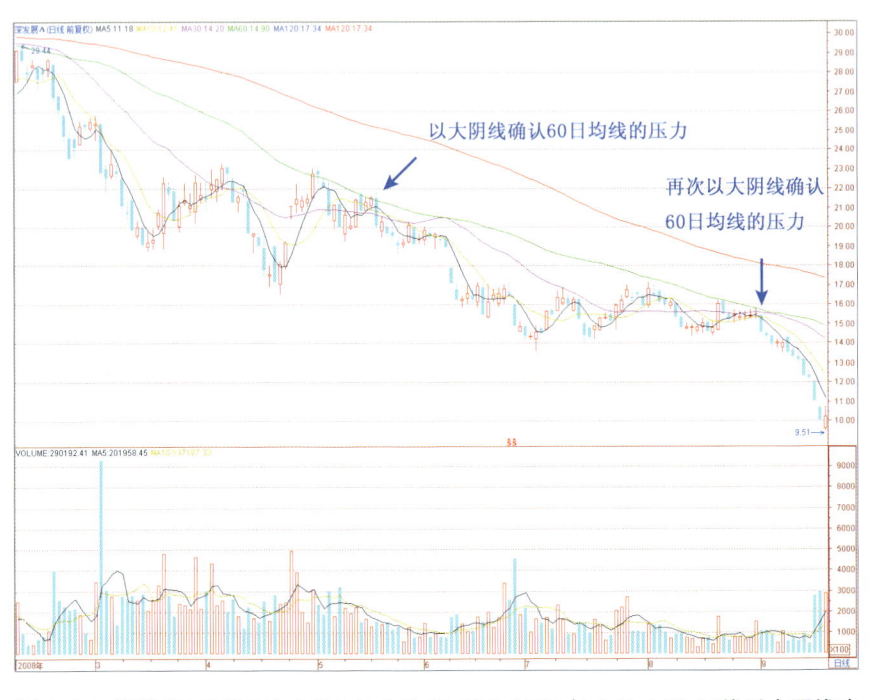

图 6-27　深发展(000001),2008 年 5 月 20 日及 2008 年 9 月 1 日,日线以大阴线确认 60 日均线压力

2. 以大阴线突破下档支撑（见图 6-28）

大阴线也可以带跳空的形式突破连接前期低点而成的水平或上倾的支撑线或起支撑作用的移动平均线，此时形成突破大阴线。具体举例见图 6-29 和图 6-30。

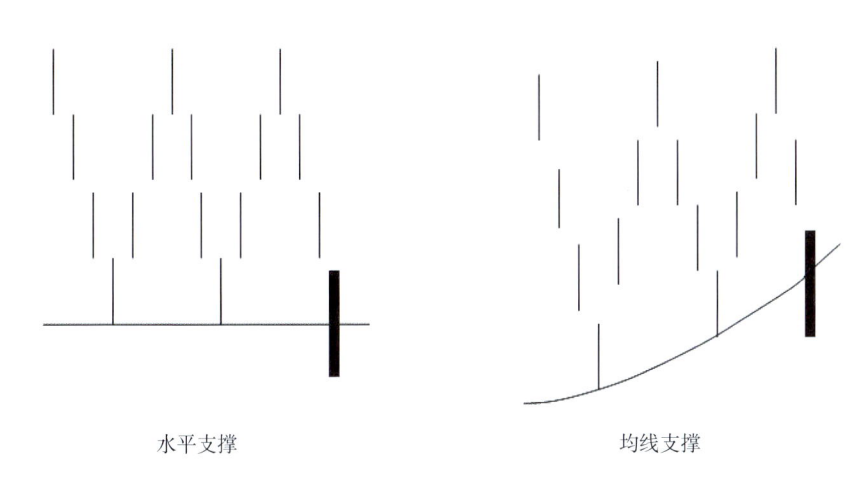

水平支撑　　　　　　　　　均线支撑

图 6-28　以大阴线突破下档支撑

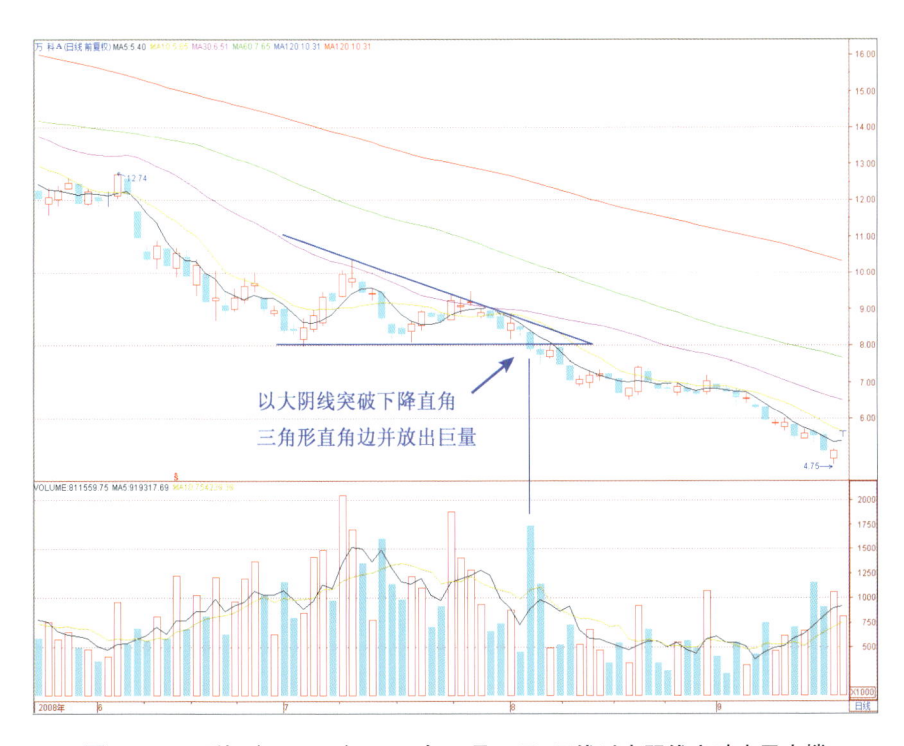

图 6-29　万科 A(000002)，2008 年 8 月 5 日，日线以大阴线突破水平支撑

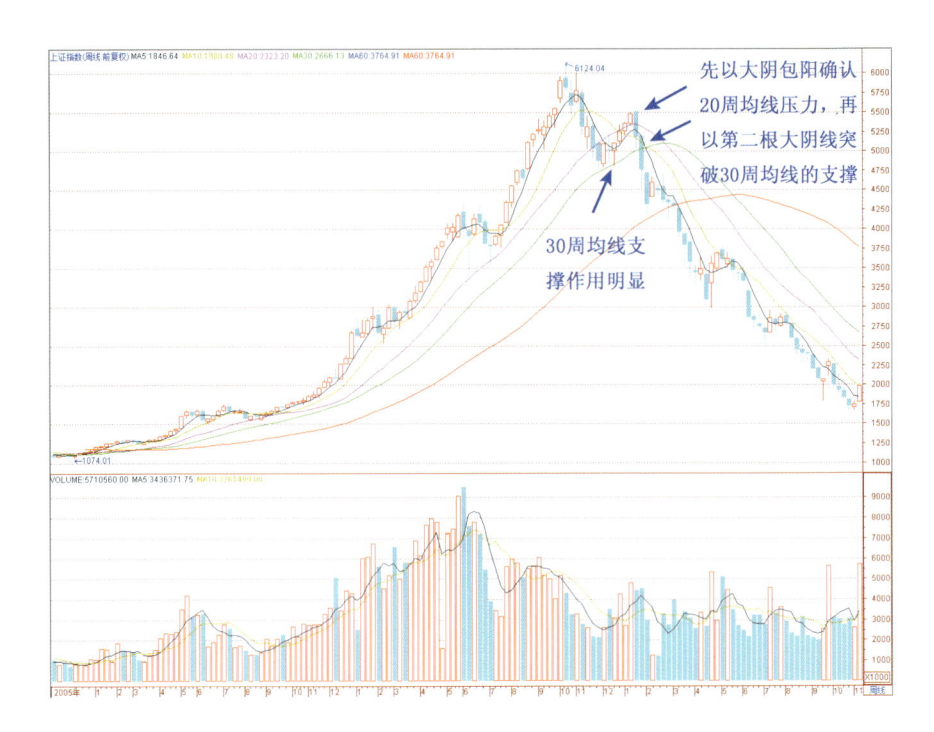

图 6-30　上证指数，2008 年 1 月 25 日所在周，周线以大阴线突破 30 周均线支撑

3. 以大阴线本身为压力（见图 6-31）

大阴线的中点或最高价可以作为之后出现的价格反弹的上档压力，如果这里再次出现大阴线或某种看跌型 K 线组合，则压力有效。具体举例见图 6-32 和图 6-33。

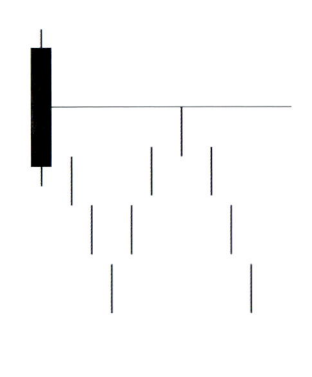

以大阴线中点为压力　　　　　　　　以大阴线顶部为压力

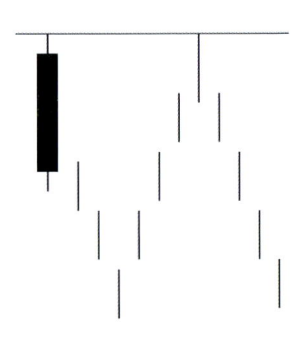

图 6-31　以大阴线本身为压力

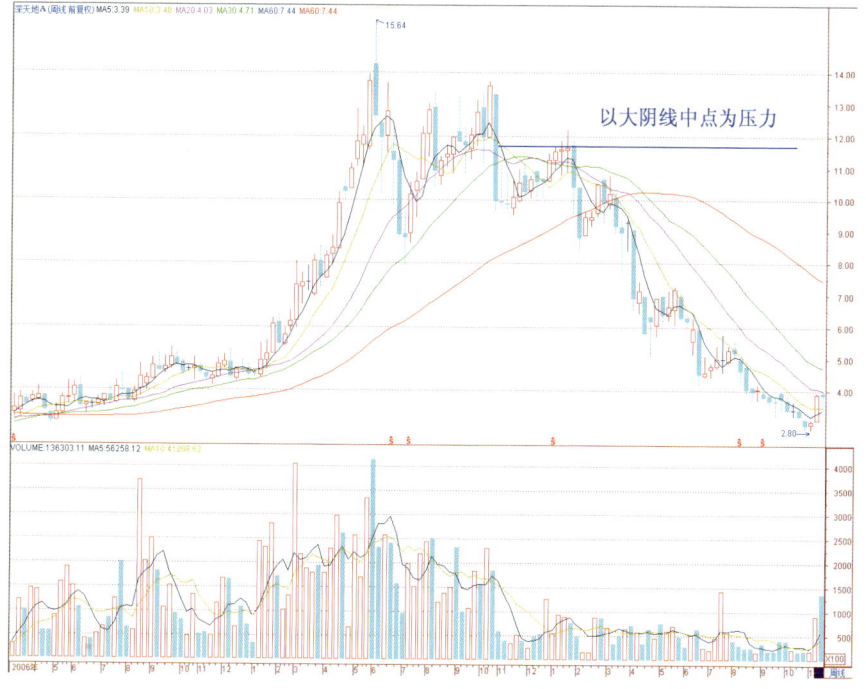

图 6-32　深天地(000023),2007 年 10 月 26 日所在周,周线以大阴线中点为压力

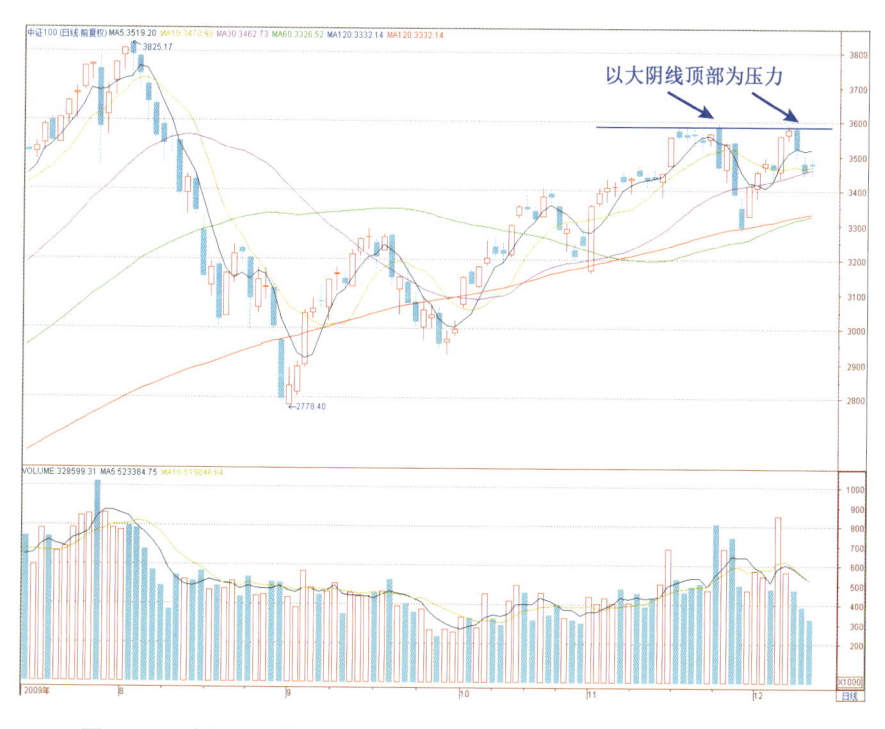

图 6-33　中证 100 指数,2009 年 11 月 24 日,日线以大阴线顶部为压力

一般来说,价格下跌的速度总是快于上升,因此,通过做空盈利的速度往往也快于做多。大阴线会给空头带来可观的利润,因此,只要处于做空的位置,那么大阴线将与大阳线一样受欢迎,甚至更受欢迎。

从双向交易的观点来看,交易方式有四种:(1)买进多单开仓;(2)卖出多单平仓;(3)卖出空单开仓;(4)买进空单平仓。

做多是先买进后卖出,做空是先卖出后买回,目的都是为了赚取差价。多头或空头的角色不是固定不变的。无论是谁,买进的时候是多头,卖出的时候就变成空头了。所以,多头敌视空头根本就是毫无道理的,多头一点也不比空头高尚,他们所干的是同一件事——投机;他们是同一种人——投机者。在我看来,无论人们自己的信念为何,投机都是他们来到这个市场的真实动机。

第六节　论特殊 K 线

在第四节和第五节中,分别介绍了大阳线和大阴线。在本节中主要介绍 13 类特殊 K 线,即上吊线、锤子线、剑形线、十字架、T 字线、流星线、倒锤线、弓形线、倒十字架、灵位线、高浪线、十字线和一字涨跌停线。

一、上吊线

上吊线也称吊颈线,是出现在上升趋势之后的反转信号,无上影线,最高价等于收盘价时,实体为阳,最高价等于开盘价时实体为阴,下影线长一般要求为实体的三倍,实体为阳还是为阴不重要。

长下影线代表空方卖压一度将多方阵地撕开一道深深的裂口。如果次日 K 线在上吊线实体之下开盘且收阴线时,则反转信号确认。

上吊线具体举例见图 6-34。

图 6-34 中船股份(600072),2007 年 9 月 20 日,日线顶部上吊线

二、锤子线

锤子线的形状与上吊线相同,是出现在下降趋势之后的反转信号,长长的下影线代表多方承接有力。如果锤子线作为反转信号被确认,其下影线的低点常常会构成日后走势的支撑位。具体举例见图 6-35。

图 6-35 澳柯玛(600336),2008 年 9 月 19 日所在周,周线底部锤子线

三、剑形线

剑形线是上吊线的变体,因它略带一点上影线,形似一把剑而得名,实体是阴还是阳不重要。

作为高确定性的反转信号,剑形线出现在上升趋势末尾(见图6-36)的研判方法类似上吊线,出现在下降趋势末尾(见图6-37)的研判方法类似锤子线。形体较小时,也可充当中继信号(见图6-38)。

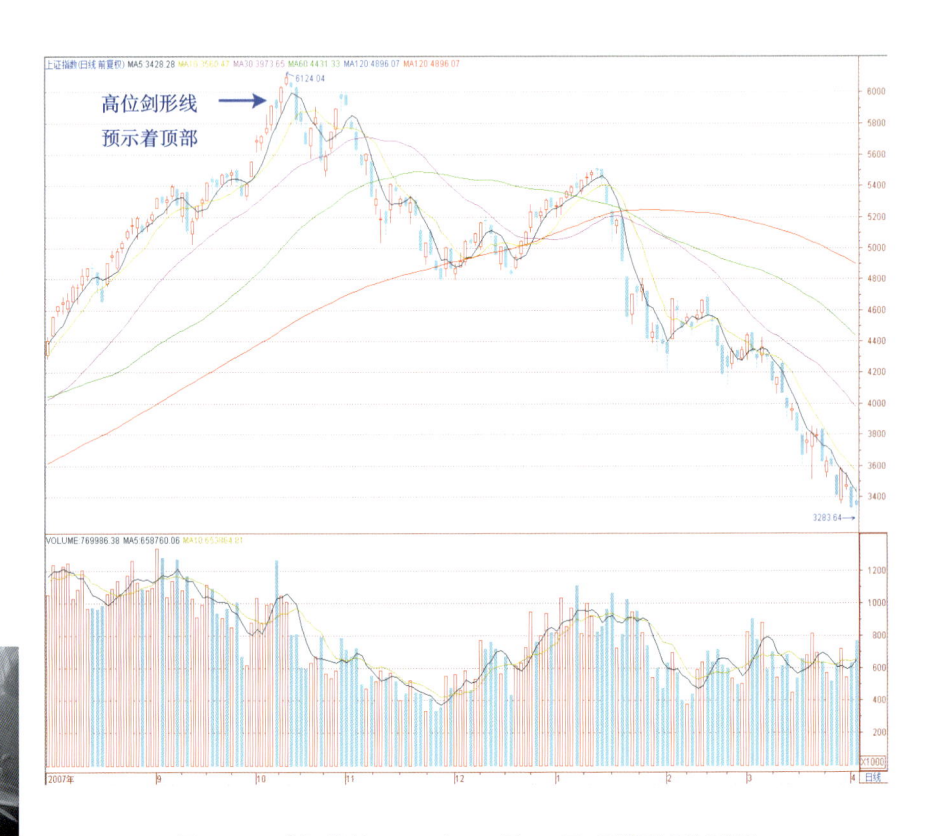

图6-36　上证指数,2007年10月12日,日线顶部剑形线

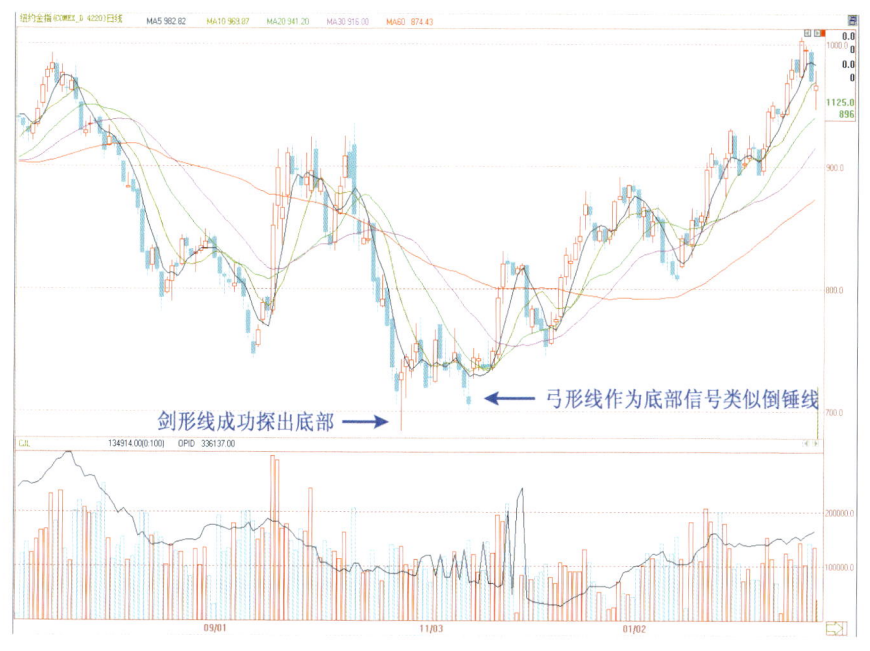

图 6-37　纽约黄金，2008 年 10 月 24 日，日线底部剑形线

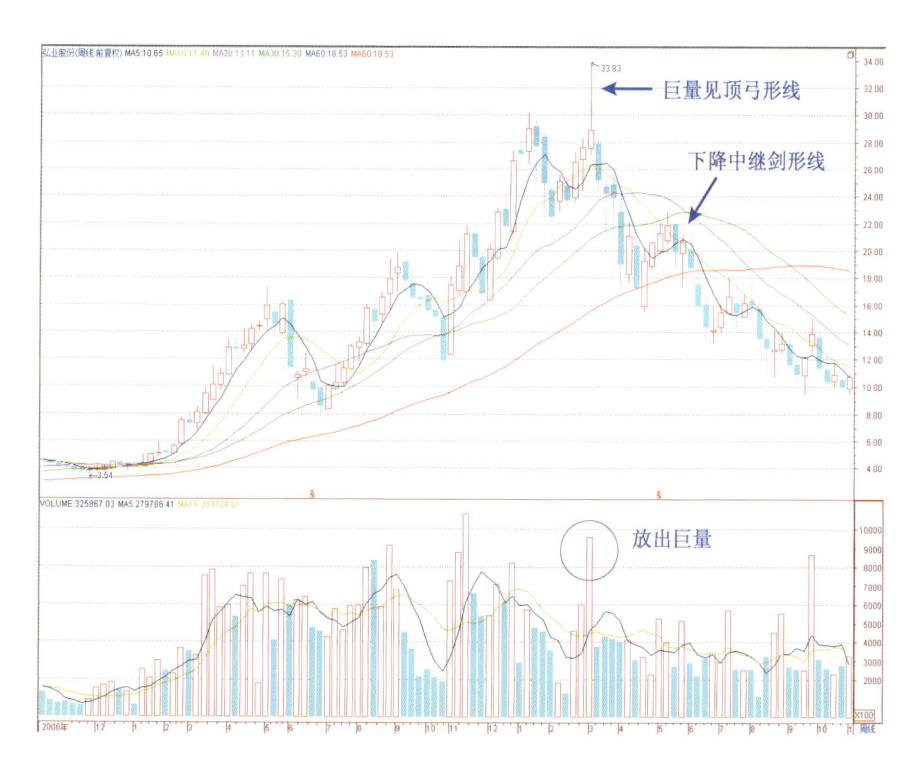

图 6-38　弘业股份（600128），2008 年 5 月 30 日所在周，周线下降中继剑形线

四、十字架

十字架是无实体的剑形线，研判方法参考剑形线。具体举例见图 6-39 和图 6-40。

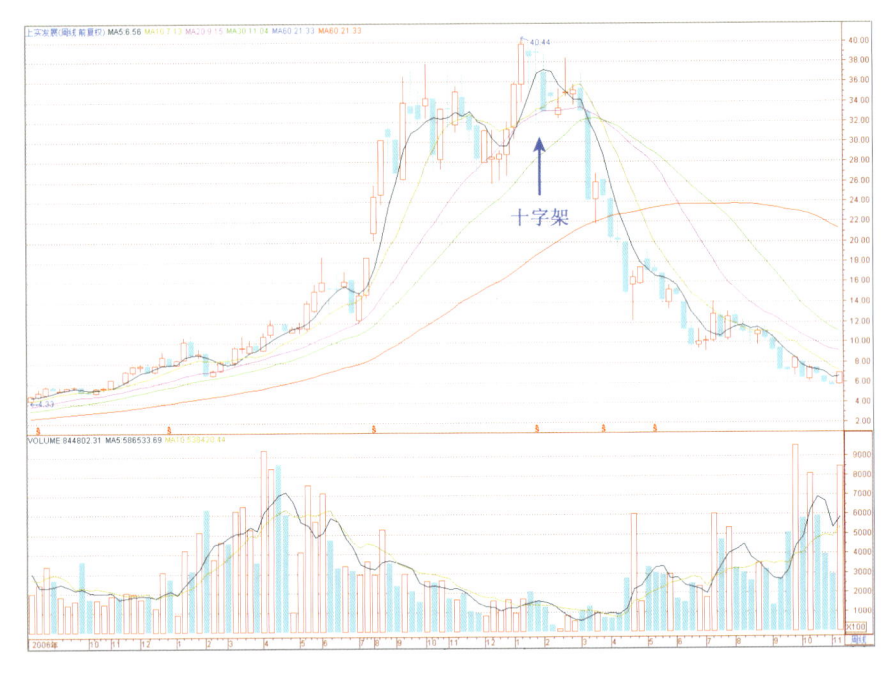

图 6-39　上实发展（600748），2008 年 1 月 25 日所在周，周线顶部十字架

图 6-40　纽约黄金，2004 年 5 月 10 日，日线底部十字架

五、T 字线

T 字线实质是没有实体的上吊线或锤子线，形似 T 字，故而得名。

T 字线的研判方法参考剑形线。出现在飙涨性上升行情途中的 T 字线是典型的上升中继信号，它通常表示涨停板被打开后重又封死涨停（时间上越早越好），只要放量不太离谱且没有发生超涨现象，则表示后面仍将大涨。

T 字线具体举例见图 6-41、图 6-42 和图 6-43。

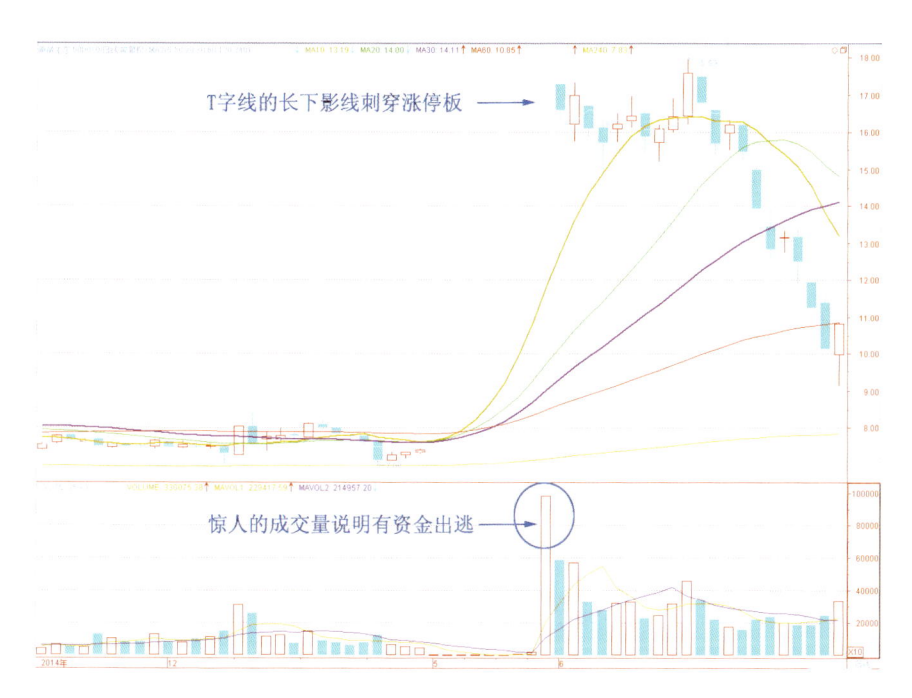

图 6-41　美丽生态(000010)，2015 年 5 月 29 日，日线顶部 T 字线

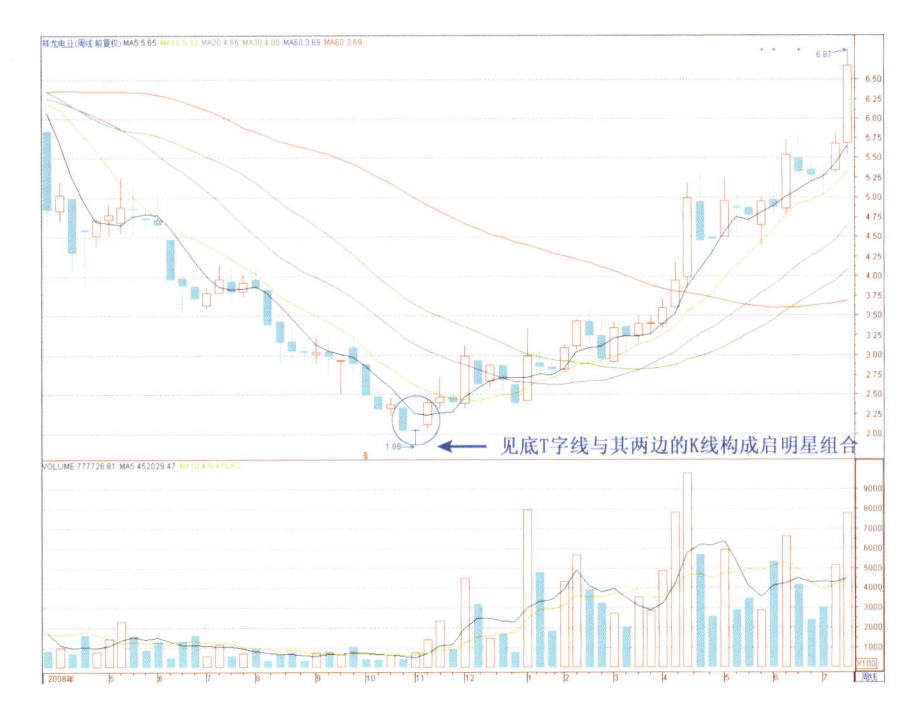

图 6-42 祥龙电业(600769),2008 年 11 月 7 日所在周,周线底部 T 字线

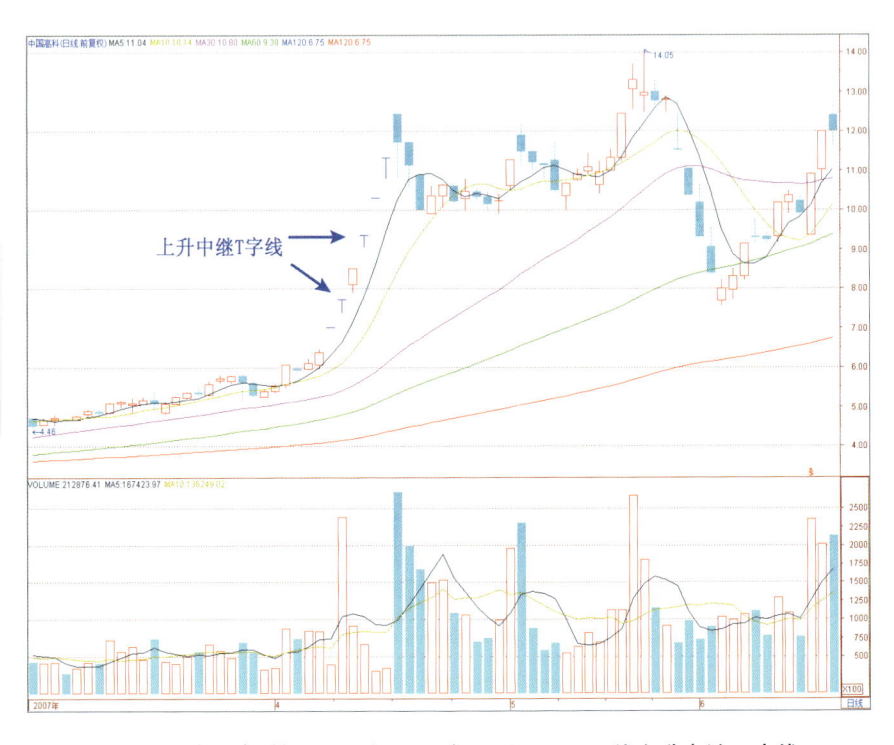

图 6-43 中国高科(600730),2007 年 4 月 10 日,日线上升中继 T 字线

六、流星线

流星线是出现在上升趋势后的反转信号,无下影线,最低价等于开盘价时,实体为阳,最低价等于收盘价时,实体为阴,上影线长一般要求为实体的3倍,实体为阳还是为阴不重要。

长上影线代表空方基本上将多方打回原形。流星线的上影线的高点常常会构成日后走势的阻挡位。如果次日K线在流星线实体之下开盘且收阴线,则反转信号确认。如果据此做空,应将流星线的最高价设为止损点。

流星线具体举例见图6-44和图6-45。

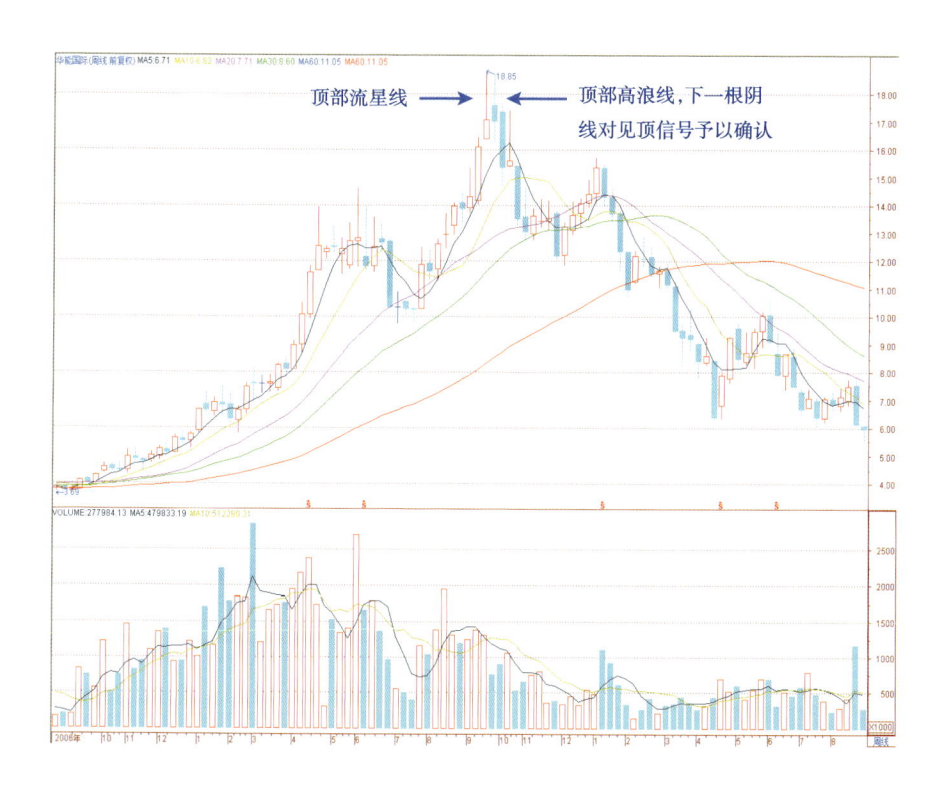

图6-44　华能国际(600011),2007年9月21日所在周,周线顶部流星线

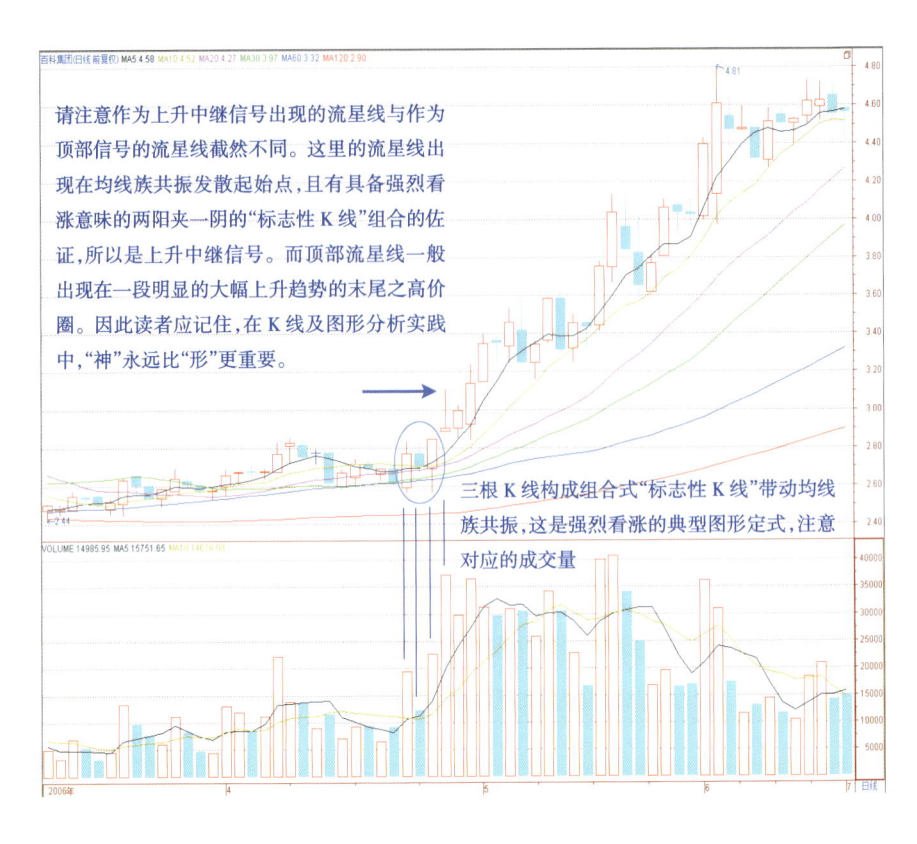

图6-45 百科集团(600077),2006年4月26日,日线上升中继流星线

七、倒锤线

倒锤线是出现在下降趋势后的反转信号(见图6-46),形状与流星线相同,长长的上影线在有成交量配合时代表多方主力的建仓或试探。

出现在崩溃性下跌行情途中的倒锤线或倒T字线又称为"断线风筝"(见图6-47),是典型的下跌中继信号,表示后面仍将大跌。

图 6-46 海德股份(000567),2005 年 7 月 18 日,日线底部倒锤线

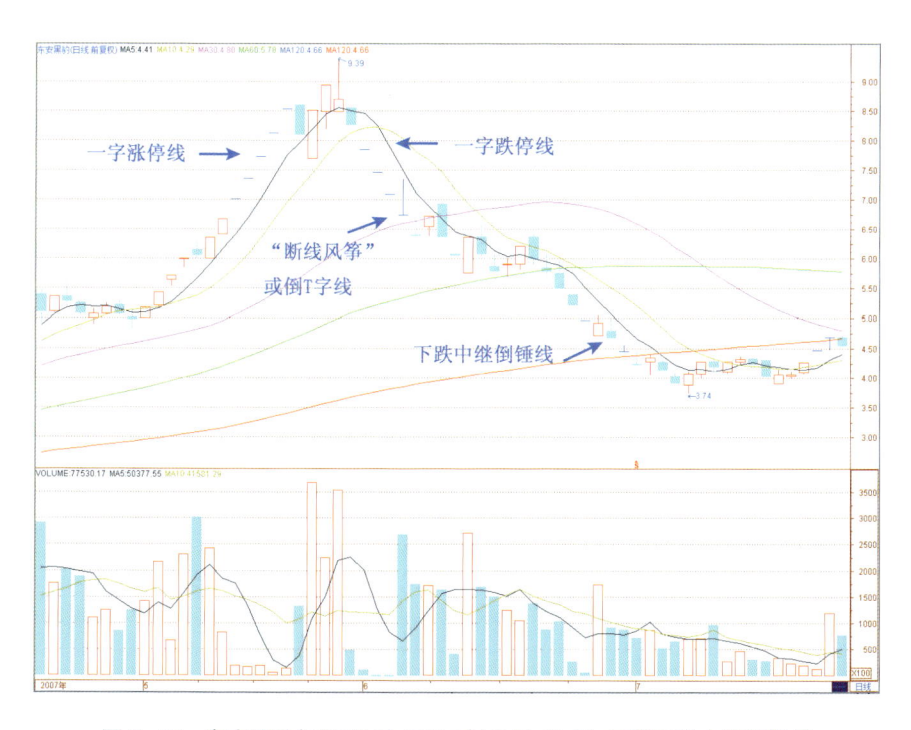

图 6-47 东安黑豹(600760),2007 年 6 月 28 日,日线下跌中继倒锤线

八、弓形线

弓形线因形似开弓射箭而得名,实体是阴是阳不重要。事实上,把剑形线倒过来,就可得到;因此也不难看出它就是流星线的变体,只是多了一点下影线而已。当它出现在上升趋势末尾(见图6-48)的研判方法类似流星线,出现在下降趋势末尾(见图6-49)的研判方法类似倒锤线。形体较小时也可充当中继信号(见图6-50)。

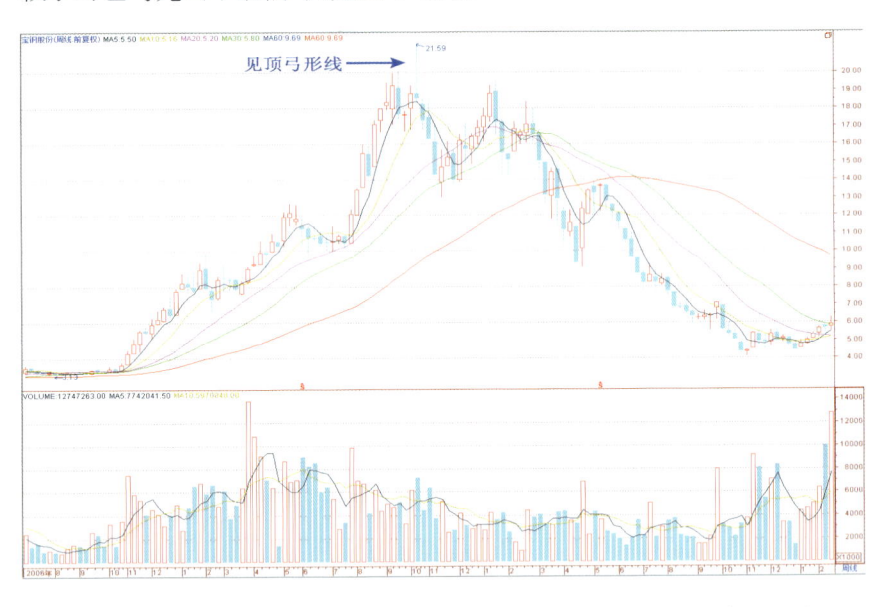

图6-48 宝钢股份(600019),2007年10月19日所在周,周线顶部弓形线

图6-49 武汉控股(600168),2008年10月31日所在周,周线底部弓形线

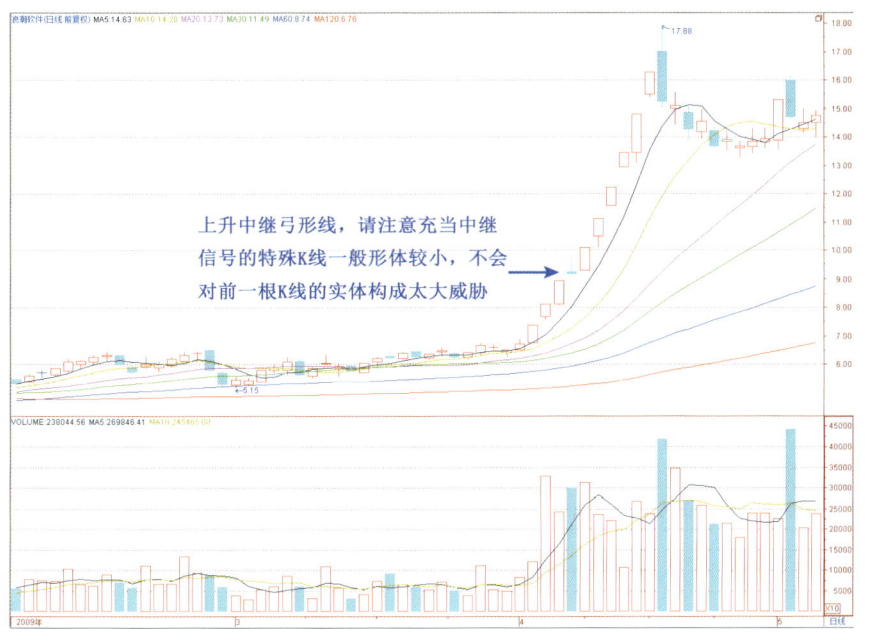

图 6-50　浪潮软件(600756),2009 年 4 月 8 日,日线上升中继弓形线

九、倒十字架

倒十字架为无实体的弓形线,研判方法参考弓形线。具体举例见图 6-51 和图 6-52。

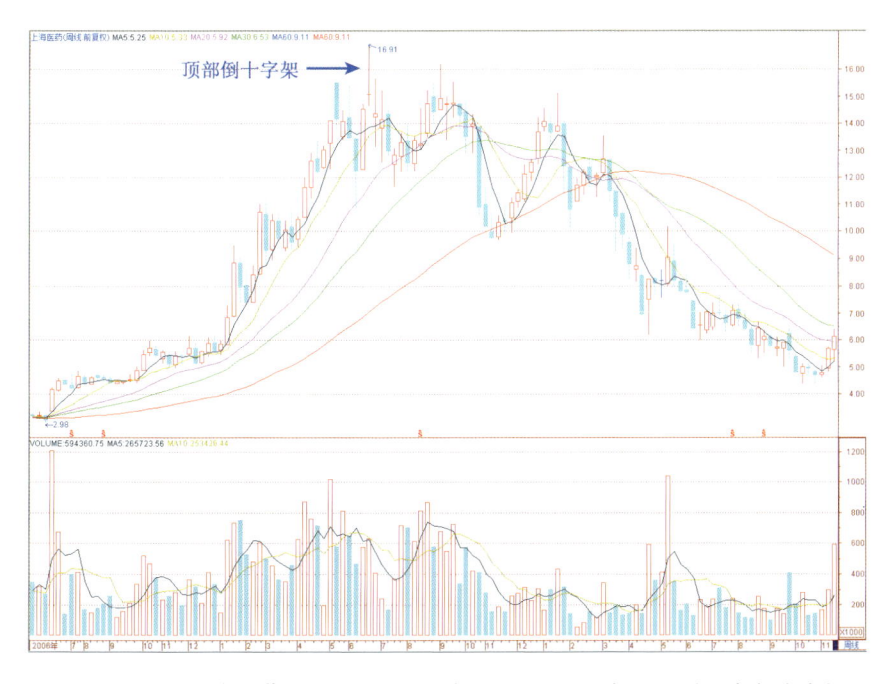

图 6-51　上海医药(600849),2007 年 6 月 22 日所在周,周线顶部倒十字架

图 6-52　工大首创(600857),2001 年 10 月 22 日,日线短期底部倒十字架

十、灵位线

灵位线也称倒 T 字线,因形似一块墓碑而得名,实质上是没有实体的流星线或倒锤线。它的研判方法请参考弓形线。具体举例见图 6-53 和图 6-54。

图 6-53　福田汽车(600166),2007 年 6 月 18 日,日线顶部灵位线

图 6-54　上海建工(600170),2005 年 12 月 6 日,日线底部灵位线

十一、高浪线

高浪线又称螺旋桨。上下影线都很长且等长,实体很短且是阴是阳不重要。

高浪线就是风高浪急之意,代表多空力量的激烈搏杀,可能出现在波段高点或低点,当有跳空和巨量伴随时是高确定性的反转信号,但也可以作为中继信号出现在趋势中途。

高浪线具体举例见图 6-55 和图 6-56。

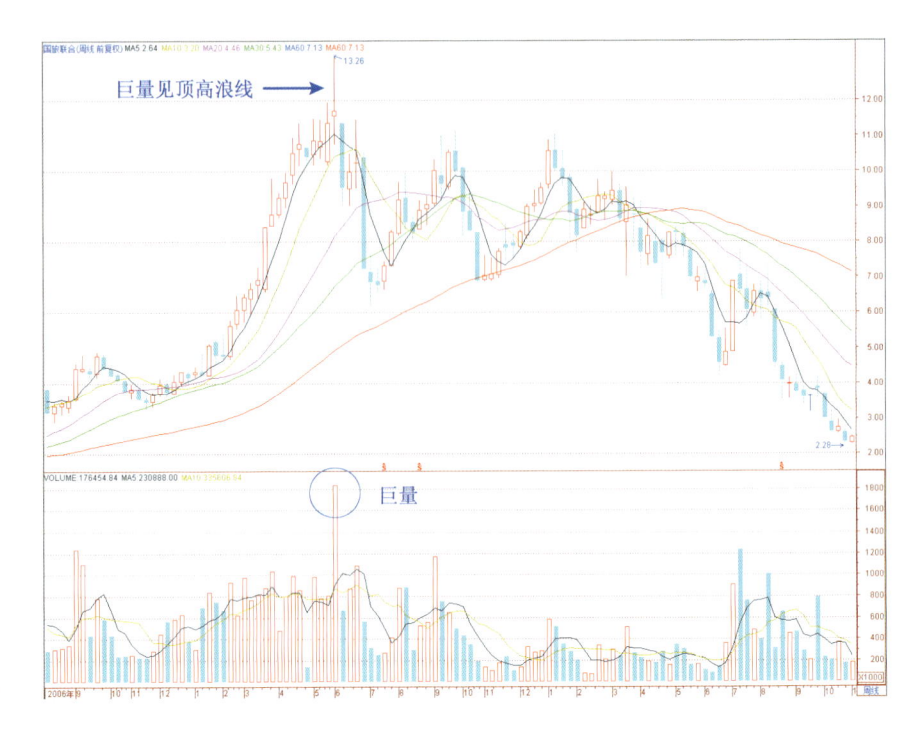

图 6-55　国旅联合(600358),2007 年 6 月 1 日所在周,周线顶部高浪线

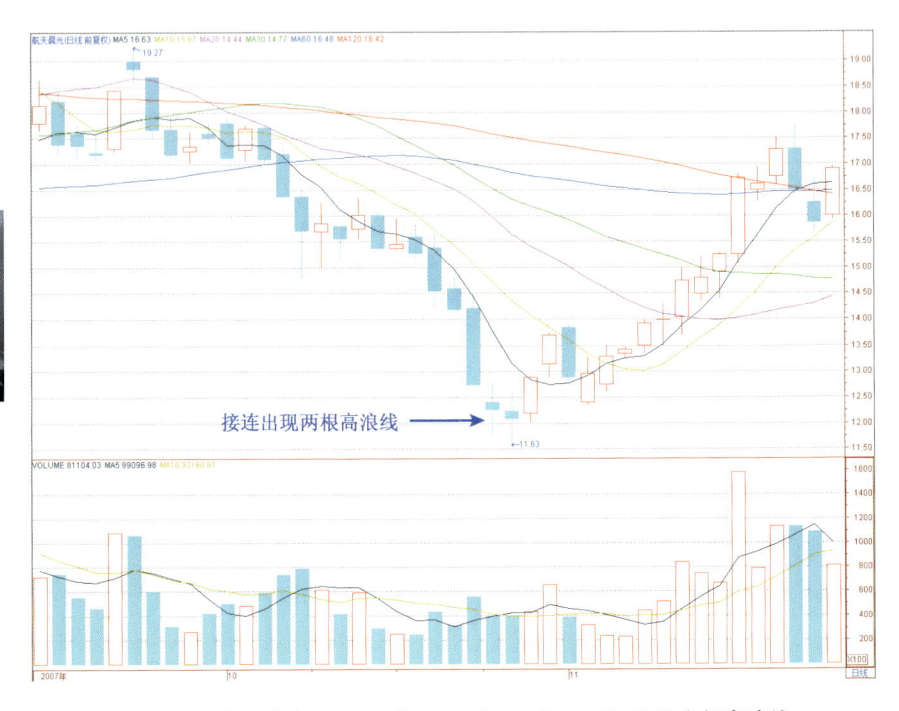

图 6-56　航天晨光(600501),2007 年 10 月 26 日,日线底部高浪线

十二、十字线

如果高浪线的实体被压缩为一根横线（即开盘价和收盘价相等），就构成十字线。十字线表面上的风平浪静代表多空力量对比由曾经的一边倒格局转化为势均力敌，对于原来的趋势来说可能是一种变盘信号，形体越大变盘的意味越强。具体举例见图6-57、图6-58、图6-59和图6-60。

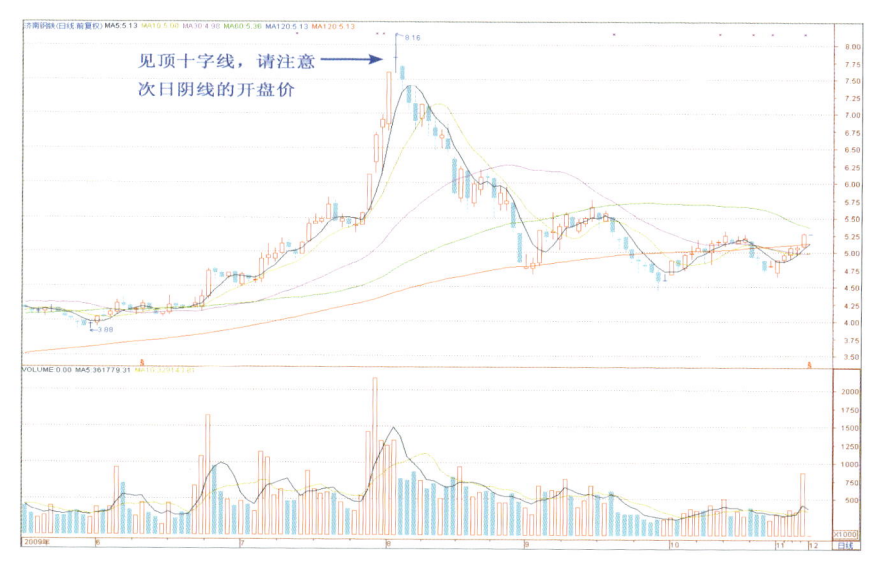

图6-57　济南钢铁(600022),2009年8月4日,日线顶部十字线

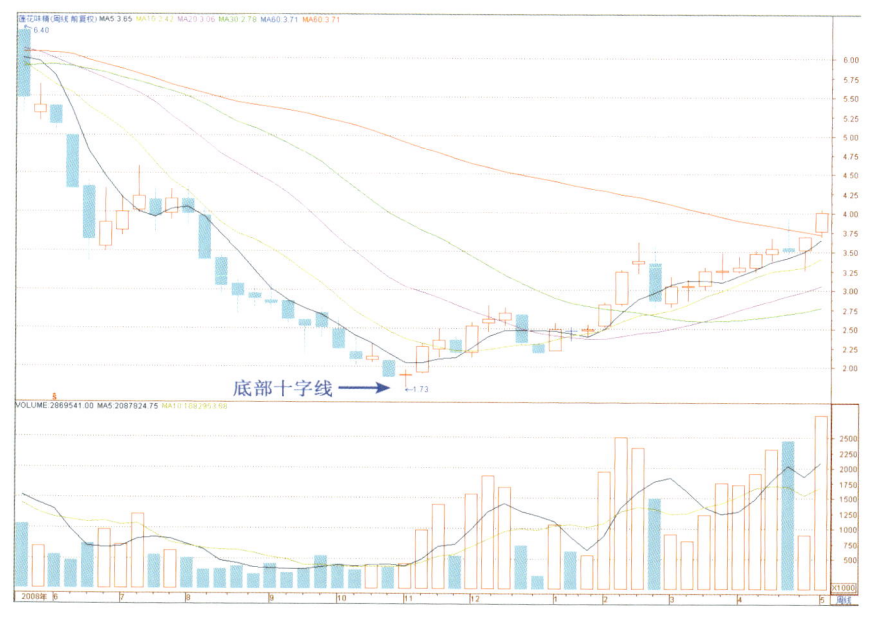

图6-58　莲花味精(600186),2008年11月7日所在周,周线底部十字线

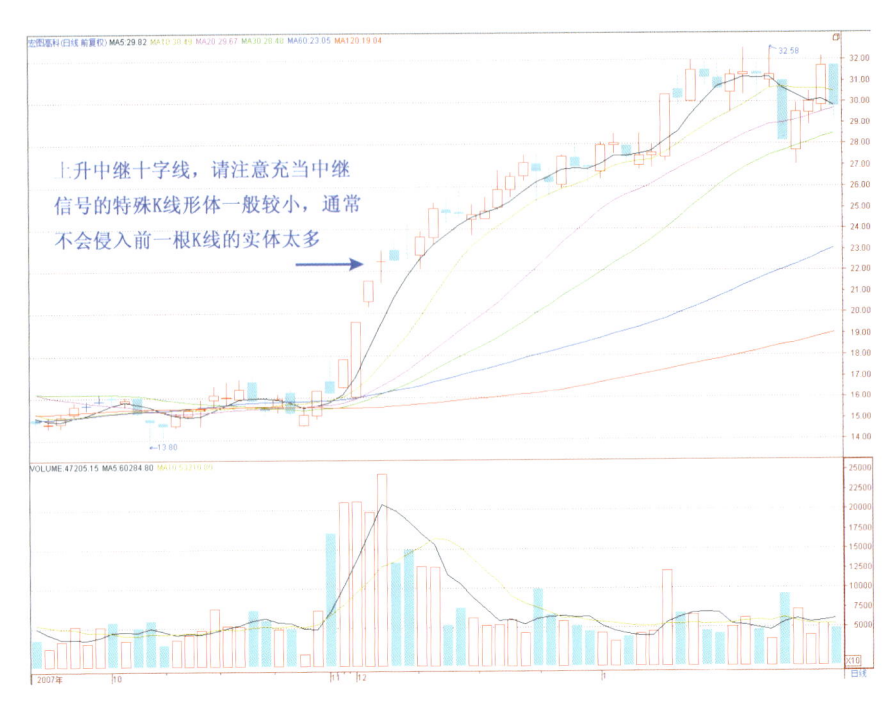

上升中继十字线，请注意充当中继信号的特殊K线形体一般较小，通常不会侵入前一根K线的实体太多

图 6-59　宏图高科(600122)，2007 年 12 月 5 日，日线上升中继十字线

下降中继十字线

下降中继十字线

图 6-60　中船股份(600072)，2008 年 3 月 14 日，日线下降中继十字线

十三、一字涨跌停线

当价格连续涨停或跌停,就会出现这种四价合一,既无实体,也无影线,代表着最强冲击力的 K 线。千万不要对连续缩量跌停后某一天又突然放出巨量打开跌停板的品种进行抄底,那很可能是庄家通过对倒设置的陷阱。

今后,我们将前述第一至第五、第六至第十、第十一至第十二种 K 线分别合并为有实体的剑形线、弓形线、高浪线三大类,或无实体的十字架、倒十字架、十字线三大类。为了简便起见,我们今后直接以剑形线、弓形线和十字线统称之(见图 6-61)。此三者的特点分别是下影线超长、上影线超长、上下影线都较长。它们既可以出现在波段高低点充当反转信号,也可以出现在趋势中途充当中继信号。对大特殊 K 线而言,在成交量配合下充当反转信号的可能性较大、可靠性较高。牢记这一点,将有利于我们下一步的学习。

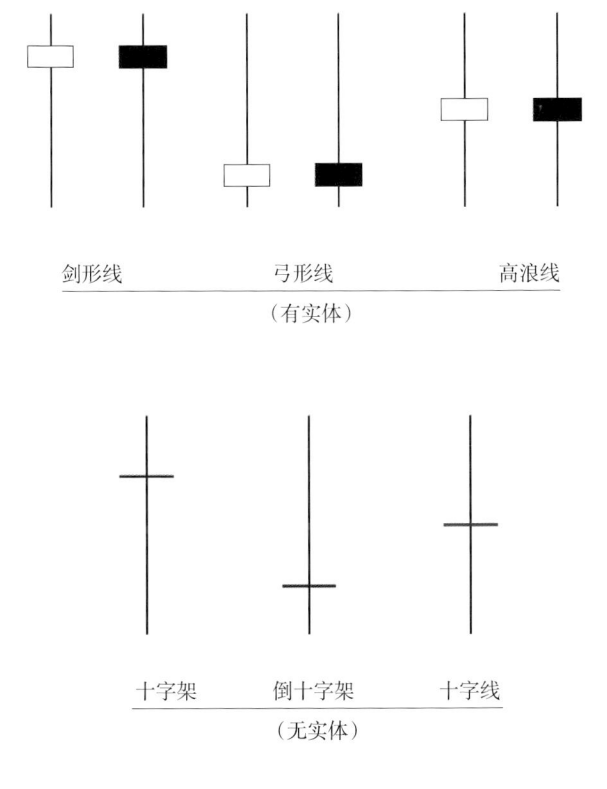

图 6-61　将 12 种特殊 K 线合并为剑形线、弓形线、十字线三大类

第七章　K线与K线的位置关系

"K线与K线的位置关系"是学习K线的必修课。对于K线技术的部分名词，各书说法不一，读者了解其精义即可，不必强求统一。下面我根据自己13年来研究K线技术的经验，对这一部分内容做出系统的总结。部分专业术语及其解释，一定程度上借鉴了国内李晓明、李梦龙两位先生合著的《庄家操作定式解密》一书的体系，笔者在此特向他们表示感谢与敬意。该书有不少引人入胜的创见，值得新手和老手共同学习。想深入研究K线技术的交易者，敬请参阅该书及其他K线理论专著。

第一节　攀援线与滑行线

两天时间内先后出现两根阳线，第二根阳线的开盘价和收盘价分别高于第一根阳线的开盘价和收盘价，两根阳线之间没有跳空缺口，价格拾级而上，此种组合称为攀援线。这是一种多方强势上攻的K线组合，如果两根阳线实体大小接近，表明多头的攻势持续而稳定，后市理应继续看涨；若第二根阳线的实体大于第一根阳线，表明多头的攻击力度更强；若第二根阳线的实体小于第一根阳线，尤其是带长上影线的时候，表明空方力量正在集结，多方将经受考验。

如果先后出现两根阴线，第二根阴线的开盘价和收盘价分别低于第一根阴线的开盘价和收盘价，两根阴线之间没有跳空缺口，价格逐级滑落,此种组合称为滑行线。这是多头疲弱、空头兴盛的 K 线组合。如果两根阴线的实体大小接近,表明空方打击力度比较均匀,多头无还手之力,后市理应继续看跌;若第二根阴线的实体大于第一根阴线,说明空方力量极为强盛,多方处境更加悲观;若第二根阴线实体小于第一根阴线,尤其是带有长下影线的时候,表明多方力量正在集结,空方已经遭受挫折。

攀援线与滑行线的示意图见图 7-1。

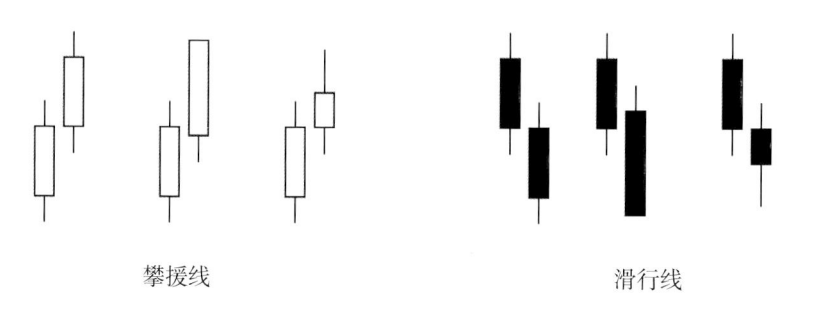

攀援线　　　　　　　滑行线

图 7-1　攀援线与滑行线

第二节　跳高线与跳水线

在攀援线组合中如果两根阳线之间出现跳空缺口,即第二根阳线在第一根阳线收盘价之上跳空高开,高开高走,股价的有力上升导致第二根阳线形成,这种组合称为跳高线。跳高线比攀援线更为强势,其中第二根阳线有以涨停板报收的可能。这种 K 线组合可能出现在上升趋势的起点、中途或末尾。如果出现在上升趋势的起点,表示向上突破;如果出现在中途,表示多方攻势进展顺利,后市继续看涨;如果出现在末尾,则表示所有看好的人都已买进,上升趋势行将结束。如果在滑行线组合中两根阴线之间出现跳空缺口,即第二根阴线在第一根阴线收盘价之下跳空低开,低开低走,价格的有力下挫导致第二根阴线形成,这种组合称为跳水线。注意跳高线出现时往往伴随着大成交量(第二根阳线早早封住涨停板时除外),但跳水线并不需要大成交量配合。

跳高线和跳水线的示意图见图 7-2。

跳高线　　　　　　　　　　跳水线

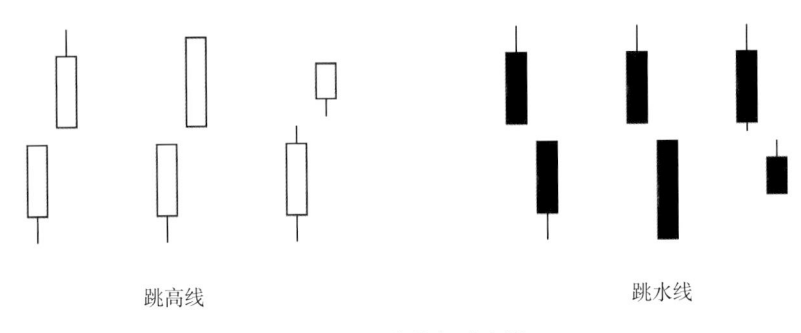

图 7-2　跳高线与跳水线

第三节　星　线

在跳高线组合中，我们希望第二根阳线的实体最好等于或大于第一根阳线的实体，如果第二根阳线远小于第一根阳线的实体且存在很大的向上跳空缺口，那么最好是涨停板造成的，否则就称为星线，预示着多方堪忧。在跳水线组合中，我们希望第二根阴线的实体最好等于或大于第一根阴线的实体，如果第二根阴线远小于第一根阴线的实体且存在很大的向下跳空缺口，那么最好是跌停板造成的，否则也称为星线，预示着空方堪忧。星线是特殊 K 线时可能出现大形体，但一般情况下形体都较小。星线通常包括小阴小阳线、小弓形线、小剑形线和小十字线四种（见图 7-3）。

星线可以是与其前一根 K 线性质相同的 K 线，即向上跳空的小阳线或向下跳空的小阴线；但也可以是与其前一根 K 线性质相反的 K 线，即向上跳空然后低收的小阴线或向下跳空然后高收的小阳线。这是一种暗含转折意味的 K 线组合，第三天的走势至为关键：如果第三天继续走出星线，通常表示行情仍有能力延续原来的趋势；如果走出一根与第一天同方向的大 K 线，则表示趋势延续；如果走出一根与第一天反方向的大 K 线，即意味着作为转折信号得到了验证。如果星线是一根十字线，那么这种组合就称为"十字星线"，它比普通星线的转折意味更强。

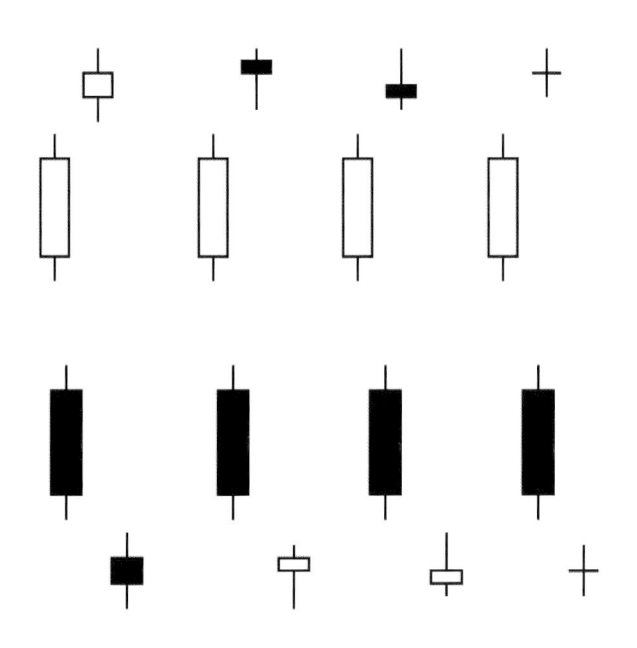

图 7-3　四种星线弃大阴大阳线

第四节　反击线或约会线

随着一根大阳线的出现,多方势力大增,次日以高出前一日最高价的价格大幅跳空高开,由于投机性卖盘涌出,价格迅速回落并低收,但收盘价仍约等于前一根阳线的收盘价,未能攻击到其实体以内,此种 K 线组合称为看跌反击线。如果在一根大阴线之后,次日以低于前一日最低价的价格大幅跳空低开,然后一路走高收出一根阳线,但收盘价仍约等于前一根阴线的收盘价,未能攻击到其实体以内,此种 K 线组合称为看涨反击线。反击线组合中第二根 K 线跳空的幅度越大、实体越长,转势的可能性越大。

在看跌反击线组合中,如果次日高开的幅度并不大,所造成的阴线实体短小,则称为压迫线。它和弃星线的唯一区别是其与前一根 K 线的实体之间没有缺口。压迫线是一种继续看涨的 K 线组合;但如果发生在长期上升或涨幅较大之后的高价圈,则表明空方已经有能力阻止行情继续上升；如果阴线伴随着巨大的成交量，那么转势的可能性大增。在看涨反击线组合中，如果次日低开的幅度并不大，所造成的阳线实体短小，则称为奉承线，是一种继续看跌的 K 线组合；但如果发生在长期下跌或跌幅较大之后的低价圈，则表明多方已经有能力阻止价格继续下行。

反击线又称约会线。

反击线、压迫线与奉承线的示意图见图 7-4，具体举例见图 7-5、图 7-6、图 7-7 和图 7-8。

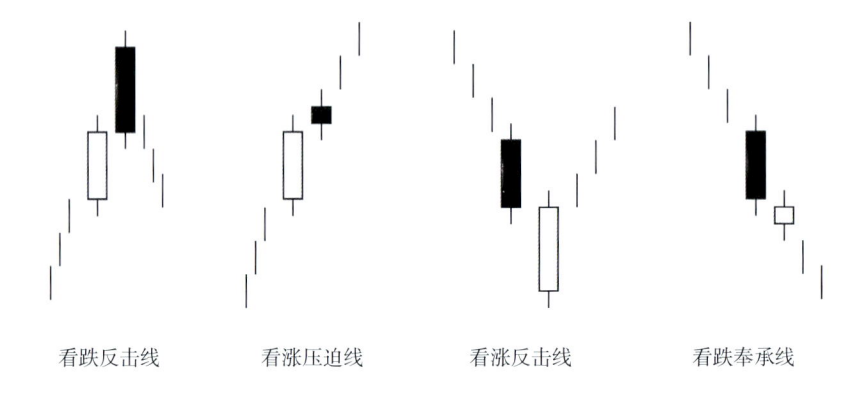

图 7-4 反击线、压迫线与奉承线

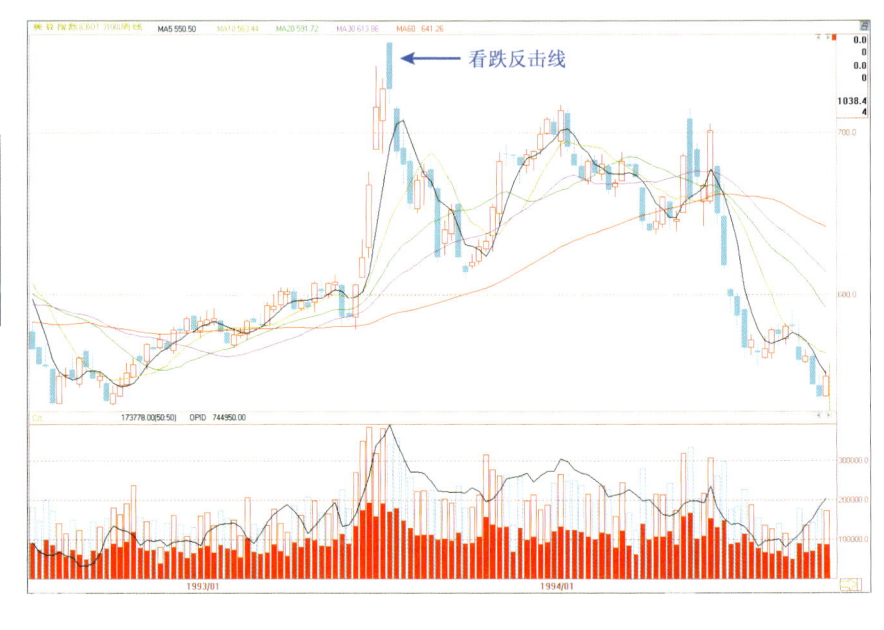

图 7-5 美国大豆，1993 年 7 月 23 日所在周，周线看跌反击线

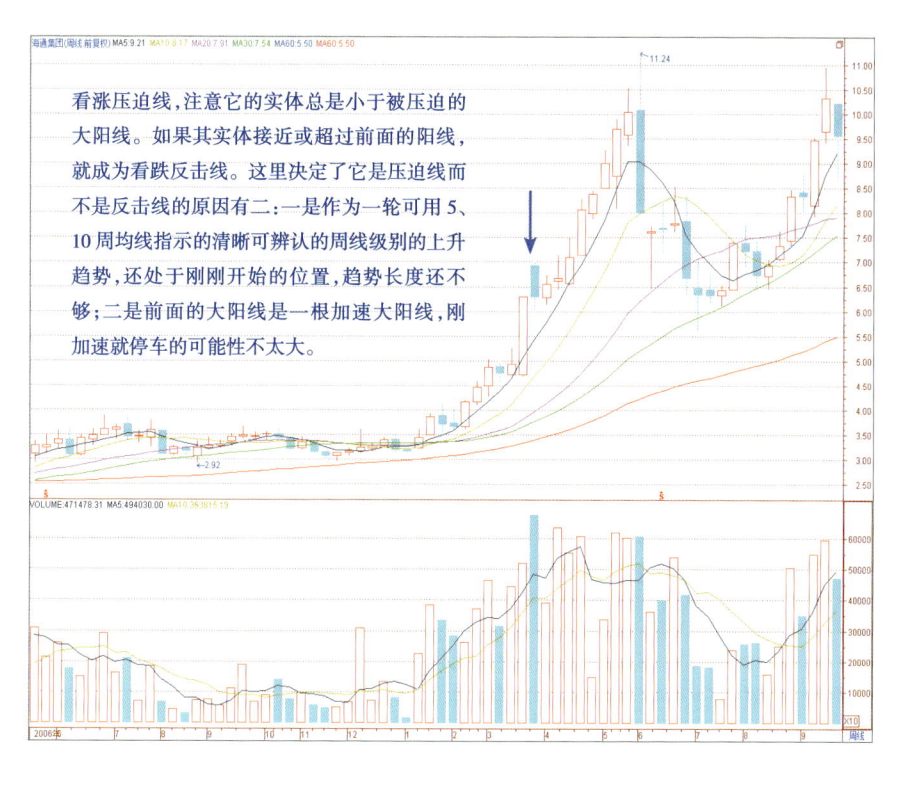

看涨压迫线，注意它的实体总是小于被压迫的大阳线。如果其实体接近或超过前面的阳线，就成为看跌反击线。这里决定了它是压迫线而不是反击线的原因有二：一是作为一轮可用5、10周均线指示的清晰可辨认的周线级别的上升趋势，还处于刚刚开始的位置，趋势长度还不够；二是前面的大阳线是一根加速大阳线，刚加速就停车的可能性不太大。

图 7-6　海通集团(600537)，2007年3月30日所在周，周线看涨压迫线

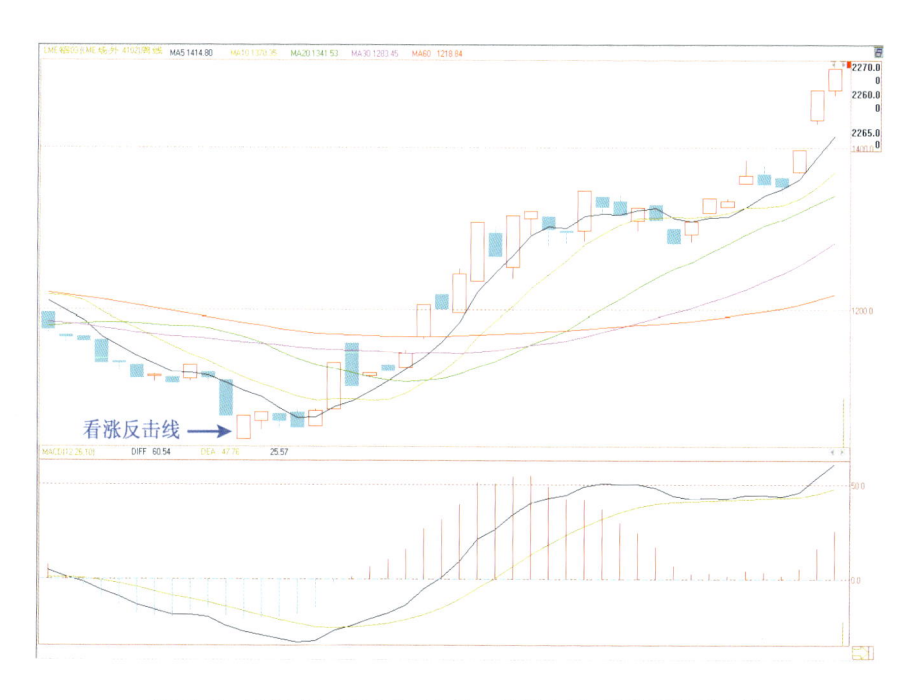

图 7-7　LME 铝，1993年11月5日所在周，周线看涨反击线

143

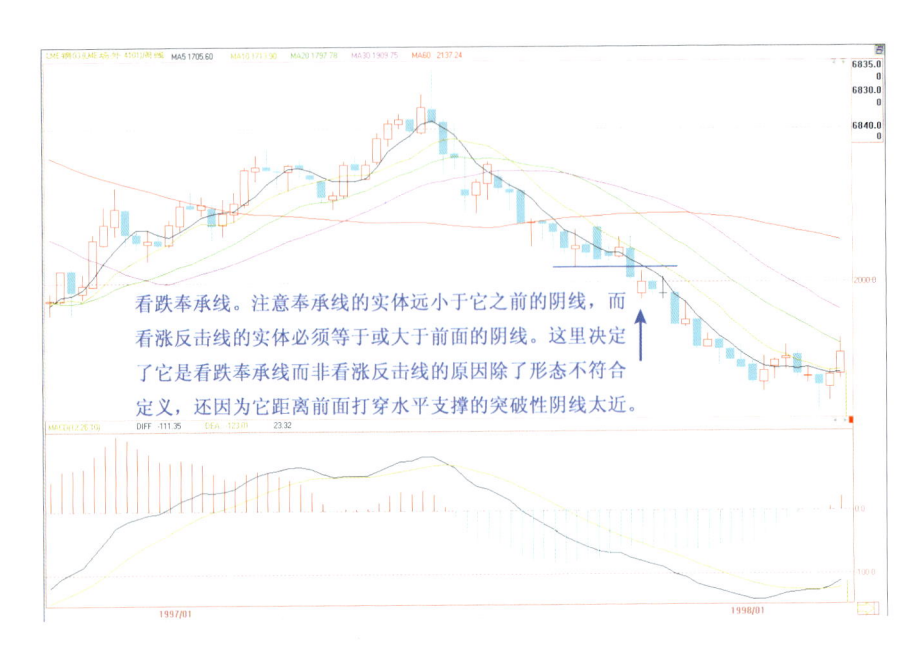

图 7-8　LME 铜，1997 年 10 月 31 日所在周，周线看跌奉承线

第五节　乌云线与斩回线

在看跌反击线组合中，如果第二根阴线的收盘价攻击到前一阳线的实体范围内，形成乌云盖顶之势，则称为乌云线。这种走势要弱于看跌反击线，且阳线实体被覆盖得越多，表示空头的攻击力度越大。标准的乌云线要求阴线切入阳线实体的中点以下。在看涨反击线组合中，如果第二根阳线的收盘价攻击到前一阴线实体的中点之上，则称为斩回线或刺透线。这种走势要强于看涨反击线，且阴线实体被切入得越多，表示多头的攻击力度越大。

如果在一根大阴线之后出现一根跳空低开小阳线，其收盘价低于大阴线的收盘价，此种弃星线组合又称为"待入线"；如果小阳线的收盘价约等于大阴线的收盘价，此种奉承线组合又称为"切入线"；如果阳线的收盘价进入大阴线的实体范围内但不足中点处，则称为"插入线"。理论上这三者都是看跌信号，但实际上未必，关键取决于第三根 K 线：第三根 K 线若收阴且打破小阳线的最低点，则跌势继续；若收大阳则为转势信号。对插

入线而言，如果数天内接连形成了两个插入线组合，则可能形成看涨信号，发生在重要支撑位时尤其如此。最后，建议读者多留意周线图。反转信号出现在周线图中的确定性一般高于日线图，在有成交量配合时更是如此。

乌云线与斩回线的示意图见图 7-9，具体举例见图 7-10、图 7-11、图 7-12 和图 7-13。

乌云线　　　斩回线（或刺透线）　　待入线　　切入线　　插入线

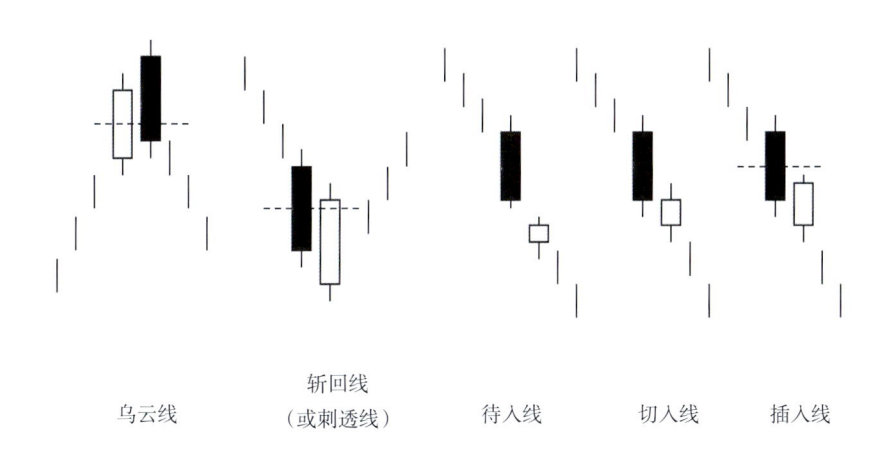

图 7-9　乌云线与斩回线

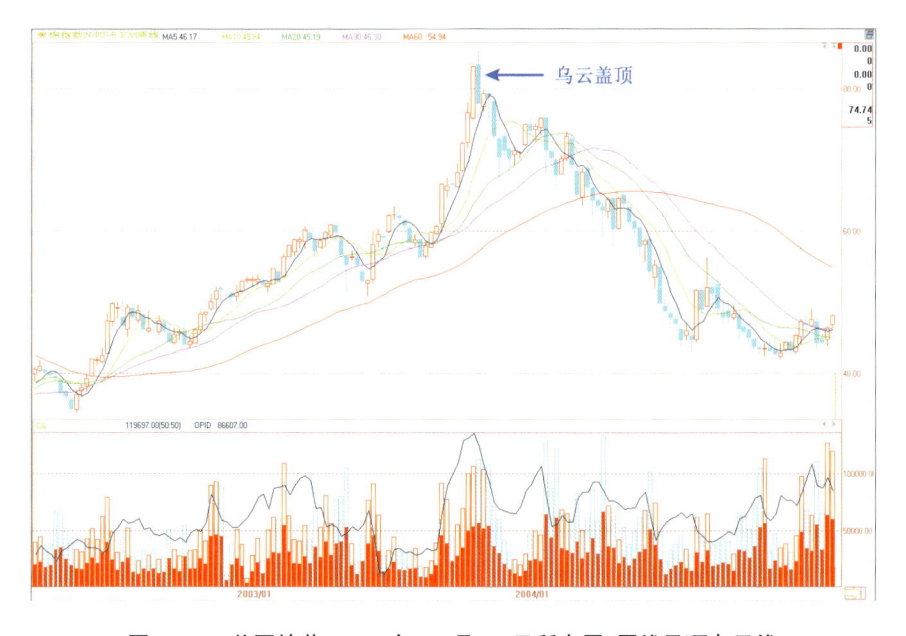

图 7-10　美国棉花，2003 年 10 月 31 日所在周，周线见顶乌云线

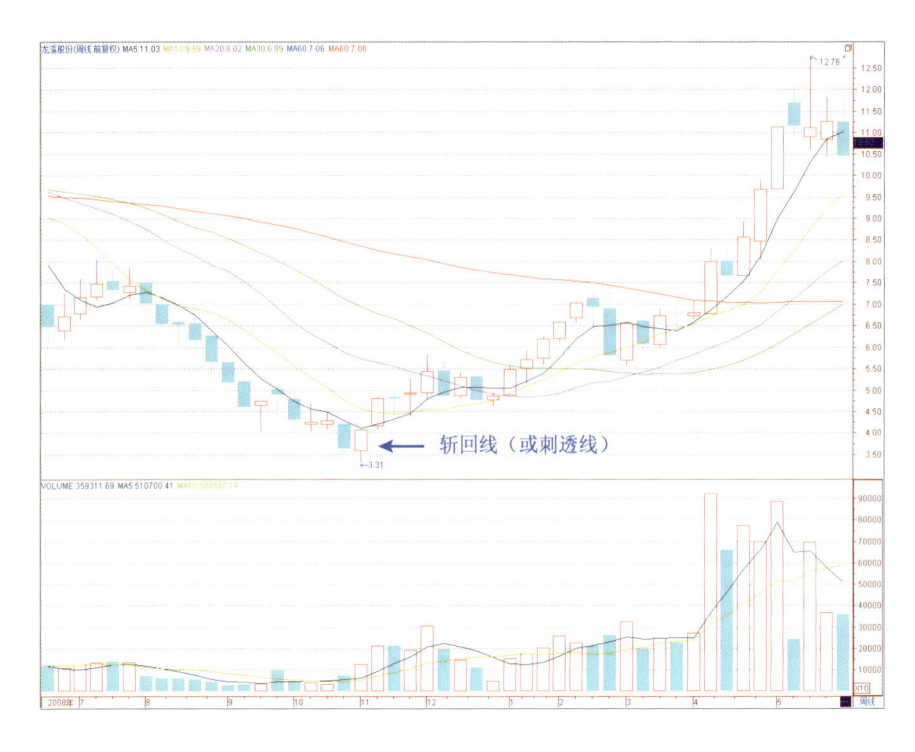

图 7-11 龙溪股份(600592),2008 年 11 月 7 日所在周,周线见底斩回线

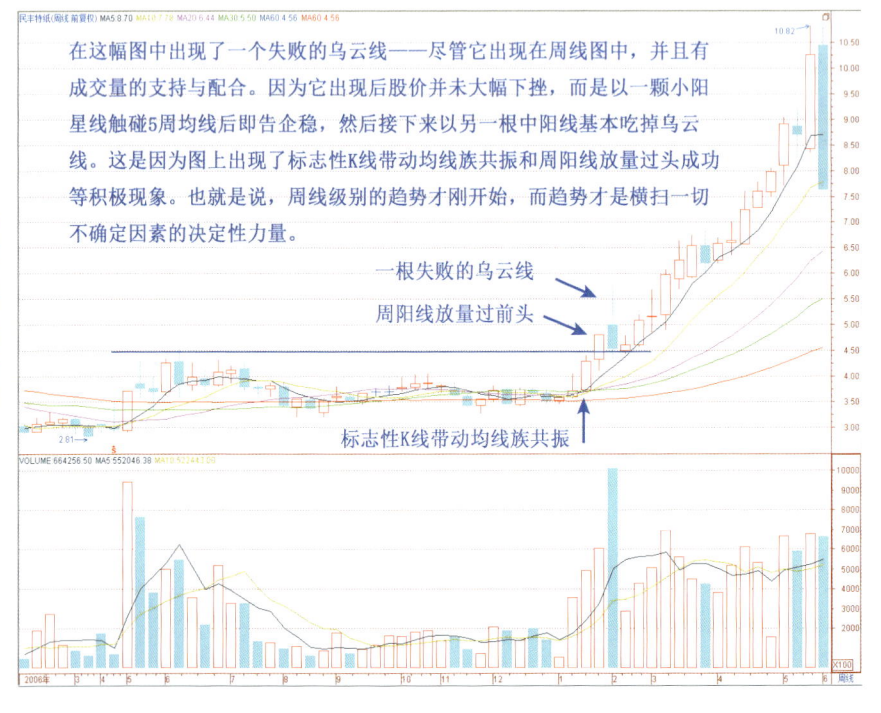

在这幅图中出现了一个失败的乌云线——尽管它出现在周线图中,并且有成交量的支持与配合。因为它出现后股价并未大幅下挫,而是以一颗小阳星线触碰5周均线后即告企稳,然后接下来以另一根中阳线基本吃掉乌云线。这是因为图上出现了标志性K线带动均线族共振和周阳线放量过前头成功等积极现象。也就是说,周线级别的趋势才刚开始,而趋势才是横扫一切不确定因素的决定性力量。

图 7-12 民丰特纸(600235),2007 年 2 月 2 日所在周,周线以乌云线为上升中继

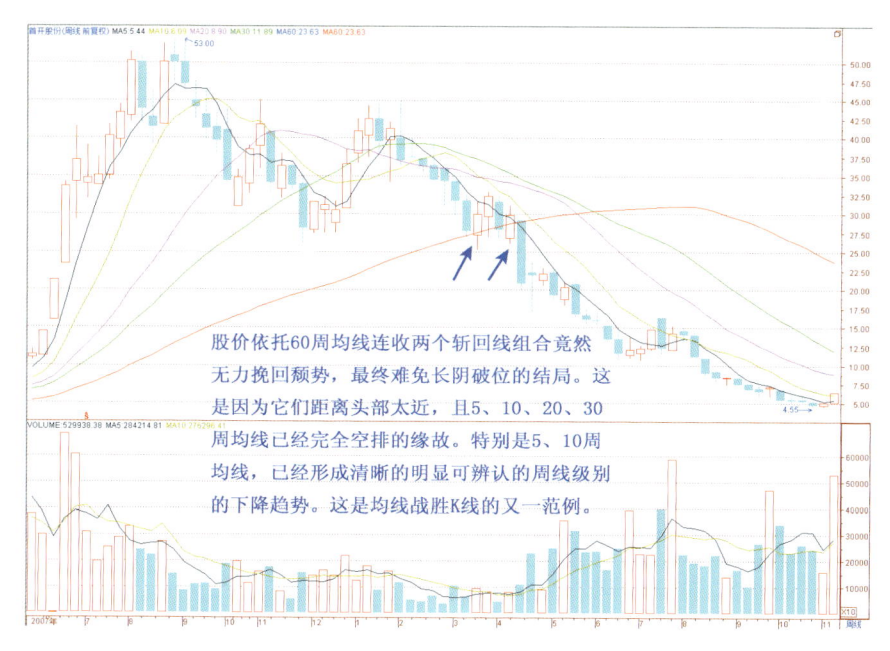

图 7-13　首开股份（600376），2008 年 3 月 21 日所在周及 2008 年 4 月 11 日所在周，周线以斩回线为下降中继

第六节　包　线

在两根相异 K 线中，当右边的 K 线从下到上或从上到下完全吃掉左边的 K 线，即第二根 K 线的最高价高于第一根的最高价，最低价低于第一根的最低价时，称为包线。包线有三种类型：(1)同性相包，包括阳包阳、阴包阴；(2)包星线，包括阳包星、阴包星；(3)异性相包，包括阳包阴、阴包阳。理论上，将同性相包的两根 K 线合并起来后（即以第一根 K 线的开盘价为开盘价，以后一根 K 线的收盘价为收盘价），仍将得到大阳线或大阴线，表示市场将维持原方向不变。虽然如此，阳包阳还含有上升乏力的意味，不然何以解释第二根阳线的大幅低开？阴包阴则含有下跌乏力的意味，道理一样。阳包星可以近似地看成阳包阳，而阴包星则可以看成阴包阴，通常情况下都是趋势方向不变的信号。

看涨阳包线的示意图见图 7-14，具体举例见图 7-15 至图 7-21。看跌阴包线的示意图见图 7-22，具体举例见图 7-23 至图 7-29。

147

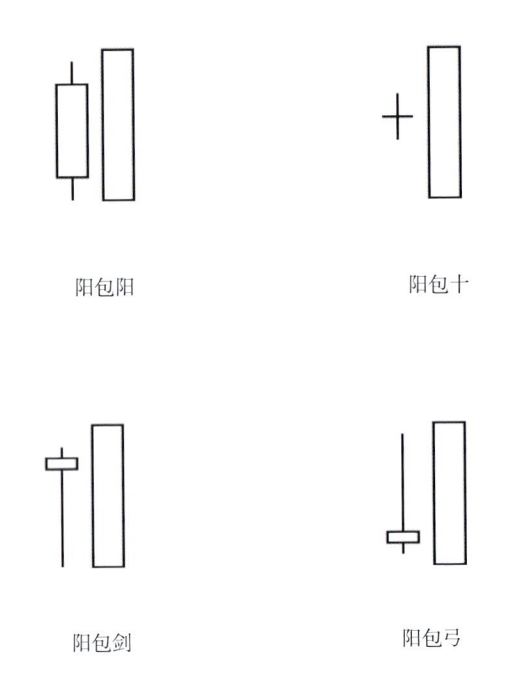

阳包阳　　　　　　　　　阳包十

阳包剑　　　　　　　　　阳包弓

图 7-14　看涨阳包线

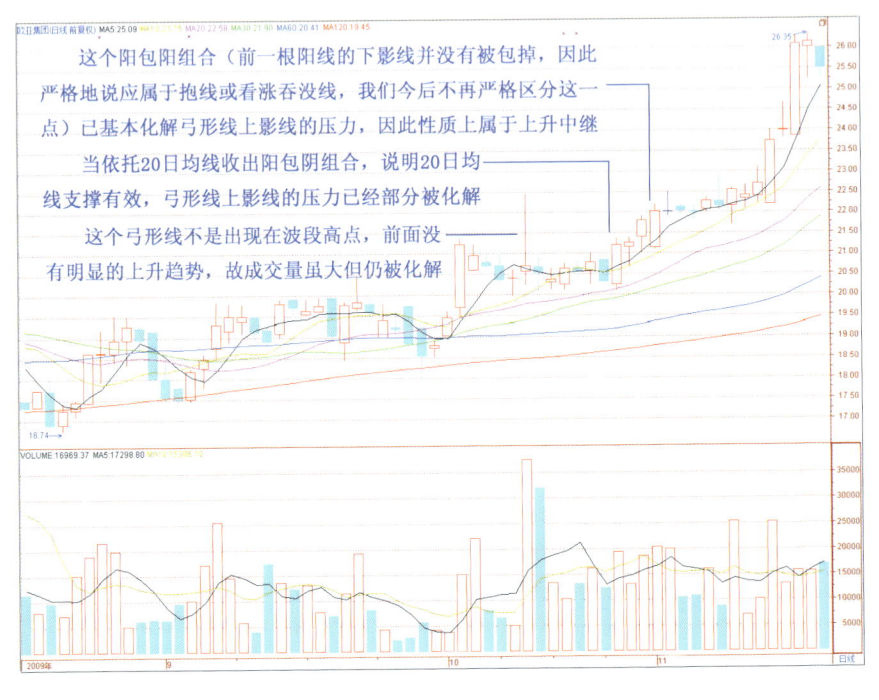

图 7-15　欧亚集团(600697),2009 年 11 月 2 日,日线上升中继阳包阳

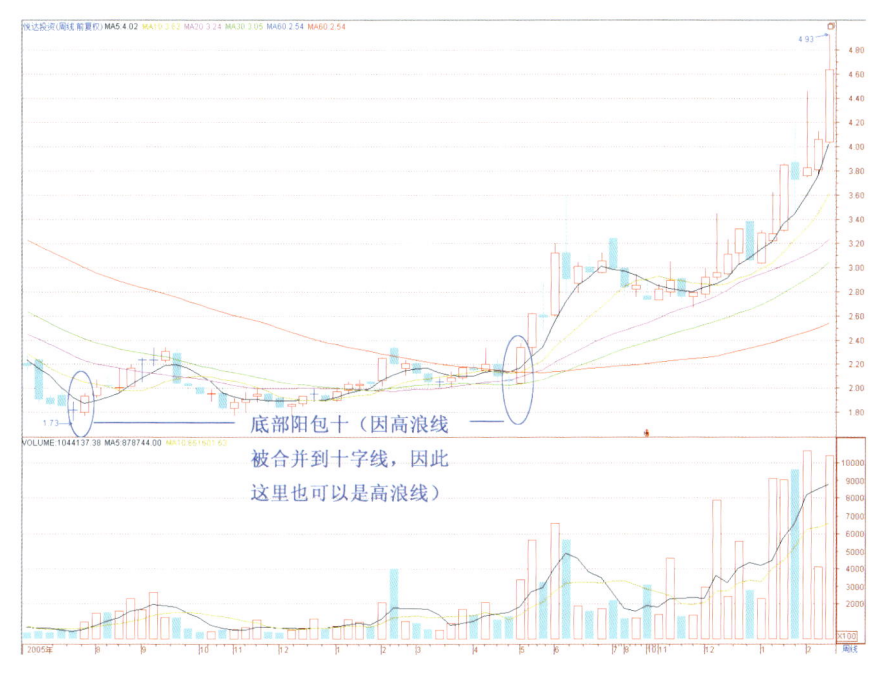

图 7-16　悦达投资(600805),2005 年 7 月 29 日所在周及 2006 年 5 月 12 日所在周,周线底部阳包十

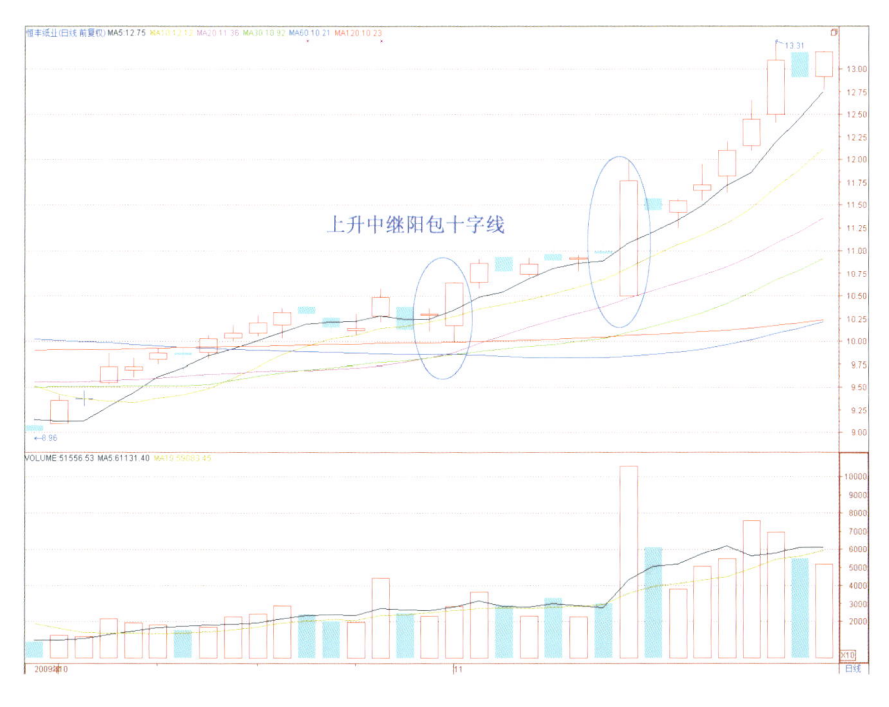

图 7-17　恒丰纸业(600356),2009 年 11 月 2 日及 2009 年 11 月 11 日,日线上升中继阳包十

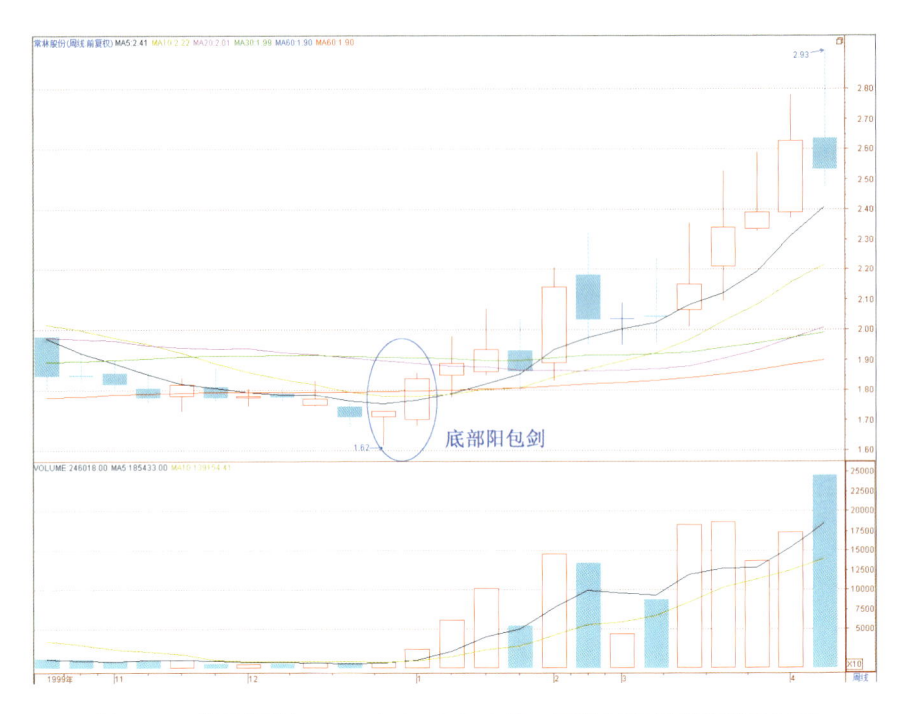

图 7-18 常林股份(600710),2000 年 1 月 7 日所在周,周线底部阳包剑

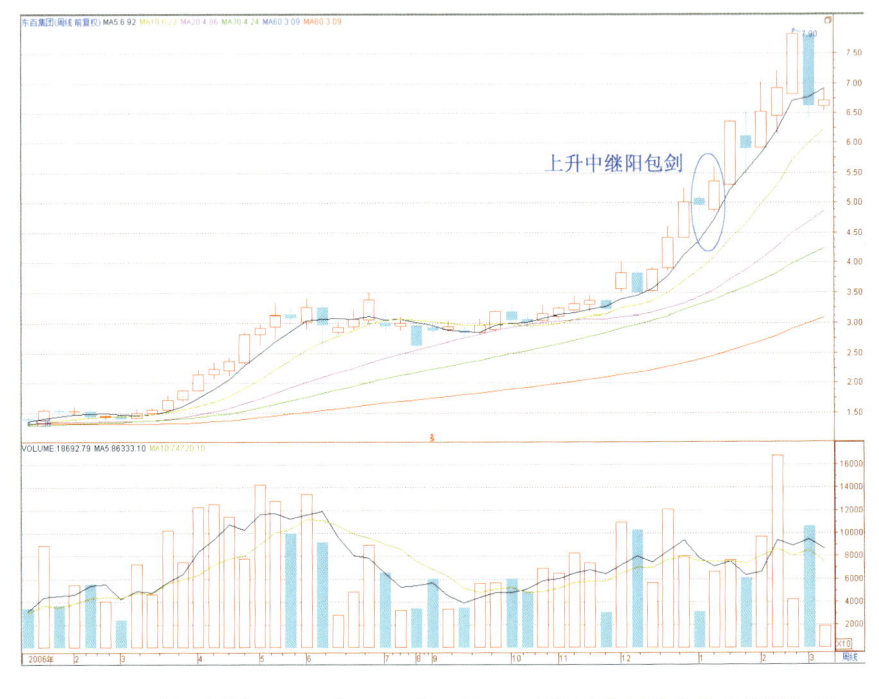

图 7-19 东百集团(600693),2007 年 1 月 12 日所在周,周线上升中继阳包剑

图 7-20　东安动力(600178),2005 年 6 月 10 日所在周,周线底部阳包弓

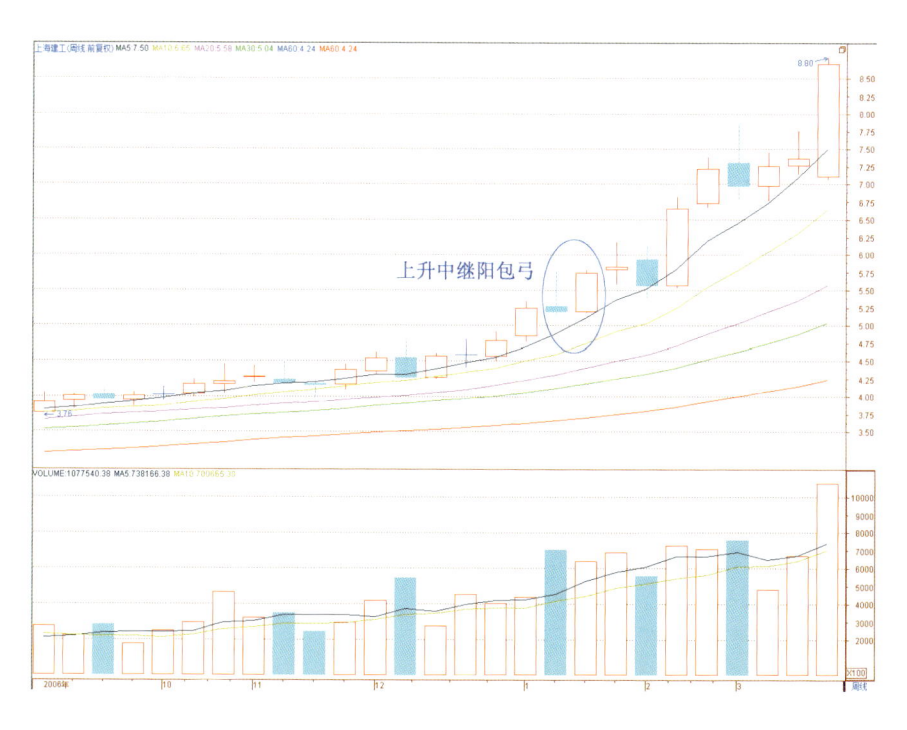

图 7-21　上海建工(600170),2007 年 1 月 19 日所在周,周线上升中继阳包弓

阴包阴　　　　　　　　阴包十

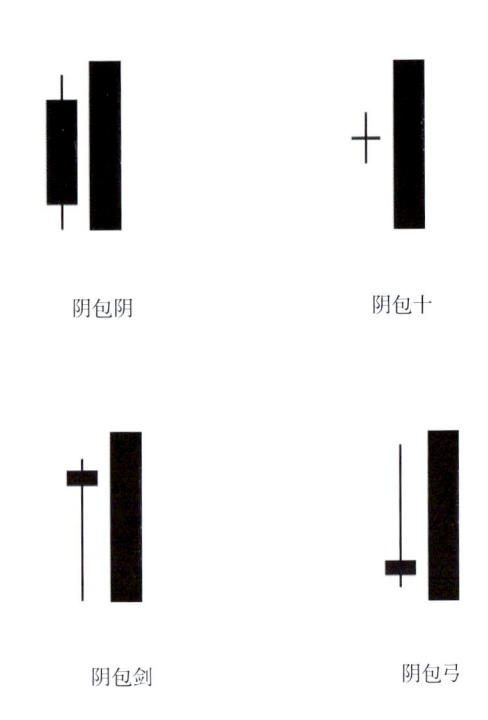

阴包剑　　　　　　　　阴包弓

图 7-22　看跌阴包线

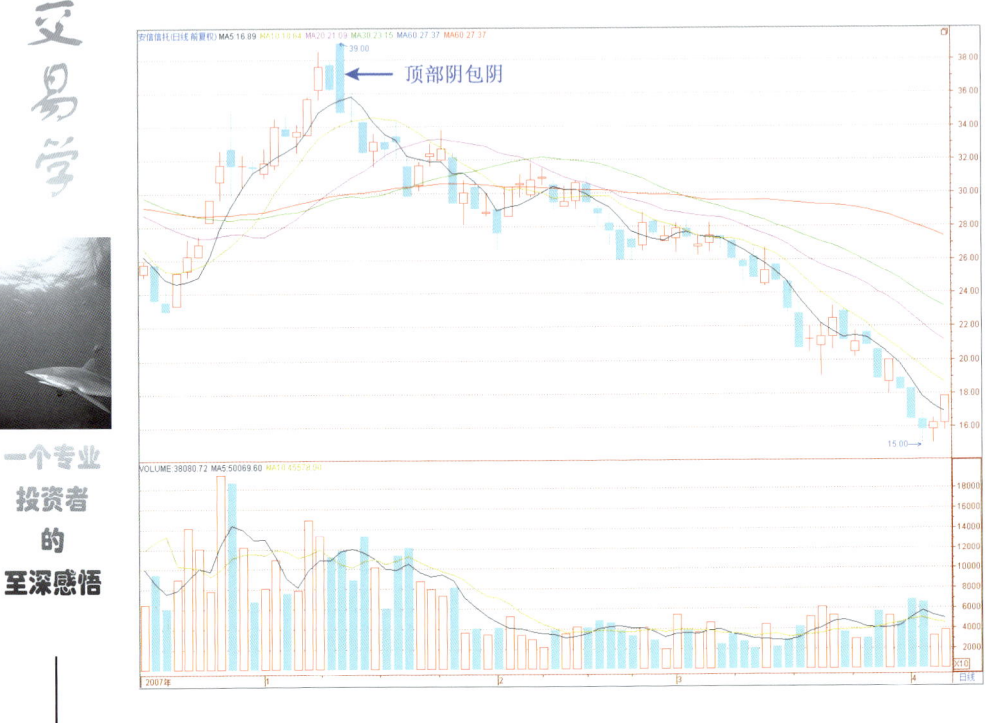

图 7-23　安信信托(600816),2008 年 1 月 14 日,日线顶部阴包阴

图 7-24　海通证券(600837),2009 年 8 月 10 日,日线下降中继阴包阴

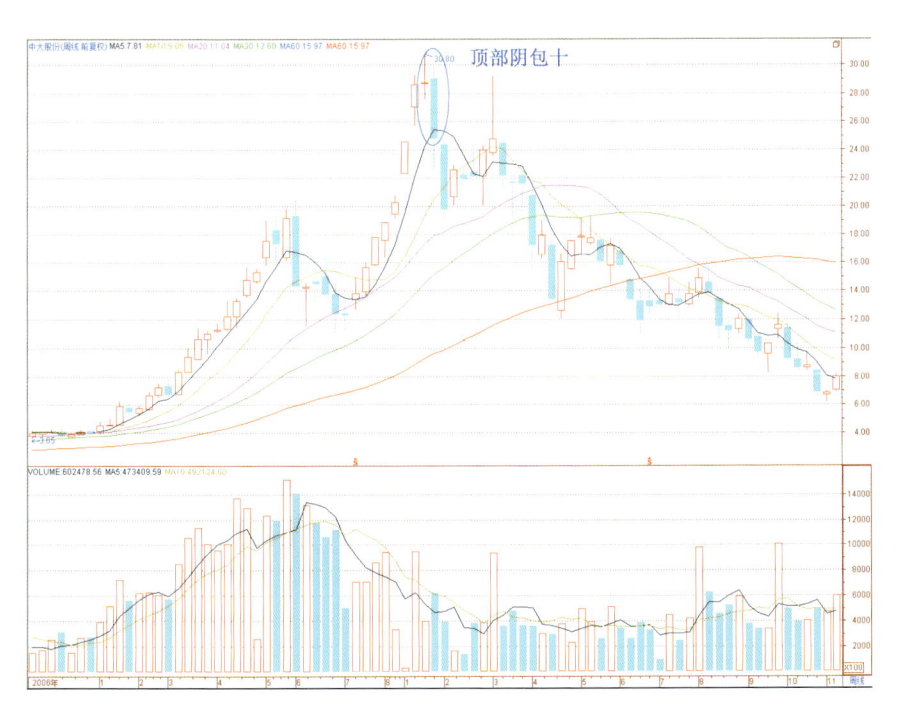

图 7-25　中达股份(600074),2008 年 1 月 25 日所在周,周线顶部阴包十

图 7-26　天津港(600717),2009 年 8 月 13 日,日线下降中继阴包十

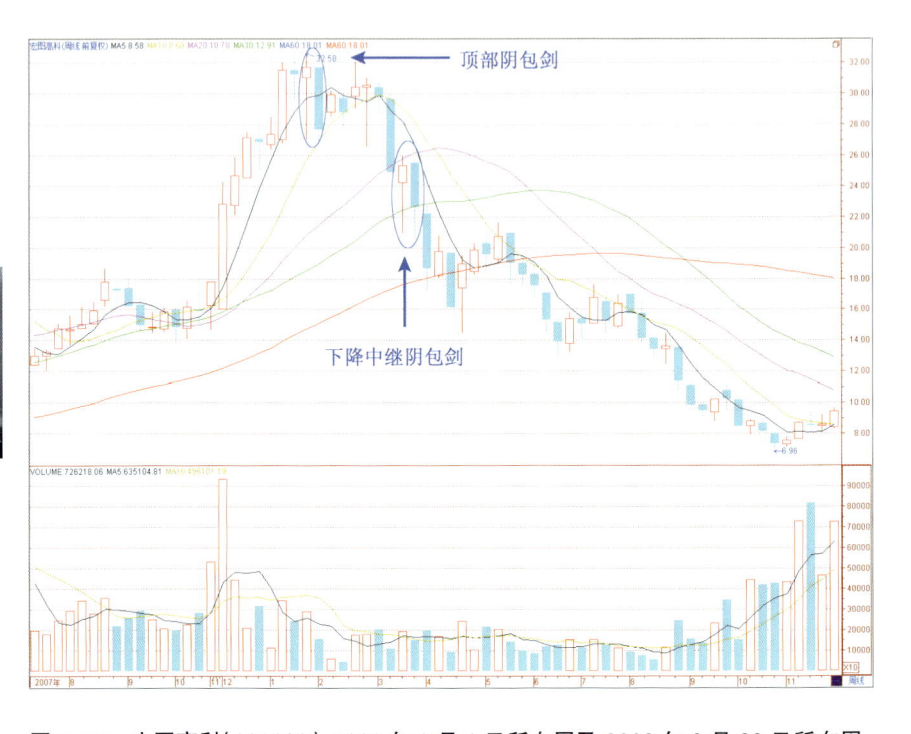

图 7-27　宏图高科(600122),2008 年 2 月 1 日所在周及 2008 年 3 月 28 日所在周,周线看跌阴包剑

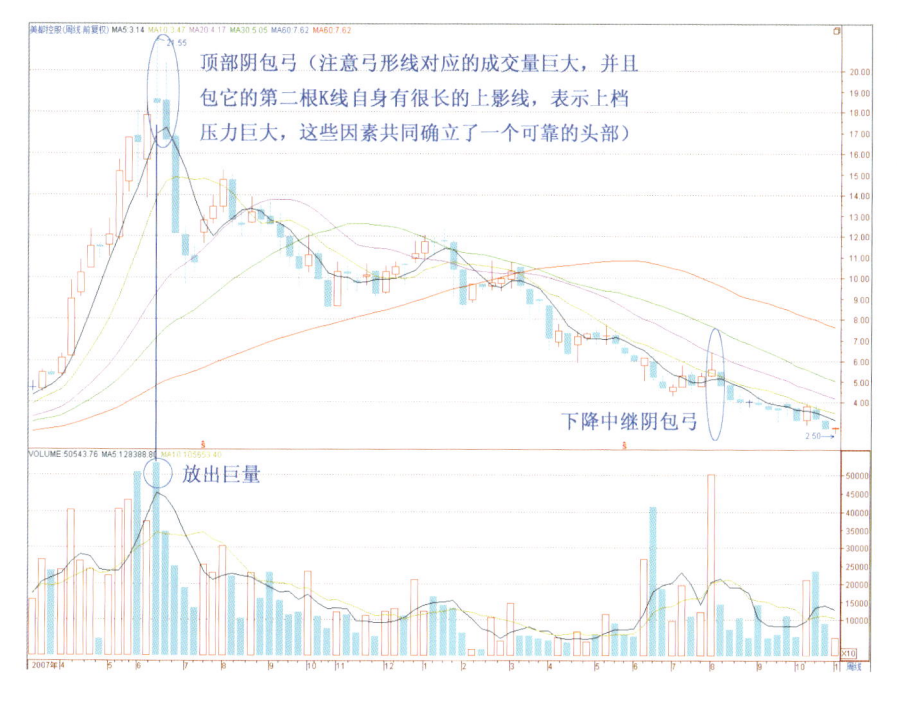

图 7-28　美都控股(600175),2007 年 6 月 22 日所在周及 2008 年 8 月 8 日所在周，周线看跌阴包弓

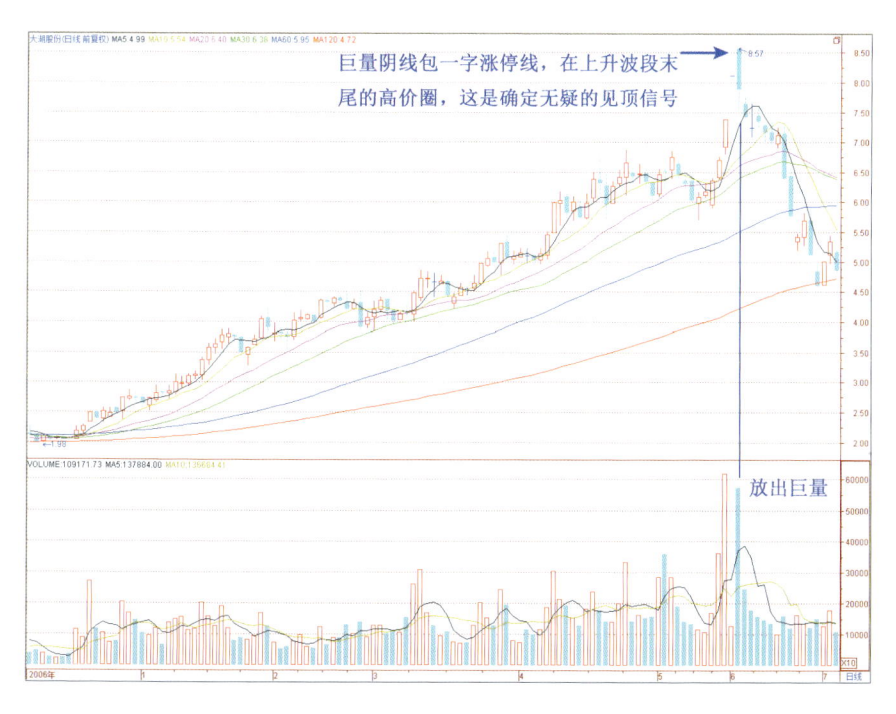

图 7-29　大湖股份(600257),2007 年 6 月 13 日,日线顶部阴包一

阴包阳可以作为头部信号或下降中继信号，也可以作为底部信号出现波段低点——此时称为"最后阴包阳"。阳包阴可以作为底部信号或上升中继信号，也可以作为头部信号出现在波段高点——此时称为"最后阳包阴"。异性相包如果出现在周线图中，或虽然出现在日线图中但K线形体很大，特别是在有成交量配合的情况下，往往是高确定性的反转信号。如果不考虑第一根K线的上下影线，而仅仅是其实体部分被第二根K线所包容，则称为抱线或吞没线。今后，我们不再严格区分包线与抱线。

阴包阳与阳包阴的示意图见图7-30，具体举例见图7-31至图7-36。

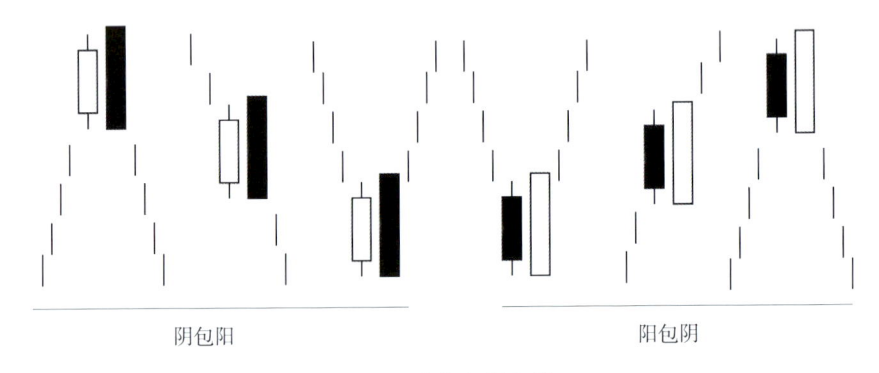

图7-30　阴包阳与阳包阴

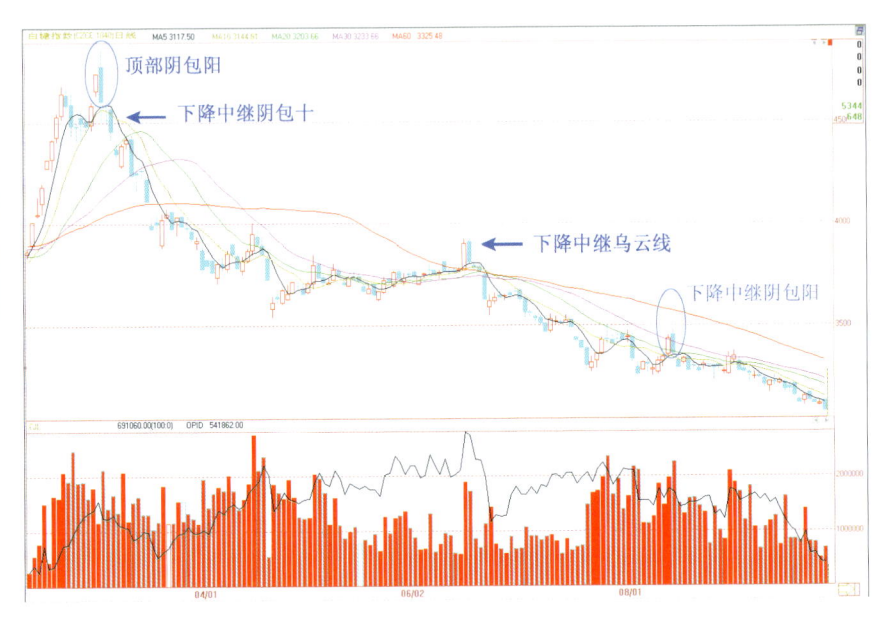

图7-31　郑州白糖,2008年3月4日及2008年8月14日,日线看跌阴包阳

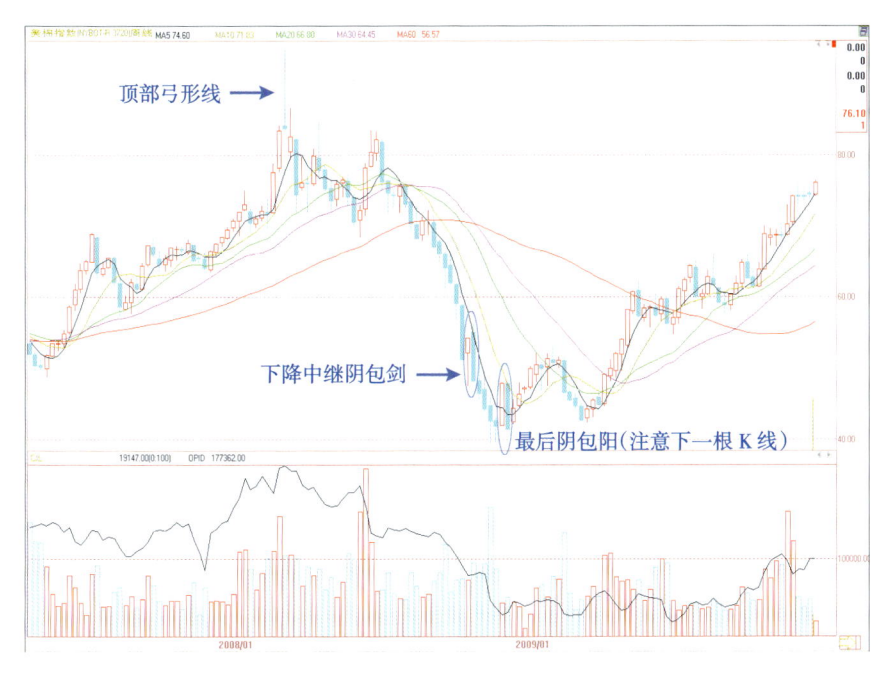

图7-32 美国棉花,2008年12月5日所在周,周线最后阴包阳

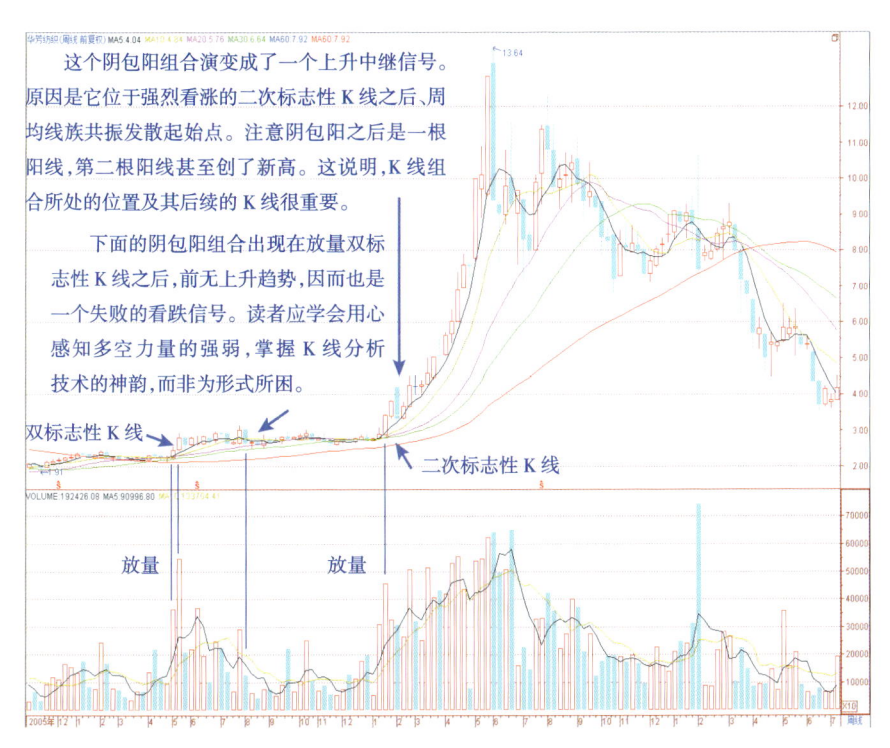

这个阴包阳组合演变成了一个上升中继信号。原因是它位于强烈看涨的二次标志性K线之后、周均线族共振发散起始点。注意阴包阳之后是一根阳线,第二根阳线甚至创了新高。这说明,K线组合所处的位置及其后续的K线很重要。

下面的阴包阳组合出现在放量双标志性K线之后,前无上升趋势,因而也是一个失败的看跌信号。读者应学会用心感知多空力量的强弱,掌握K线分析技术的神韵,而非为形式所困。

图7-33 华芳纺织(600273),2007年2月2日所在周,周线以阴包阳为上升中继

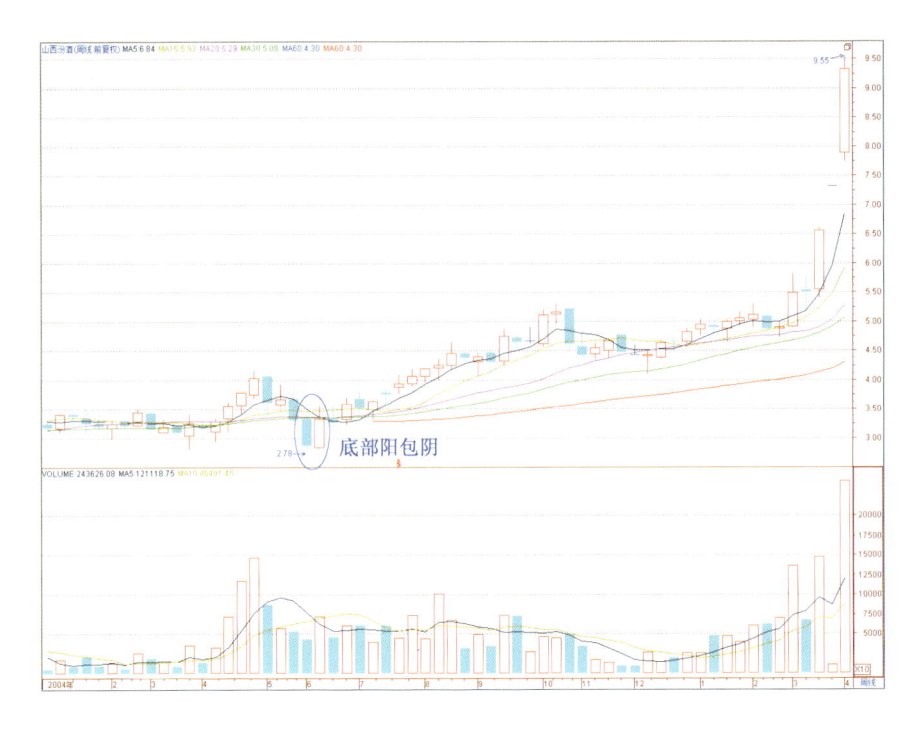

图 7-34　山西汾酒(600809),2005 年 6 月 10 日所在周,周线底部阳包阴

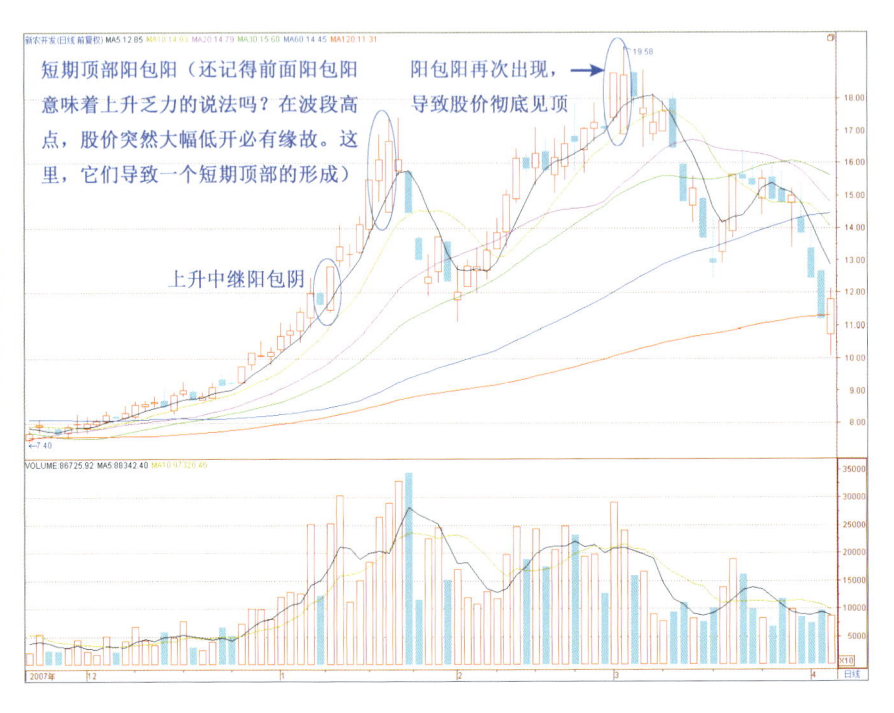

图 7-35　新农开发(600359),2008 年 1 月 9 日,日线上升中继阳包阴

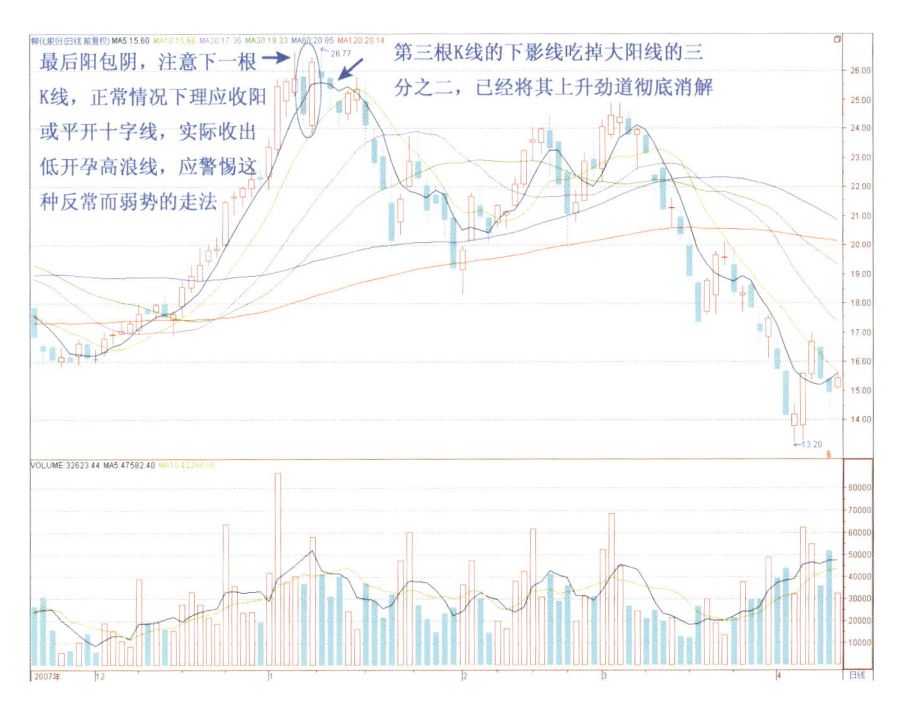

图 7-36　柳化股份(600423),2008 年 1 月 9 日,日线最后阳包阴

第七节　弃　线

在双 K 线组合中,如果第二根 K 线是大阳线或大阴线,其开盘价相对于第一根 K 线的实体存在跳空缺口且第一根 K 线是小阴小阳线或特殊 K 线时,则称为"阳弃线"或"阴弃线",弃线走势之凌厉比包线有过之而无不及。看涨阳弃线示意图见图 7-37,具体举例见图 7-38 至图 7-43。看跌阴弃线示意图见图 7-44,具体举例见图 7-45 至图 7-48。

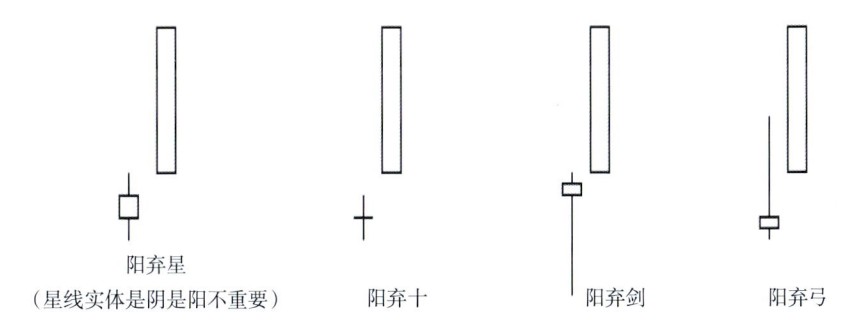

阳弃星
(星线实体是阴是阳不重要)　　阳弃十　　阳弃剑　　阳弃弓

图 7-37　看涨阳弃线

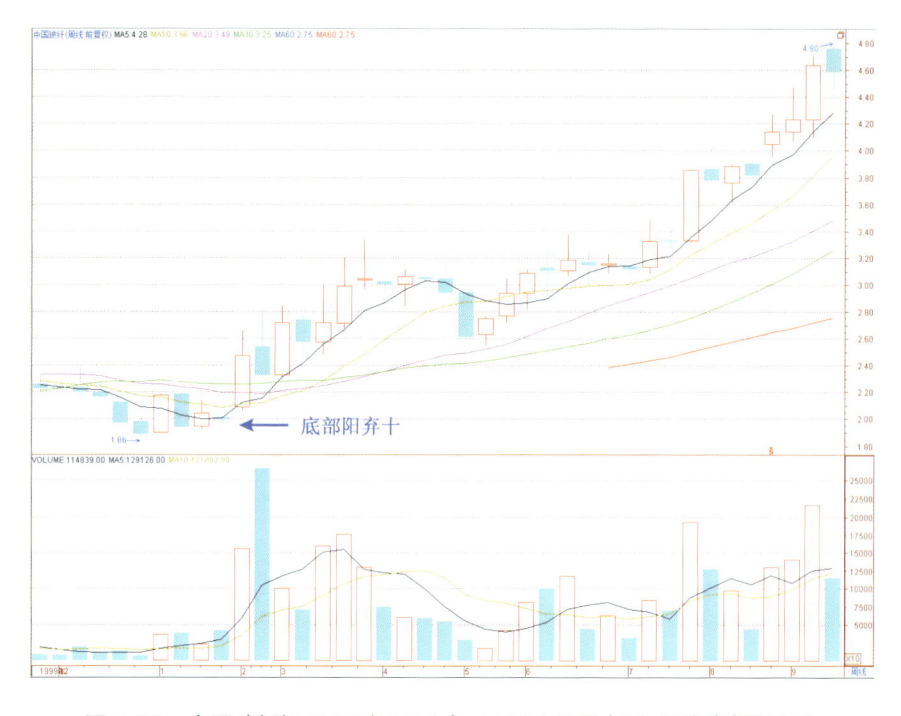

图 7-38　中国玻纤(600176),2000 年 1 月 28 日所在周,周线底部阳弃十

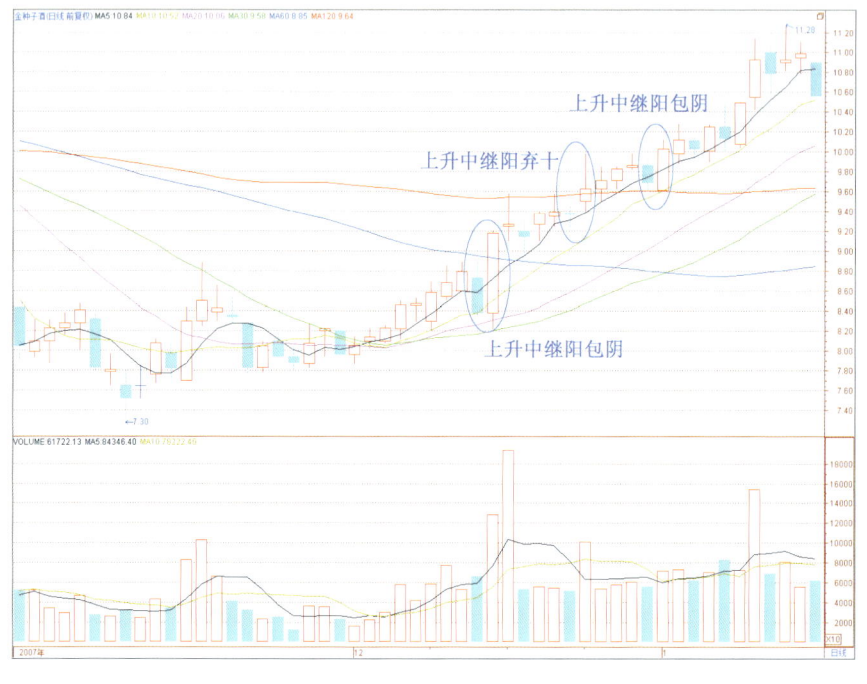

图 7-39　金种子酒(600199),2007 年 12 月 24 日,日线上升中继阳弃十

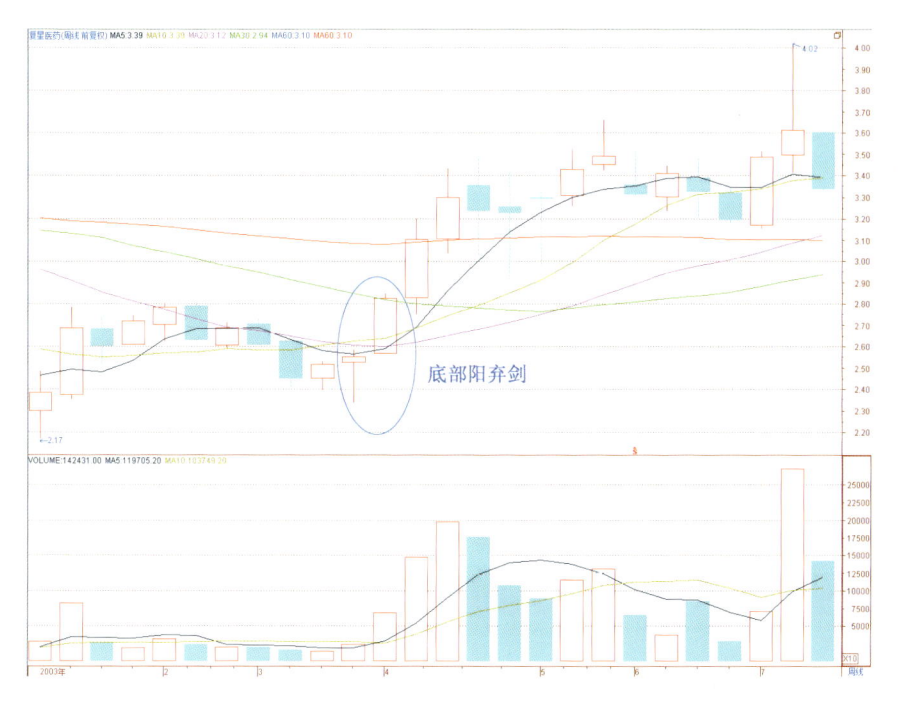

图 7-40 复星医药(600196),2003 年 4 月 4 日所在周,周线底部阳弃剑

图 7-41 申华控股(600653),2007 年 4 月 20 日,日线上升中继阳弃剑

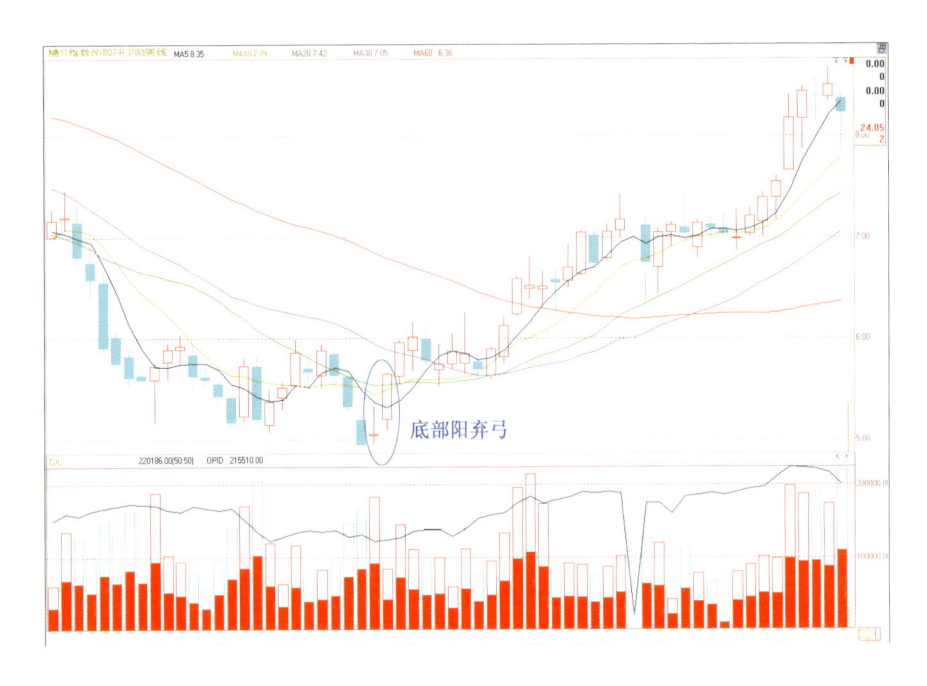

图 7-42　美国糖 11 号,2002 年 7 月 3 日所在周,周线底部阳弃弓

图 7-43　武钢股份(600005),2007 年 8 月 17 日,日线上升中继阳弃弓

阴弃星
（星线实体是阴是阳不重要）

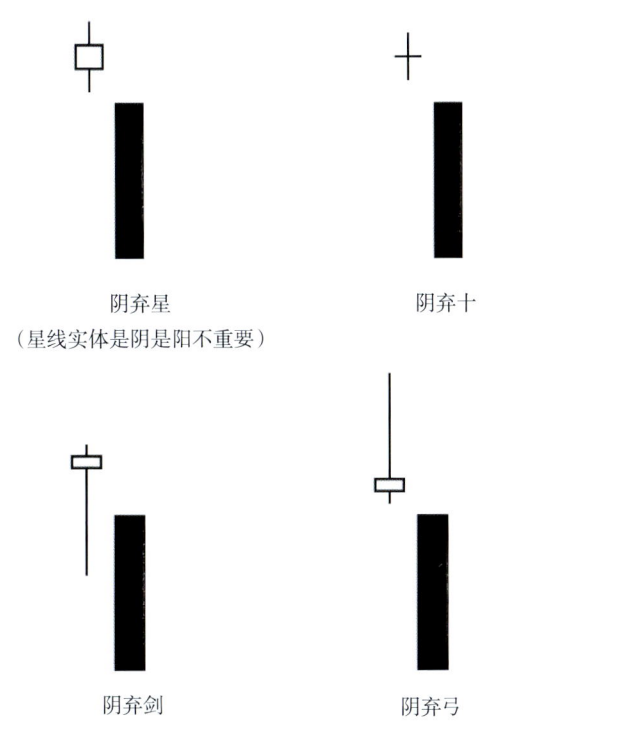

阴弃十

阴弃剑

阴弃弓

图 7-44　看跌阴弃线

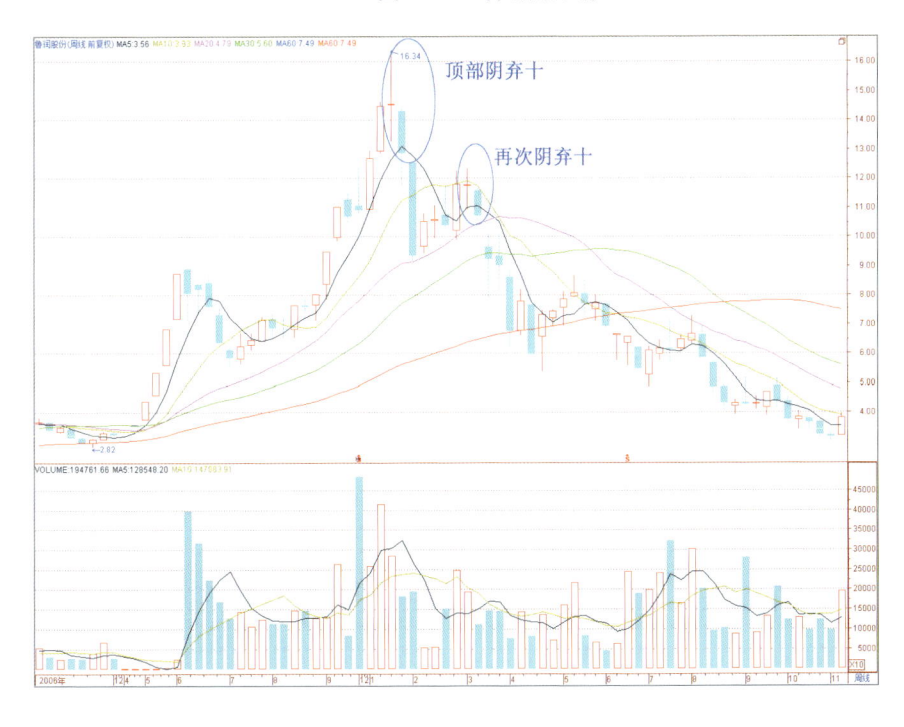

图 7-45　鲁润股份(600157)，2008 年 1 月 18 日所在周及 2008 年 3 月 7 日所在周，周线顶部阴弃十

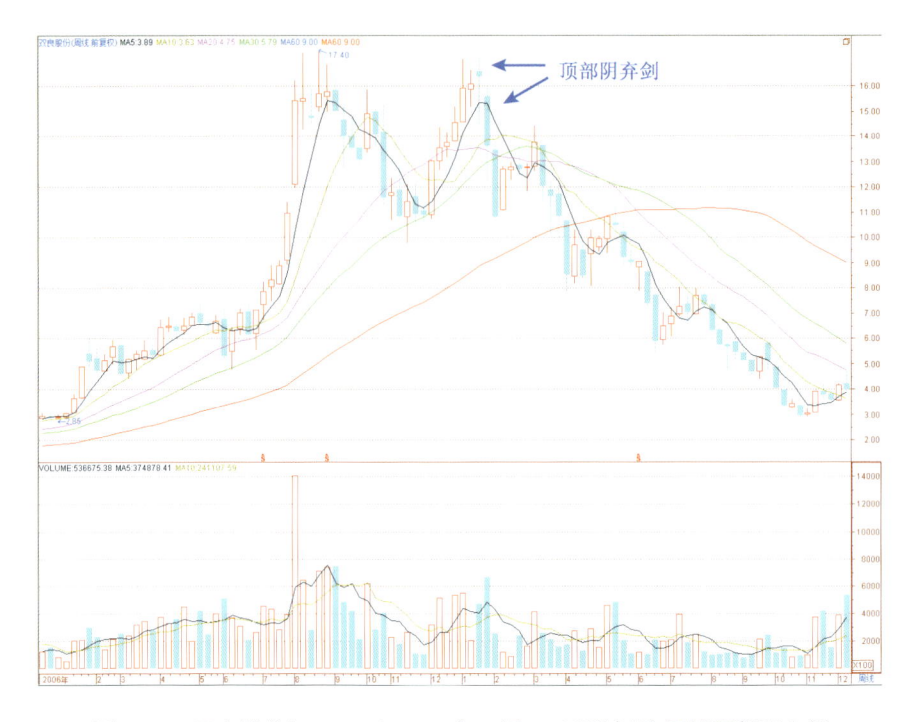

图 7-46　双良股份(600481),2008 年 1 月 25 日所在周,周线顶部阴弃剑

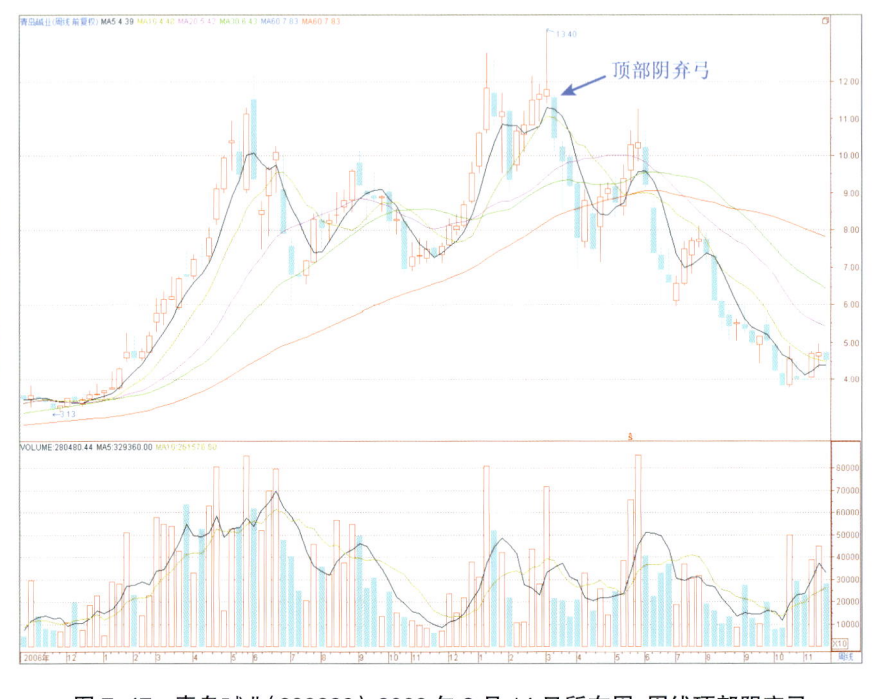

图 7-47　青岛碱业(600229),2008 年 3 月 14 日所在周,周线顶部阴弃弓

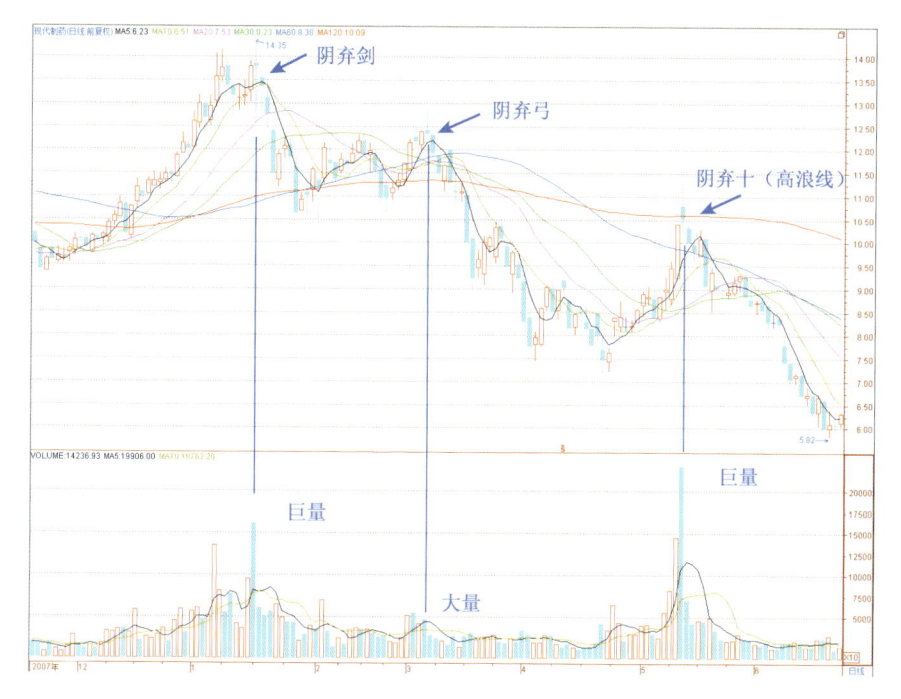

图 7-48　现代制药(600420),2008 年 1 月 17 日、2008 年 3 月 6 日、2008 年 5 月 14 日,日线看跌阴弃线

第八节　孕　线

将包线组合的两根 K 线左右位置对换,即可得到孕线,即第二根 K 线的最高价与最低价完全被包孕在第一根 K 线的最高价与最低价范围内。如同包线与抱线的区别一样,正宗的日本蜡烛图技术只强调实体相孕,即不考虑第二根 K 线的上下影线是否被"孕"——我们今后也不再刻意地区分这一点。孕线有三种:(1)同性相孕,包括阳孕阳、阴孕阴;(2)孕星线,包括阳孕星、阴孕星(因为被孕的星线通常形体都偏小,所以我们把小剑形线、小弓形线与小阴小阳线合并,只将孕十字线单列);(3)异性相孕,包括阳孕阴、阴孕阳。

孕线的特点是前一天收阳线时次日低开,前一天收阴线时次日高开。这是一种值得警惕的、可能造成反转的信号。至少,它通常有能力止住趋势运行的步伐,使价格转为横向延伸。孕线组合的两个实体之间的相对位置关系也有讲究。第二根 K 线的影线越短、实体越小、越是靠近第一根大 K 线实体的正中间，孕线作为反转信号的可靠性就越高。在上升趋势中，如果第二个小实体孕于一根大阳线的右上角，随后的走势横向的可能性大于下跌；同理，在下降趋势中，如果第二个小实体孕于一根大阴线的右下角，随后的走势横向的可能性大于上涨。

孕线比包线复杂。如果不条分缕析地归纳与总结，新手将难以掌握要领。因为阳包线一般看涨，阴包线一般看跌，这是很简明的规律。而孕线组合则因其出现的位置不同而有不同的含义。造成这种情况的原因是在双 K 线组合的分析中，右边的 K 线具有决定性的作用。阳包线组合的右边通常总是大阳线，阴包线组合的右边通常总是大阴线，这致使其看涨或看跌的意义非常明确（"最后包线"除外）。而孕线组合的第二根 K 线的形体小于第一根 K 线，这导致其合并后的 K 线形态复杂多变。

阴孕线出现于明显上升趋势之后的高价圈时，表示多头失势、有反转可能；出现于下跌中途时，表示空头向下进攻时犹疑不定，速度缓慢；出现于明显下跌趋势之后的低价圈时，则表示下跌力道几近衰竭，价格有可能转跌为升。如果行情本来就处于下跌趋势中，阴孕线一般意味着空头力度减弱、多头力量有所增强。其中，阴孕阴表示空头力量不强、下跌速度缓慢；阴孕阳表示多头力度开始加大，阳线实体越长对空方越不利；阴孕星则可以近似地看作阴孕阴。阴孕线的示意图见图 7-49，具体举例见图 7-50 至图 7-62。

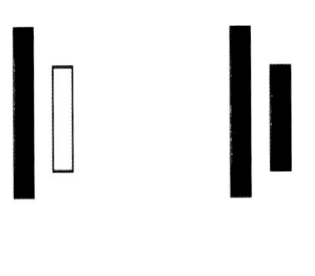

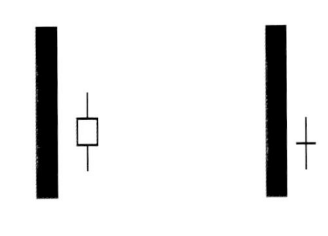

阴孕阳　　　阴孕阴　　　阴孕星
（星线实体是阴是阳不重要）　　阴孕十

图 7-49　阴孕线

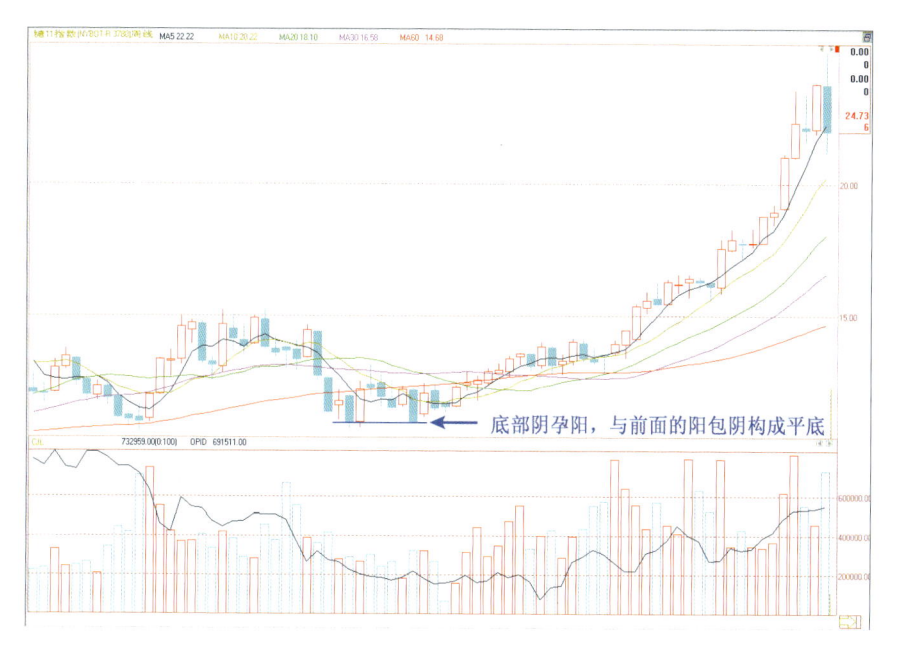

图 7-50　美国糖 11 号,2008 年 12 月 12 日所在周,周线底部阴孕阳

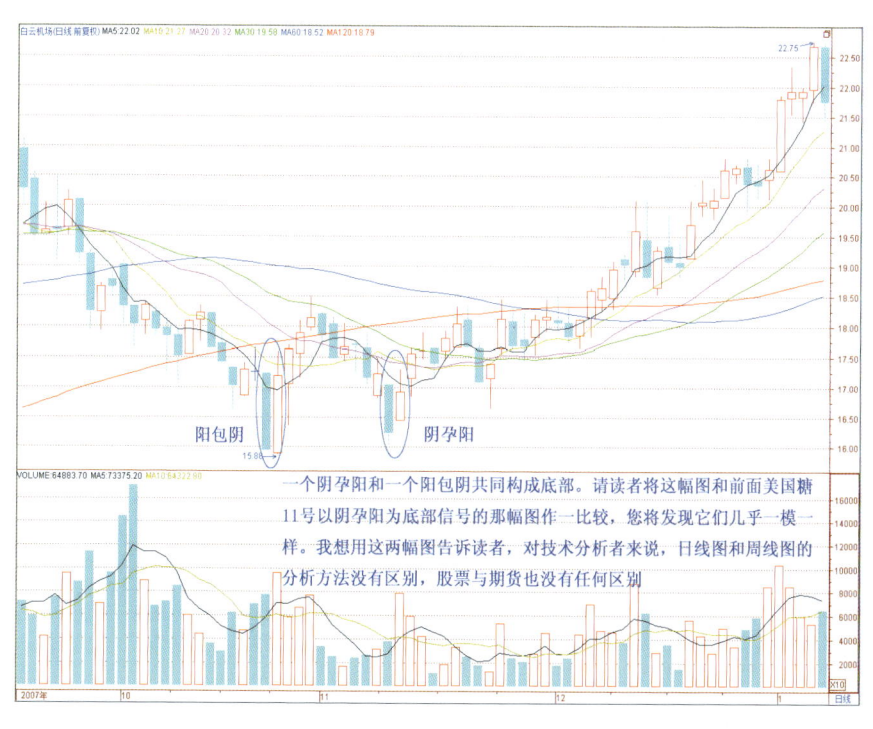

图 7-51　白云机场(600004),2007 年 11 月 13 日,日线底部阴孕阳

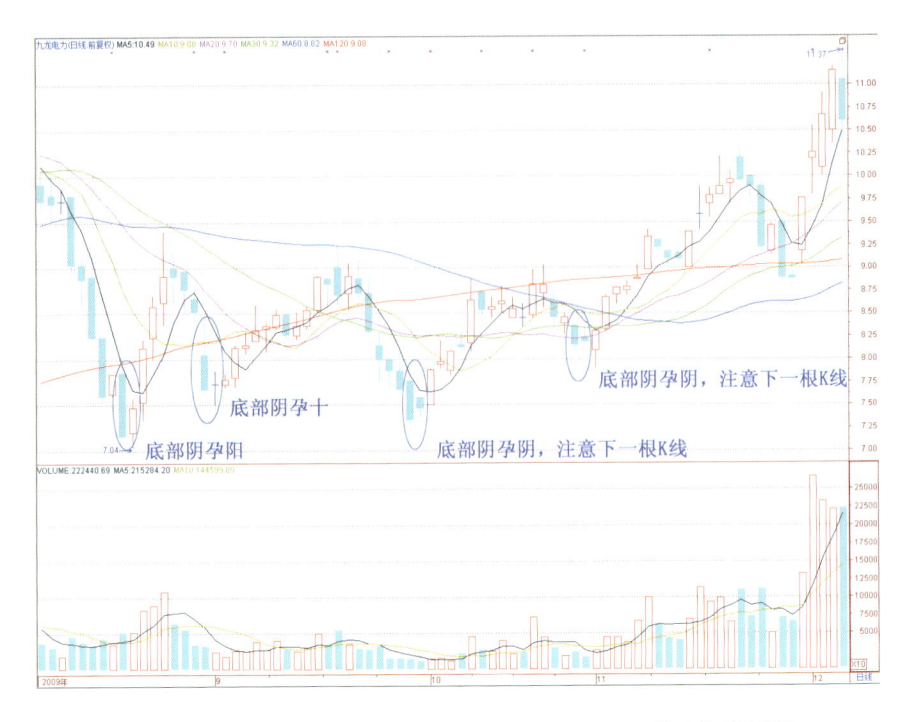

图7-52 九龙电力(600292),2009年9月30日,日线底部阴孕阴

图7-53 邯郸钢铁(600001),2009年4月29日,日线底部阴孕星

图 7-54　日本橡胶,2008 年 12 月 12 日所在周,周线底部阴孕十

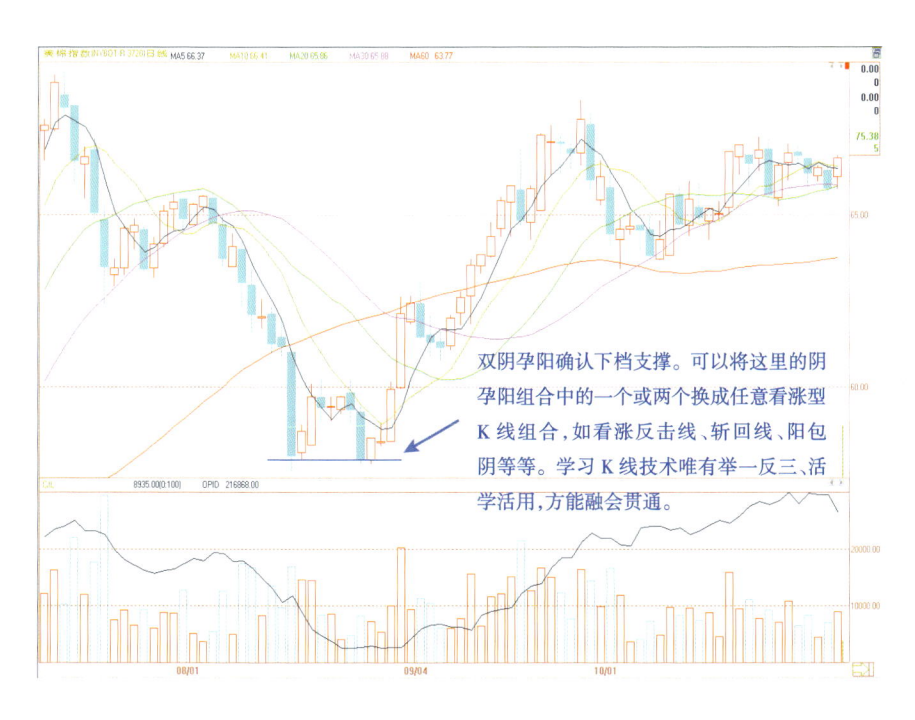

图 7-55　美国棉花,2007 年 8 月 17 日及 2007 年 8 月 28 日,日线以双阴孕阳组合确认下档支撑

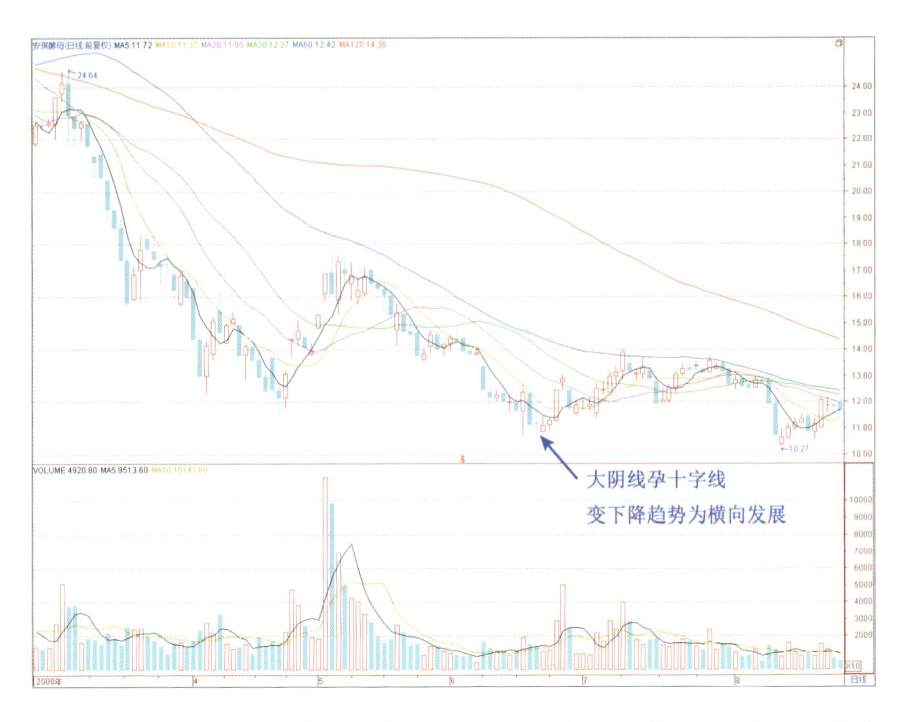

图 7-56 安琪酵母(600298),2008 年 6 月 20 日,日线以大阴线孕十字线变下降趋势为横向发展

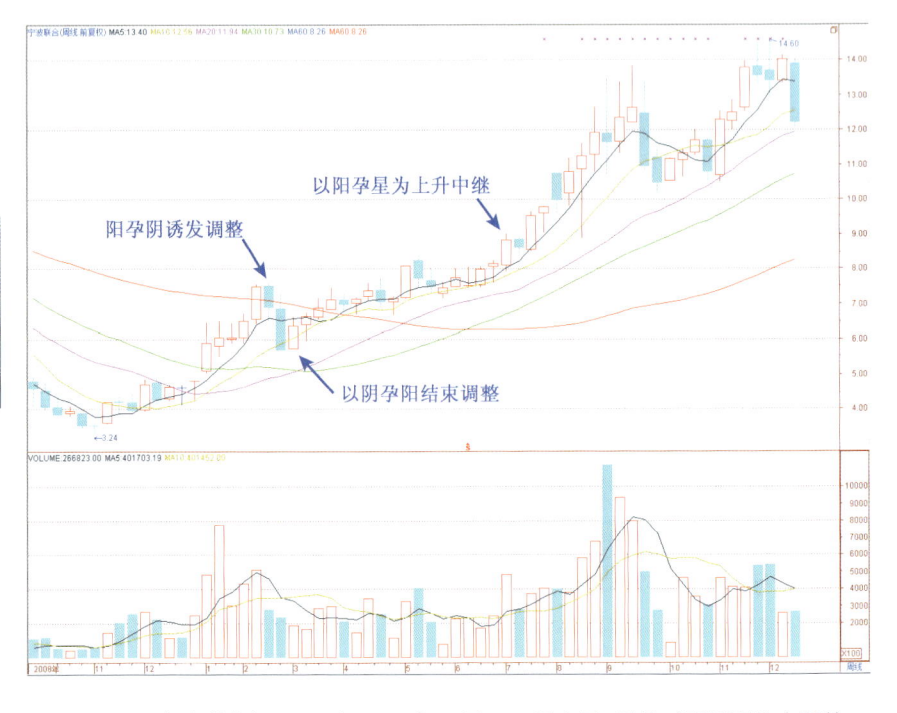

图 7-57 宁波联合(600051),2009 年 3 月 6 日所在周,周线以阴孕阳结束调整

以阴孕阳结束小调整

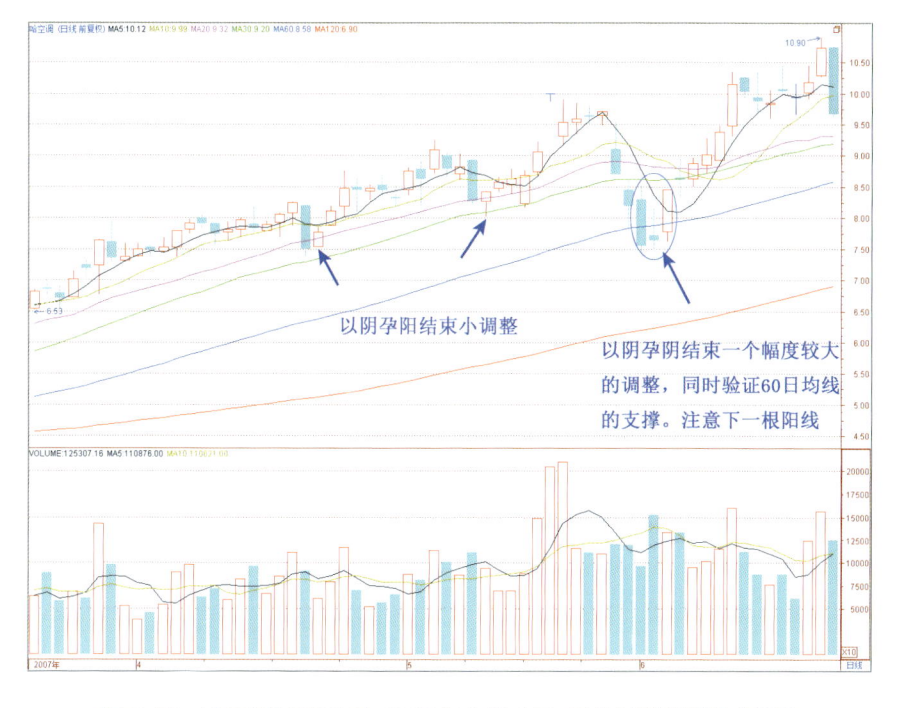

以阴孕阴结束一个幅度较大的调整，同时验证60日均线的支撑。注意下一根阳线

图 7-58　哈空调(600202),2007 年 6 月 4 日,日线以阴孕阴结束调整

顶部阴孕阳

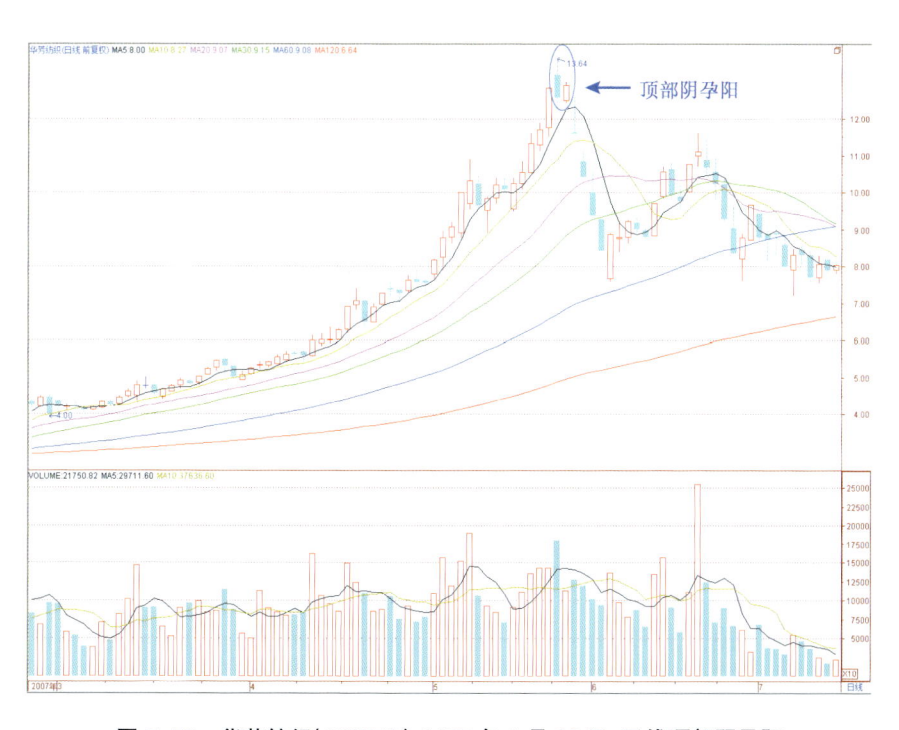

图 7-59　华芳纺织(600273),2007 年 5 月 29 日,日线顶部阴孕阳

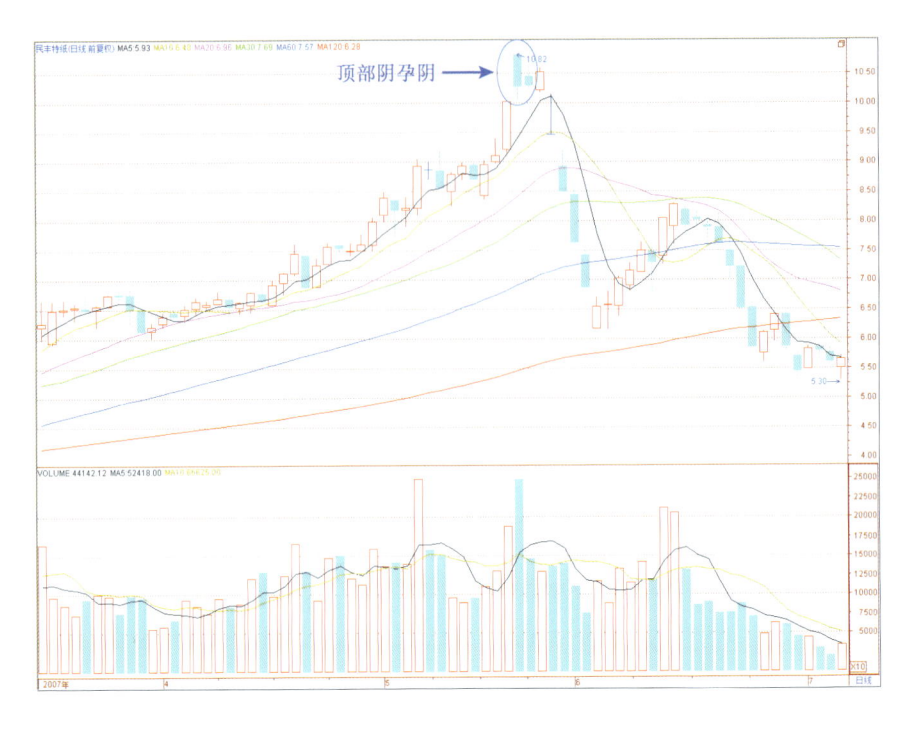

图 7-60　民丰特纸(600235),2007 年 5 月 28 日,日线顶部阴孕阴

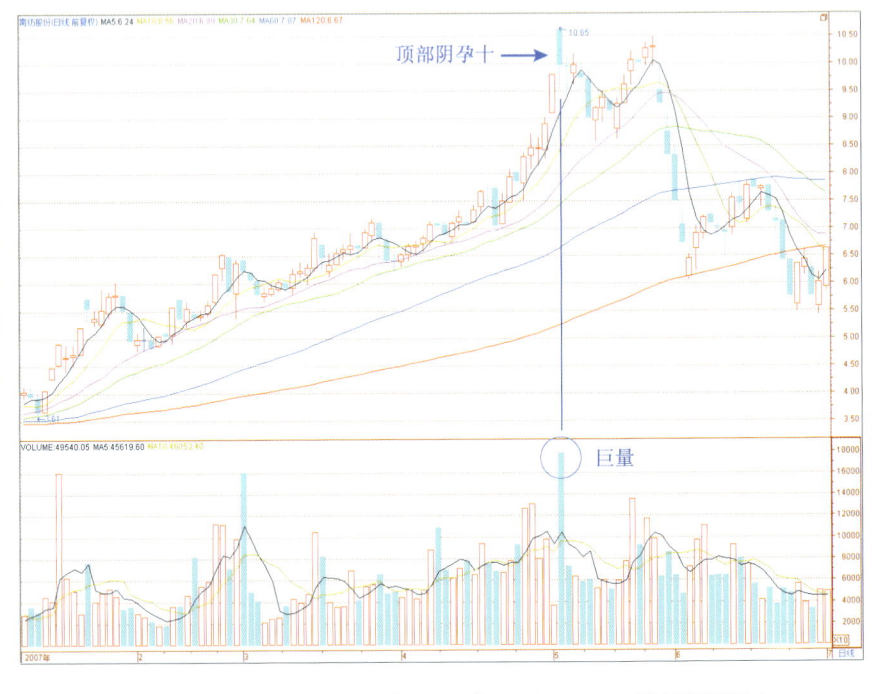

图 7-61　南纺股份(600250),2007 年 5 月 10 日,日线顶部阴孕十

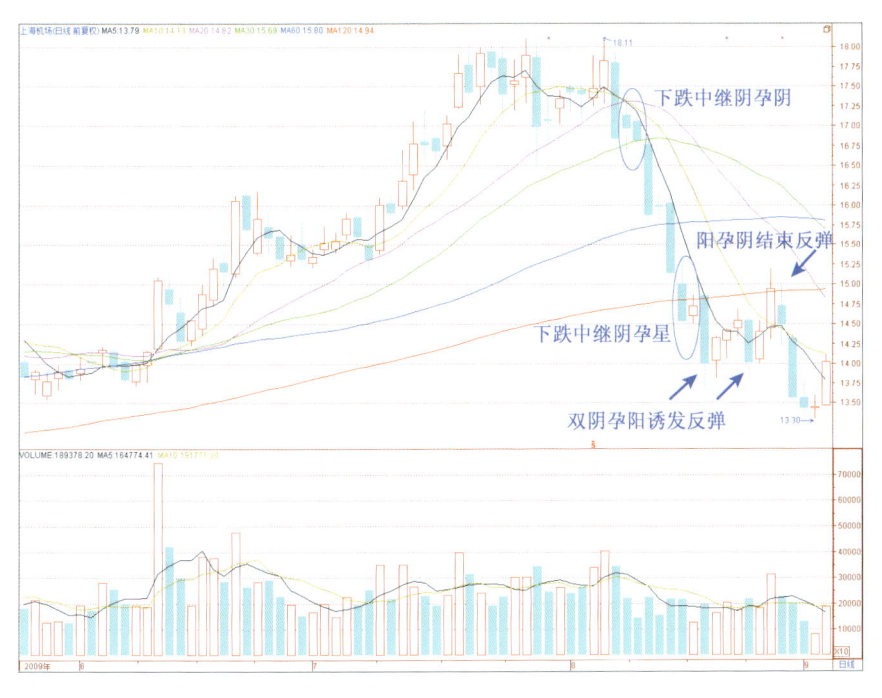

图 7-62　上海机场(600009),2009 年 8 月 11 日,日线下降中继阴孕线

阳孕线出现于明显下跌趋势之后的低价圈时,表示多头势弱,仍需时间积蓄实力;出现于上升中途时,表示多头上攻时犹疑不定,速度缓慢;出现于明显上升趋势之后的高价圈时,则表示多头失势、有反转可能。如果行情本来就处于上升趋势中,阳孕线一般意味着多头力度减弱、空头力量有所增强。其中,阳孕阳表示多头力量不强、上升速度缓慢;阳孕阴表示空头力度开始加大,阴线实体越长对多方越不利;阳孕星则可以近似地看作阳孕阳。阳孕线的示意图见图 7-63,具体举例见图 7-64 至图 7-74。

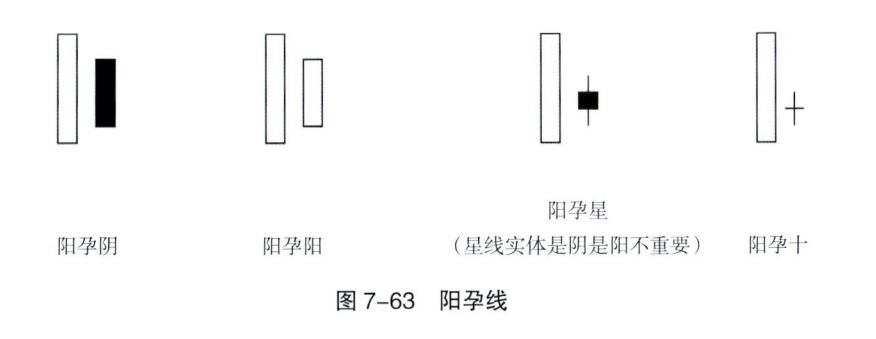

阳孕阴　　　阳孕阳　　　阳孕星
（星线实体是阴是阳不重要）　　阳孕十

图 7-63　阳孕线

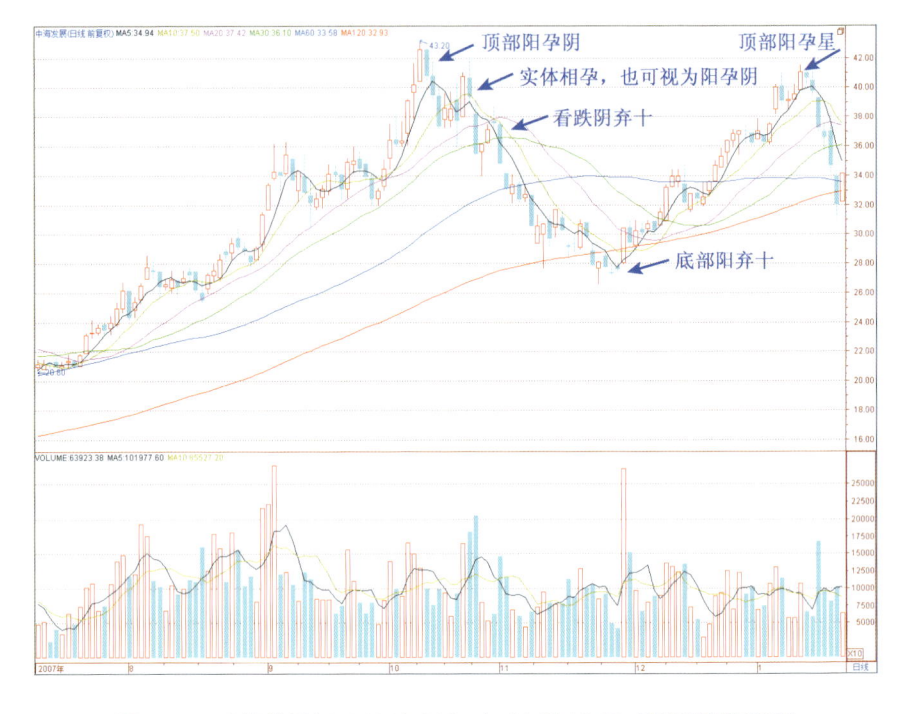

图 7-64 中海发展(600026),2007 年 10 月 16 日,日线顶部阳孕阴

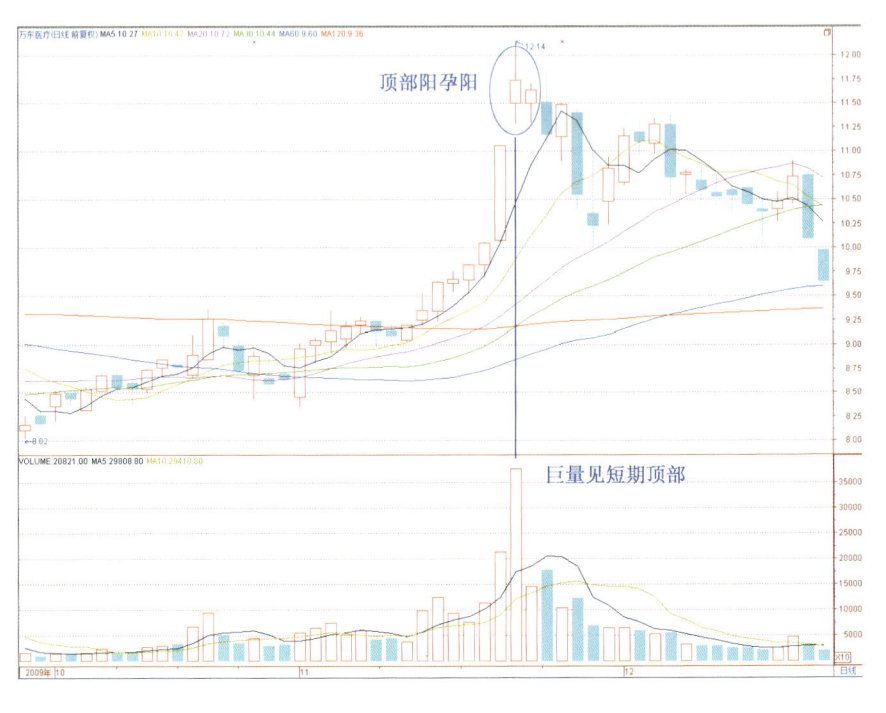

图 7-65 万东医疗(600055),2009 年 11 月 23 日,日线顶部阳孕阳

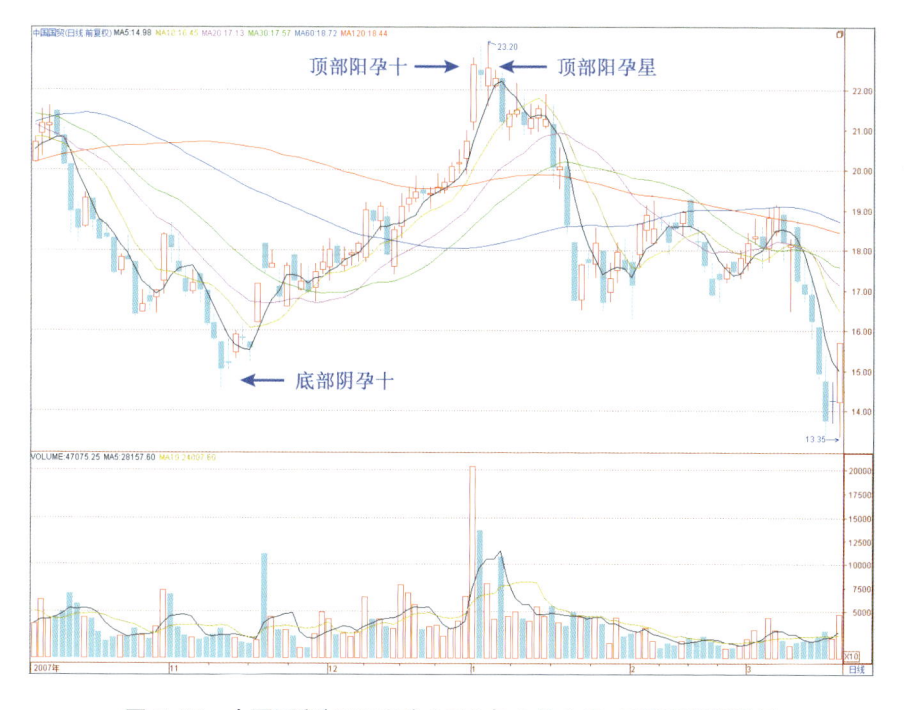

图 7-66　中国国贸(600007),2008 年 1 月 3 日,日线顶部阳孕星

图 7-67　凤凰光学(600071),2008 年 3 月 7 日所在周,周线顶部阳孕十

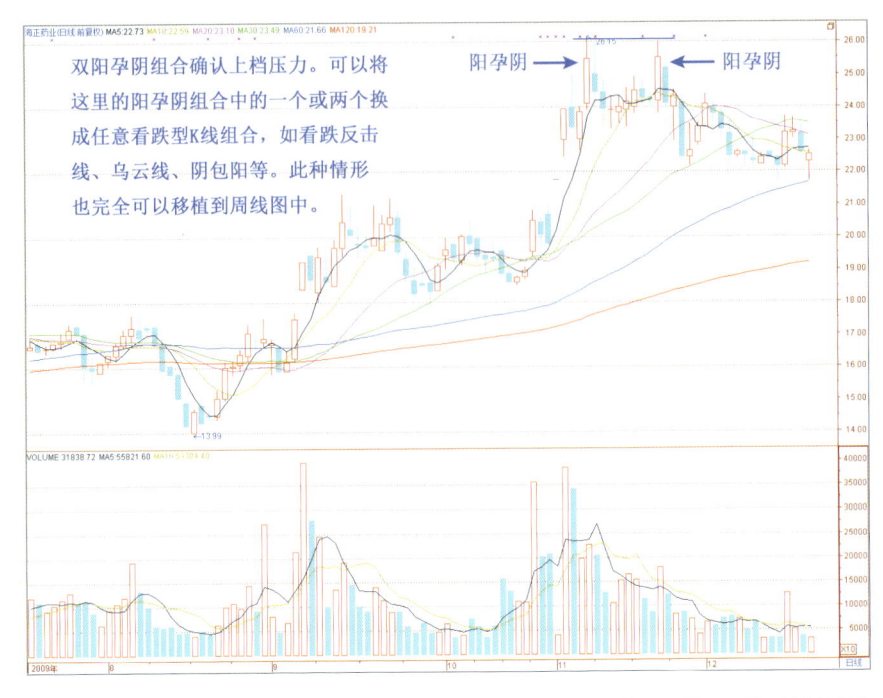

双阳孕阴组合确认上档压力。可以将这里的阳孕阴组合中的一个或两个换成任意看跌型K线组合,如看跌反击线、乌云线、阴包阳等。此种情形也完全可以移植到周线图中。

图 7-68　海正药业(600267),2009 年 11 月 11 日及 2009 年 11 月 24 日,日线以双阳孕阴组合确认上档压力

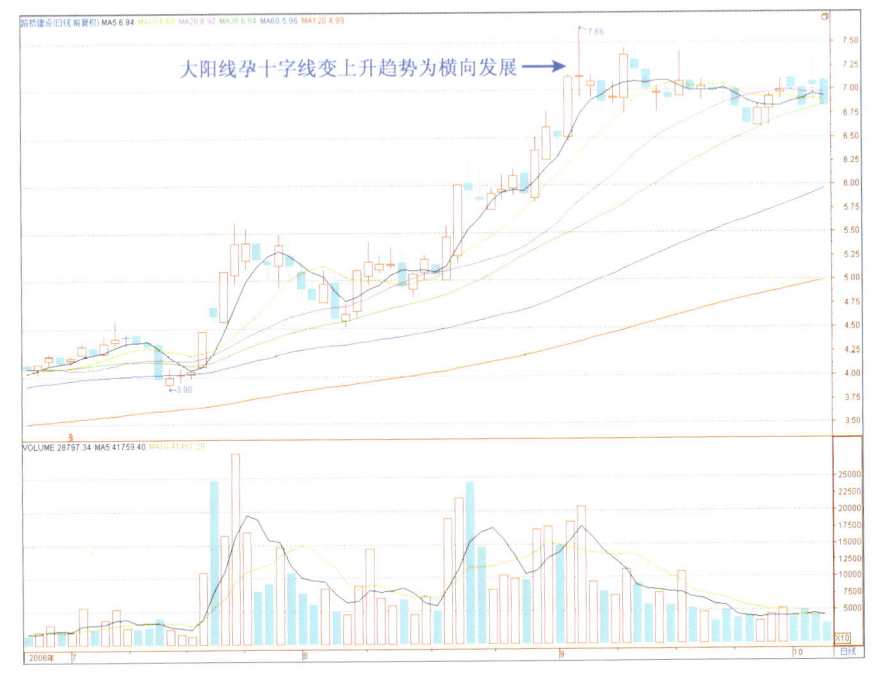

图 7-69　路桥建设(600263),2006 年 9 月 5 日,日线以大阳线孕十字线变上升趋势为横向发展

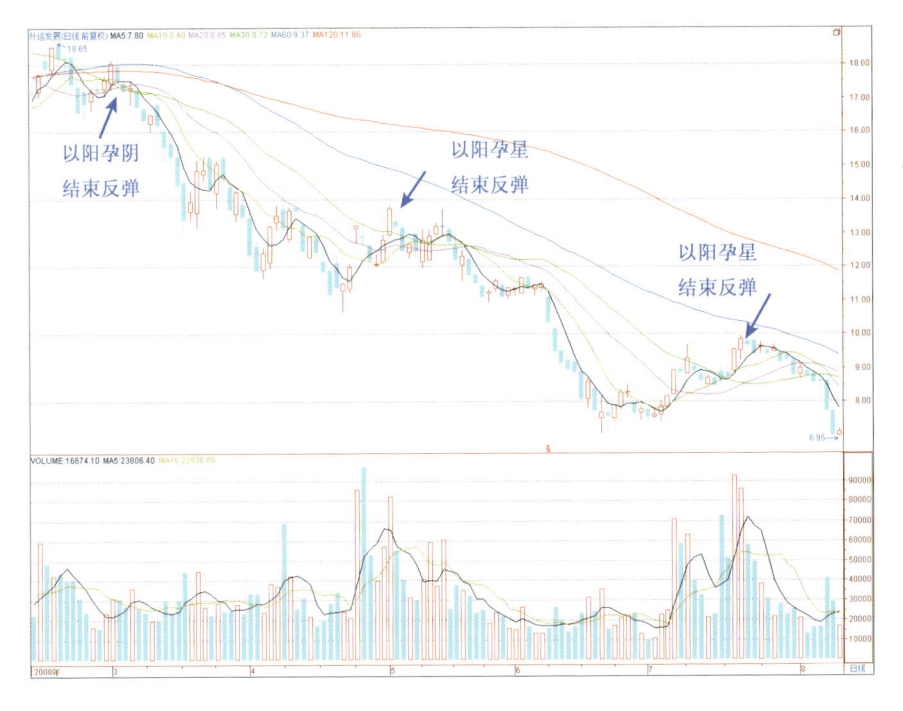

图 7-70　外运发展(600270),2008 年 3 月 4 日、2008 年 5 月 6 日、2008 年 7 月 22 日,日线以阳孕线结束反弹

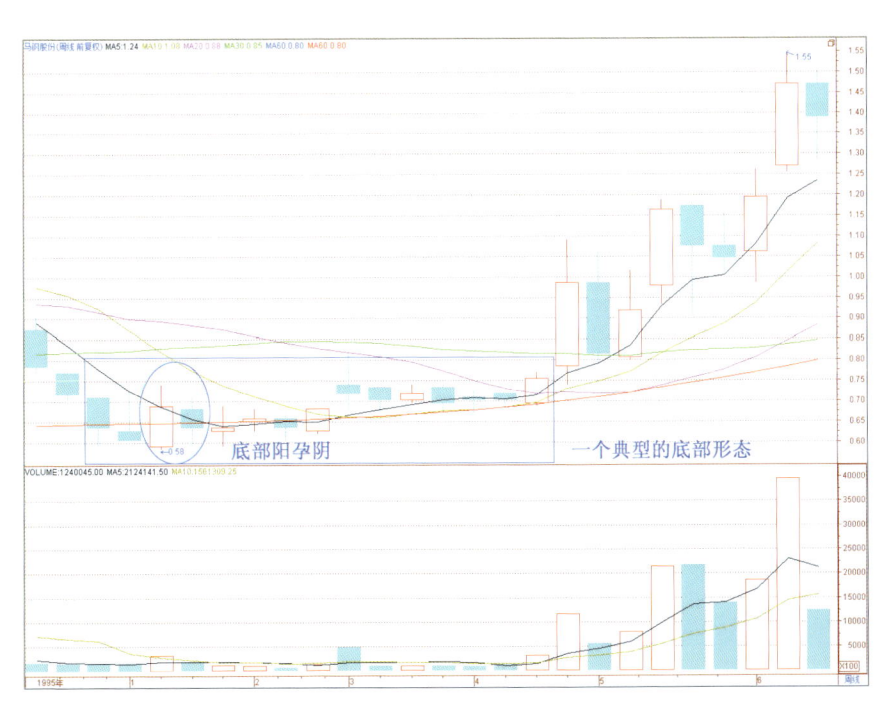

图 7-71　马钢股份(600808),1996 年 1 月 19 日所在周,周线底部阳孕阴

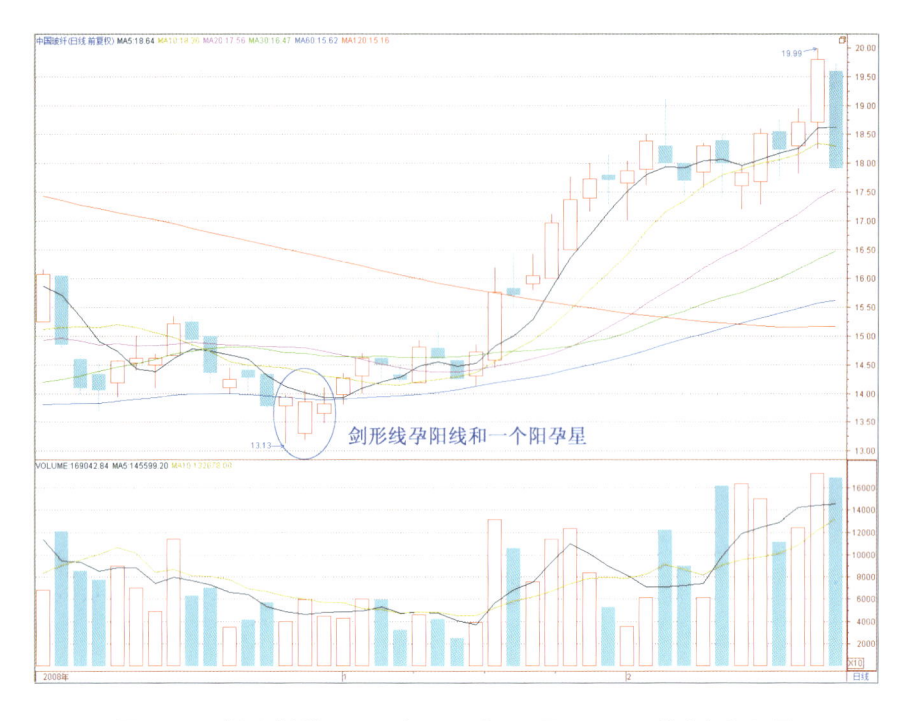

图 7-72　中国玻纤(600176),2008 年 12 月 30 日,日线底部阳孕星

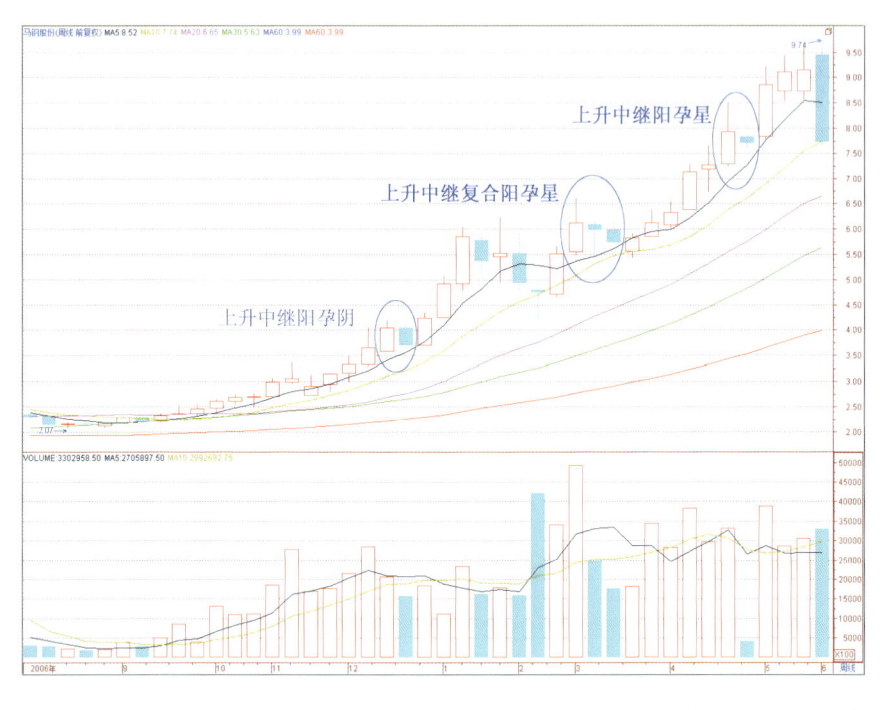

图 7-73　马钢股份(600808),2006 年 12 月 22 日所在周及 2007 年 4 月 30 日所在周,周线上升中继阳孕阴

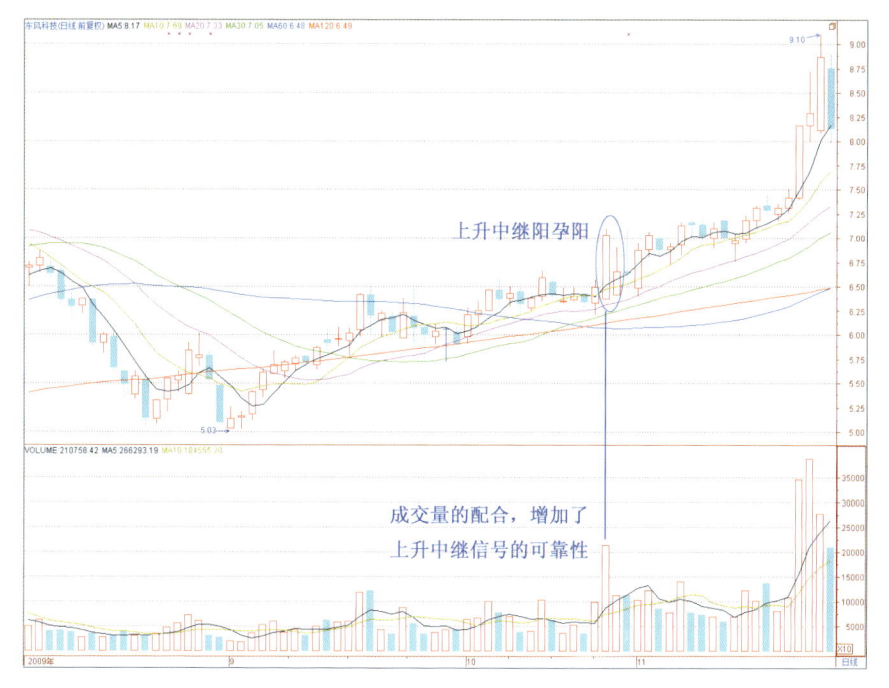

图 7-74　东风科技(600081),2009 年 10 月 29 日,日线上升中继阳孕阳

第九节　并列线

两根实体长度接近的阳线或阴线并列在一起,称为并列线。绝对并列的 K 线组合——两根 K 线的开盘价和收盘价完全相同——是极其罕见的,更常见的是一些近似的并列。

两条阳线并列称为并阳线,如果出现在上升途中,表示上升无力、升势缓慢;如果出现在下跌途中,则表示多头在抵抗中耗尽了力量,价格将继续下行。

两条阴线并列称为并阴线,如果出现在下跌途中,表示下跌无力、跌势趋缓;偶尔也会出现在上升途中,通常表示价格将继续上行,但升势缓慢,上升趋势随时可能结束。

并阳线与并阴线示意图见图 7-75,具体举例见图 7-76 至图 7-79。

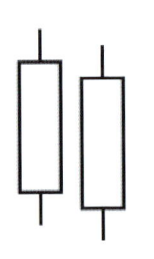

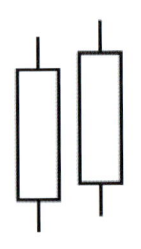

并阳线

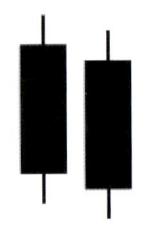

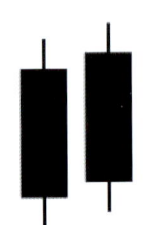

并阴线

图 7-75　并阳线与并阴线

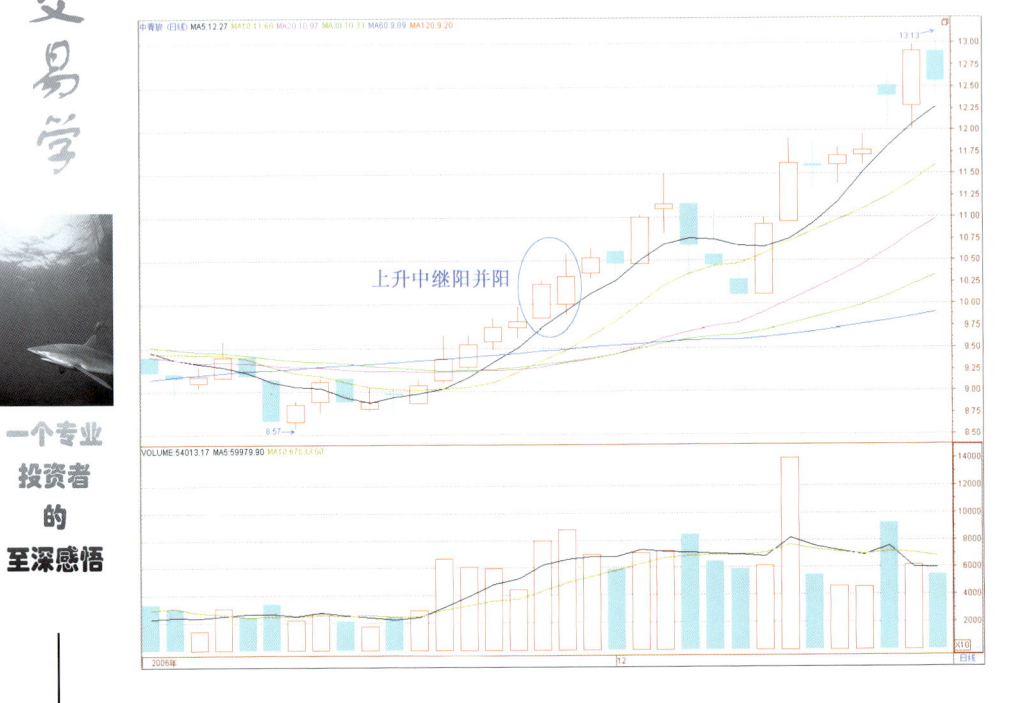

图 7-76　中青旅(600138),2006 年 11 月 29 日,日线上升中继阳并阳

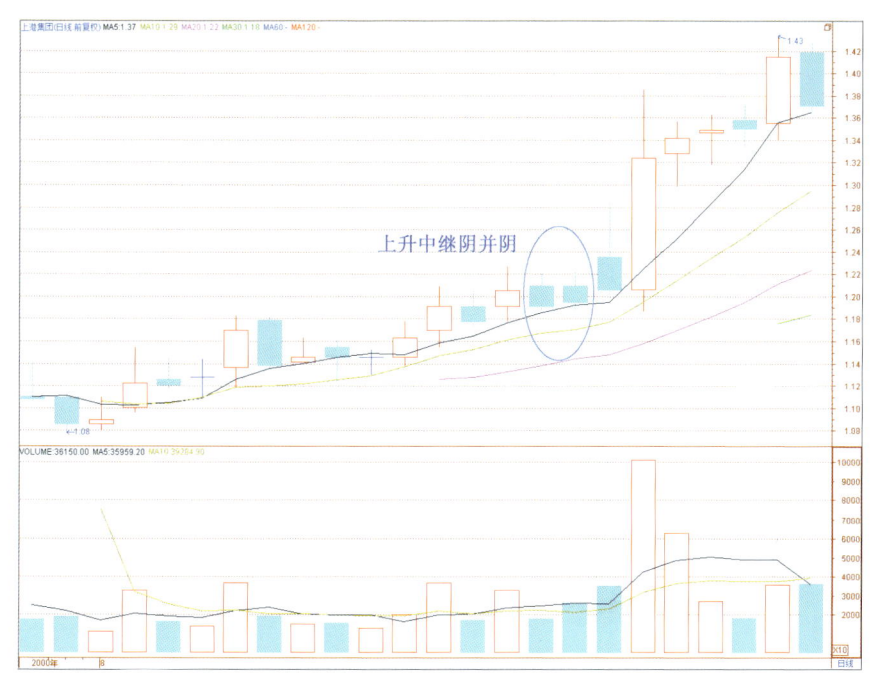

图 7-77　上港集团(600018),2000 年 8 月 21 日,日线上升中继阴并阴

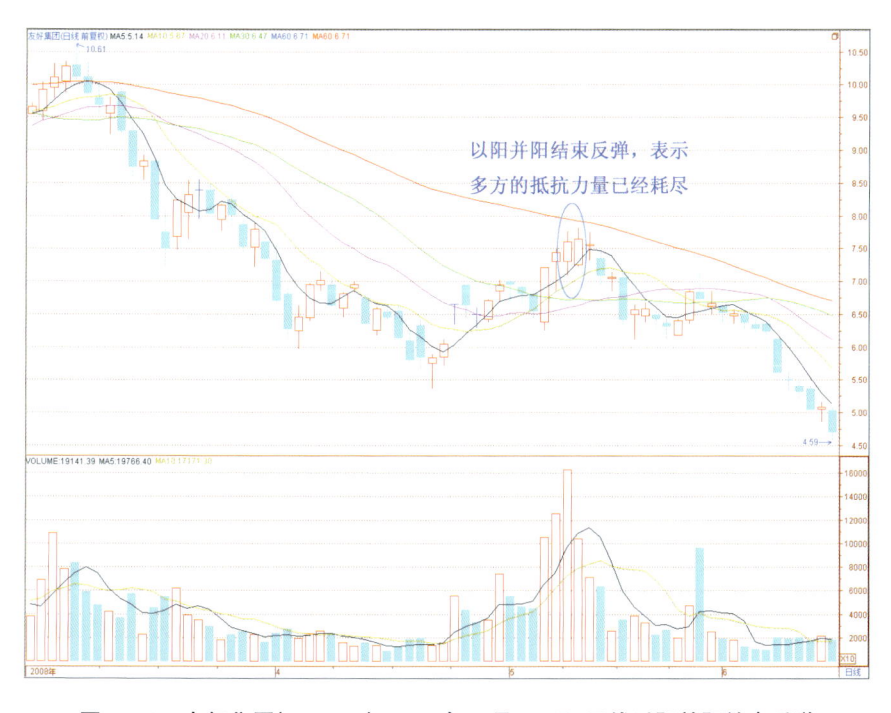

图 7-78　友好集团(600778),2008 年 5 月 13 日,日线以阳并阳结束反弹

图 7-79　中国联通(600050),2004 年 9 月 27 日,日线以阴并阴结束反弹

第十节　上拉线与下拖线

一根阴线形成后,次日价格跳高至阴线的实体内开盘,高开高走,高走高收,直至在阴线的最高价之上收盘,称为上拉线。反之,一根阳线形成后,次日价格跳低至该阳线的实体内开盘,低开低走,低走低收,直至在阳线的最低价之下收盘,称为下拖线。从形态上看,如果第二根 K 线不是大幅高开而是平开的话,上拉线近似为阳包阴,只是比阳包阴的表现更为夸张和极端;同理,如果第二根 K 线不是大幅低开而是平开的话,下拖线可以理解为一个更为夸张和极端的阴包阳组合。正是上拉线与下拖线走势的这种夸张性、极端性和突然性,决定了它们是一对非稳定的、复杂的 K 线组合。

对上拉线的分析如下:

1. 当它出现在一个下跌波段末尾的低价区,如果多头的力量足够强大,譬如第二根阳线的实体远大于第一根阴线的实体,并且伴随着明显放

大的成交量,则通常可以形成一个短期底部。

2. 当它出现在上升趋势途中,第一根阴线代表价格发生了一次快速而短暂的回调,第二根高开高走的阳线代表多头再次发力,价格加速上行,后市看涨。

3. 当它出现在下跌趋势途中,第一根阴线代表价格走势受到中长期下降趋势的钳制,第二根阳线代表多头某种突然的、激烈的、短暂的反抗,但很快将被空头镇压下去,后市仍将延续绵绵跌势。

对下拖线的分析如下:

1. 当它出现在一个上升波段末尾的高价区,如果空头的力量足够强大,譬如,第二根阴线的实体远大于第一根阳线的实体,则通常至少可以形成一个短期头部。

2. 当它出现在下跌趋势途中,第一根阳线代表价格发生了一次快速而短暂的回升,但由于缺少后援,第二根低开低走的阴线代表空头再次发力,价格加速下行,后市看跌。

3. 当它出现在上升趋势途中,第一根阳线代表价格走势受到中长期上升趋势的钳制,第二根阴线代表空头某种突然的、激烈的、短暂的突袭,但很快将被多头收复失地,后市仍将延续绵绵升势。

将在第十一节具体介绍的归顺线与反叛线合称分手线。今后,我们还将上拉线和归顺线统称为阳弃阴,将下拖线和反叛线统称为阴弃阳。阳弃阴与阴弃阳的示意图见图7-80。上拉线与下拖线的具体举例见图7-81至图7-84。

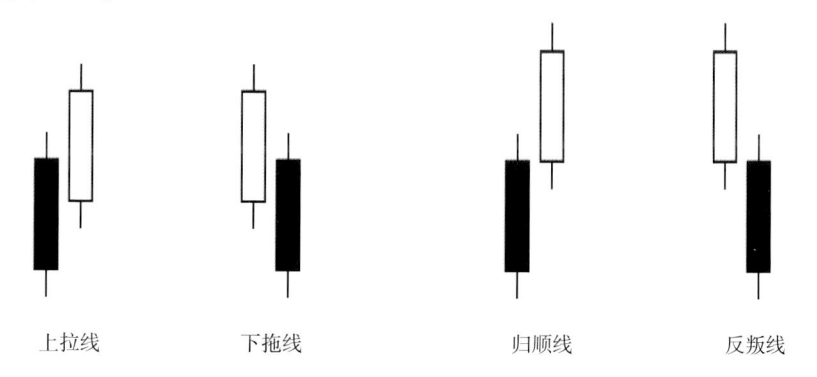

上拉线　　下拖线　　归顺线　　反叛线

图 7-80　阳弃阴与阴弃阳

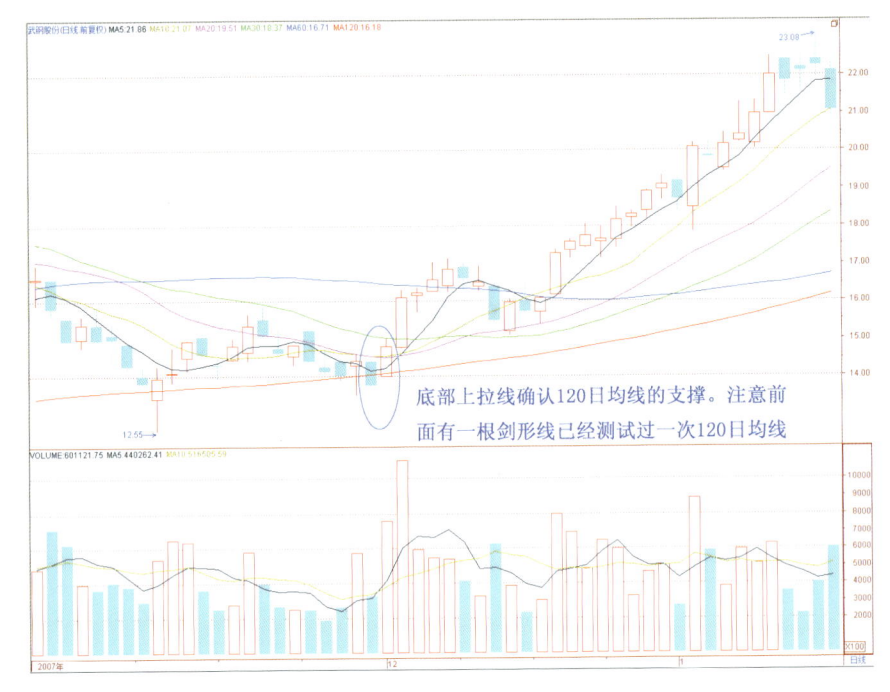

图 7-81　武钢股份(600005),2007 年 12 月 4 日,日线底部上拉线

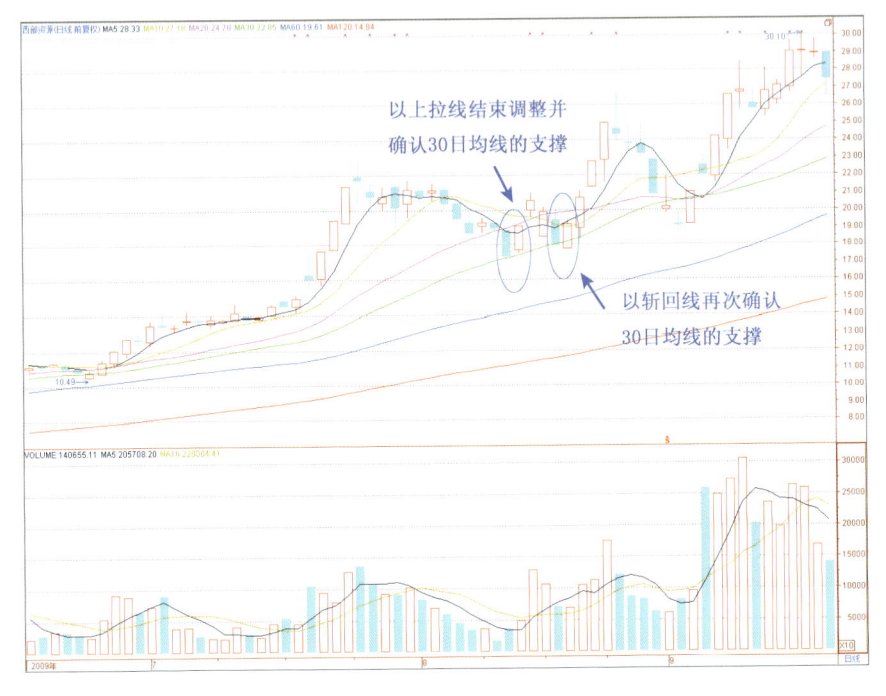

图 7-82　西部资源(600139),2009 年 8 月 13 日,日线以上拉线结束调整

图 7-83　有研硅股（600206），2007 年 7 月 3 日，日线顶部下拖线

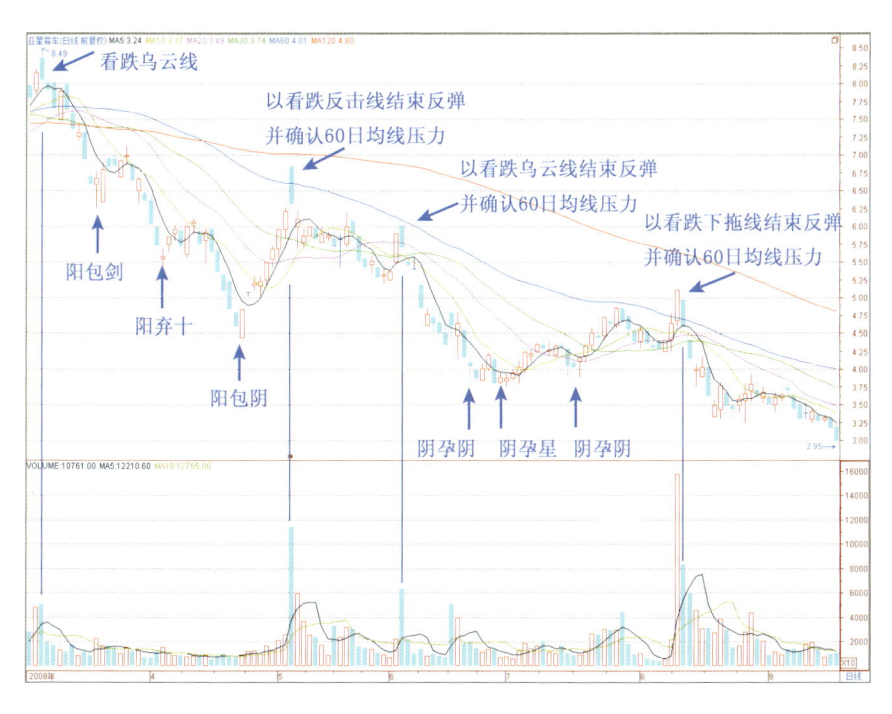

图 7-84　亚星客车（600213），2008 年 8 月 12 日，日线以下拖线结束反弹

第十一节　归顺线与反叛线

如果上拉线组合中的第二根阳线力量更加强大，以等于或高于第一根阴线开盘价的价位开盘，然后高开高走，高走高收，形成一根与前根阴线走势完全背道而驰的阳线，称为归顺线。反之，如果下拖线组合中的第二根阴线力量更加强大，以等于或低于第一根阳线开盘价的价位开盘，然后低开低走，低走低收，形成一根与前根阳线走势完全南辕北辙的阴线，称为反叛线。

归顺线与上拉线的区别在于：第二根阳线不是高开于第一根阴线实体以内，而是开得更高，高到阴线的实体之上。反叛线与下拖线的区别在于：第二根阴线不是低开于第一根阳线的实体以内，而是开得更低，低到阳线的实体之下。由此可见，归顺线和反叛线是比上拉线和下拖线走势更为夸张、更为极端的K线组合。但夸张、极端的走势可能只是表面上的强劲，不等于可持续性良好。事实上，归顺线和反叛线的出现意味着多空双方的争夺已经白热化，价格波动剧烈，变化方向难以预料。它们因所处的位置不同而具有不同的技术意义。

对归顺线的分析如下（其中前三条和上拉线类似）：

1. 当它出现在一个下跌波段末尾的低价区，往往是在价格急挫之后，由于受到某些重大消息刺激，价格在下挫过程中突然刹车并开始反方向运动，这种情况下通常至少可以形成一个短期底部。

2. 当它出现在上升趋势途中，第一根阴线代表价格发生了一次快速而短暂的回调，第二根高开高走的阳线代表多头再次发力，价格加速上行，后市看涨。

3. 当它出现在中长期下降趋势途中，第一根阴线代表价格顺应该趋势，第二根阳线代表多头某种突然的、激烈的、短暂的反抗，但很快将被空头镇压下去，后市仍将延续绵绵跌势。与上拉线不同的是，归顺线组合中多头的反抗更激烈、力度更强，如果这里是一个缓慢盘跌而非强而有力的下降趋势，那么表明空头的力量极其有限，以至于经过多日苦战慢慢渗透

的阵地在一天之内即被多头夺回,其后价格虽然可能再度盘跌,但力度、速度都将非常有限。

4. 当它出现在一个上升波段末尾的高价区,通常是一个转势信号。此时价格往往已经从顶峰开始下滑了一段(即前面已经出现过卖出信号),残余的多头不甘失败,拼尽全力做最后的垂死挣扎,此时形成的大阳线实际上是一次回光返照,阳线之后一般都会拉出一根乌云线、阴包阳、下拖线甚至反叛线,从而对顶部反转再次给予技术上的确认。

对反叛线的分析如下(其中前三条和下拖线类似):

1. 当它出现在一个上升波段末尾的高价区,往往是在价格急升之后,多头突然遭遇原因不明的挫折,价格在急升过程中突然刹车并开始反方向运动,这种情况下通常至少可以形成一个短期头部。

2. 当它出现在下跌趋势途中,第一根阳线代表价格发生了一次快速而短暂的回升,但由于缺少后援,第二根低开低走的阴线代表空头再次发力,价格加速下行,后市看跌。

3. 当它出现在中长期上升趋势途中,第一根阳线代表价格顺应该趋势,第二根阴线代表空头某种突然的、激烈的、短暂的突袭,但很快将被多头收复失地,后市仍将延续绵绵升势。与下拖线不同的是,反叛线组合中空头的反抗更激烈、力度更强,如果这里是一个缓慢盘升而非强而有力的上升趋势,那么表明多头的力量极其有限,以至于经过多日苦战慢慢渗透的阵地在一天之内即被空头夺回,其后价格虽然可能再度盘升,但力度、速度都将非常有限。

4. 当它出现在一个下跌波段末尾的低价区,通常是对前一底部反转信号的再次验证。此时尽管价格已经处于低价区,但底部需要反复夯实,走出上升行情尚需时日。

归顺线的举例见图 7-85 和图 7-86,反叛线的举例见图 7-87 和图 7-88。

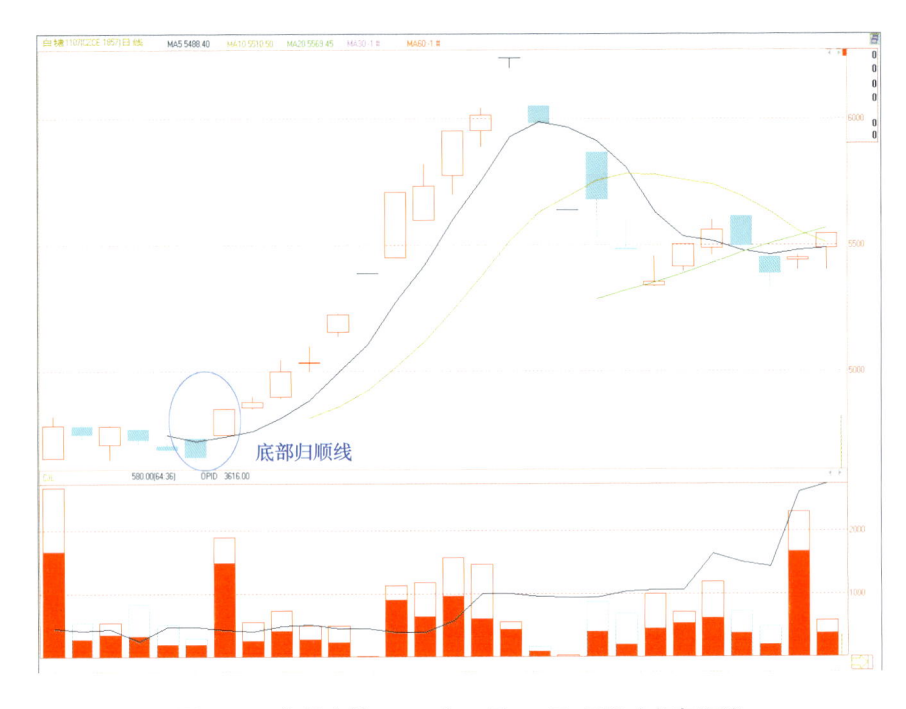

图 7-85　郑州白糖，2006 年 1 月 13 日，日线底部归顺线

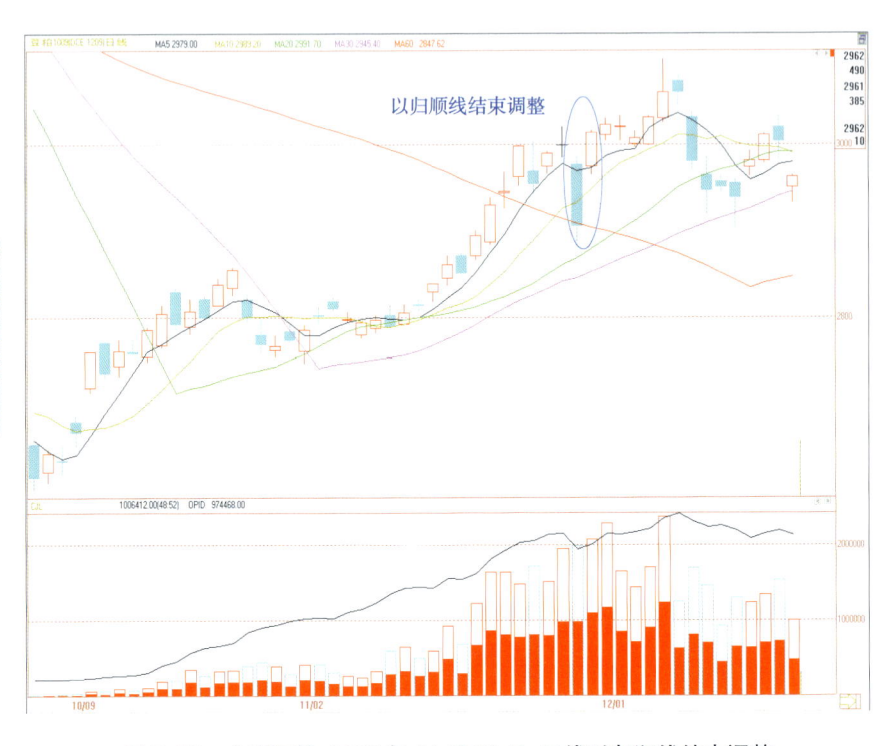

图 7-86　大连豆粕，2009 年 11 月 30 日，日线以归顺线结束调整

图 7-87　广州控股(600098),2007 年 5 月 30 日,日线顶部反叛线

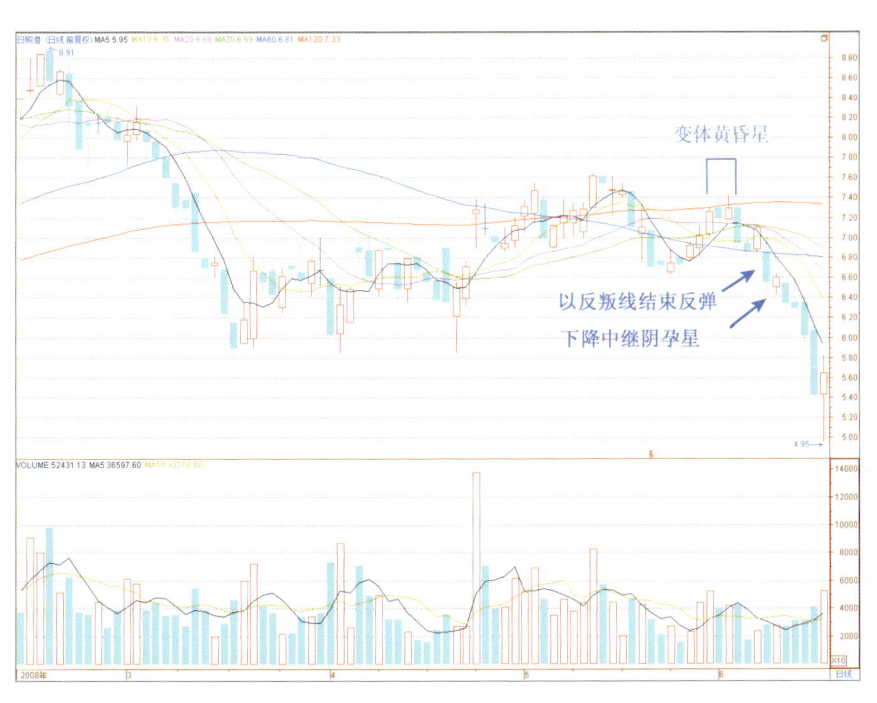

图 7-88　日照港(600017),2008 年 6 月 10 日,日线以反叛线结束反弹

第十二节　伪阳线与伪阴线

接连开出两根阳线，但第二根阳线的开盘价和收盘价都分别低于第一根阳线的开盘价和收盘价，即虽然连收两阳，价格却在下行，此种组合称为伪阳线，这是一种弱势组合，表明多头的攻势有气无力。伪阳线分为两种情况：

1. 第二根大幅低开的阳线切入到第一根阳线实体之内，即其收盘价等于或高于第一根阳线的开盘价、低于第一根阳线的收盘价。这表示多头进攻乏力，后市要么继续缓慢盘升，要么转入横盘震荡整理即无趋势状态，要么波段见顶转为下跌。

2. 第二根阳线低开的幅度更大、走势更弱，以至于未能切入到第一根阳线实体之内，即其收盘价低于第一根阳线的开盘价（可能以上影线的方式回补缺口）。第二根阳线的虚弱无力表明它可能仅仅只是空头平仓导致的小幅回升，根本无力向上进攻。

伪阴线的情形刚好相反：虽然连续开出两根阴线，但第二根阴线的开盘价和收盘价都分别高于第一根阴线的开盘价和收盘价，即虽然连收两阴，价格却在上行，此种组合称为伪阴线，表明空头的气势不足，力道不大，多方暂时无碍。伪阴线也分为两种情况：

1. 第二根大幅高开的阴线切入到第一根阴线实体之内，即其收盘价等于或低于第一根阴线的开盘价、高于第一根阴线的收盘价。它的技术意义与其出现的具体位置有关。如果出现在低位，一般是暗示多头已有比较强烈的上攻欲望，尽管空头还在全力压制，但一段较为可观的反弹行情随时可能展开；如果出现在高位，则意味着有人正在拉高出货，交易者应提防价格反转向下。

2. 第二根阴线高开的幅度更大、回落的幅度更小，以至于未能切入到第一根阴线实体之内，即其收盘价高于第一根阴线的开盘价（可能以下影线的方式回补缺口）。第二根阴线的虚弱无力表明它可能仅仅只是多头获利平仓导致的小幅回落，根本无力向下进攻，但也不排除真的转势的可能

性，所以应密切关注第三根 K 线的形态。如果出现大阴线，则行情有可能转为真正的下跌。

伪阳线与伪阴线的示意图见图 7-89，具体举例见图 7-90 至图 7-94。

尽管学习 K 线技术不得不从"形"入手，然而研判 K 线组合最重要的依然是读懂它的"神"，如此才能融会贯通、掌握要领。所谓"形"，就是指 K 线与 K 线的位置关系及部分 K 线定式；所谓"神"，就是指从中看出多空力量强弱对比的格局及其消长变化。即使是同样的 K 线组合，它们出现在相对于均线的不同位置，其含义仍然不同。因此，下一步，我们还将继续研究 K 线与均线、均线与均线的形态与位置关系。

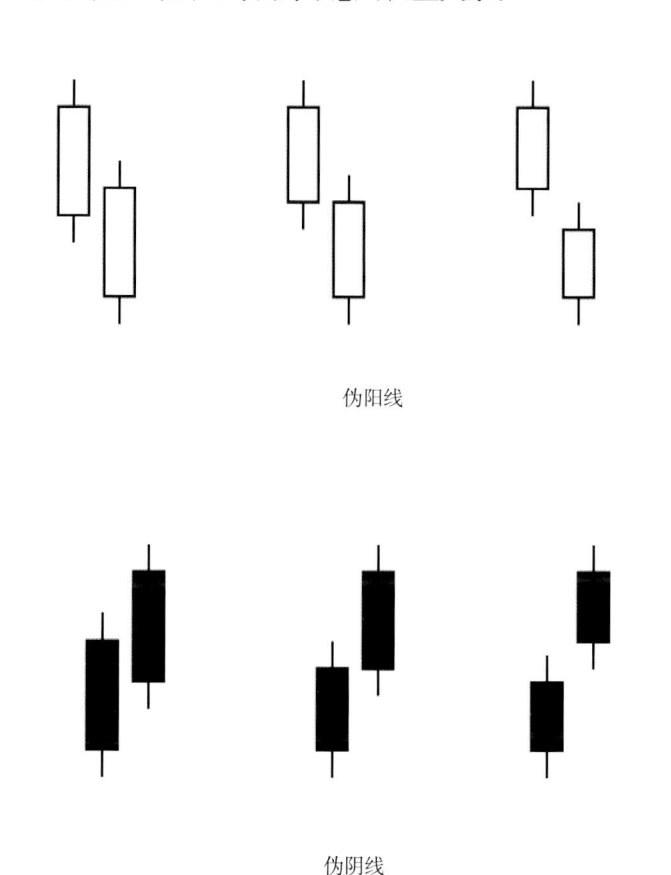

伪阳线

伪阴线

图 7-89　伪阳线与伪阴线

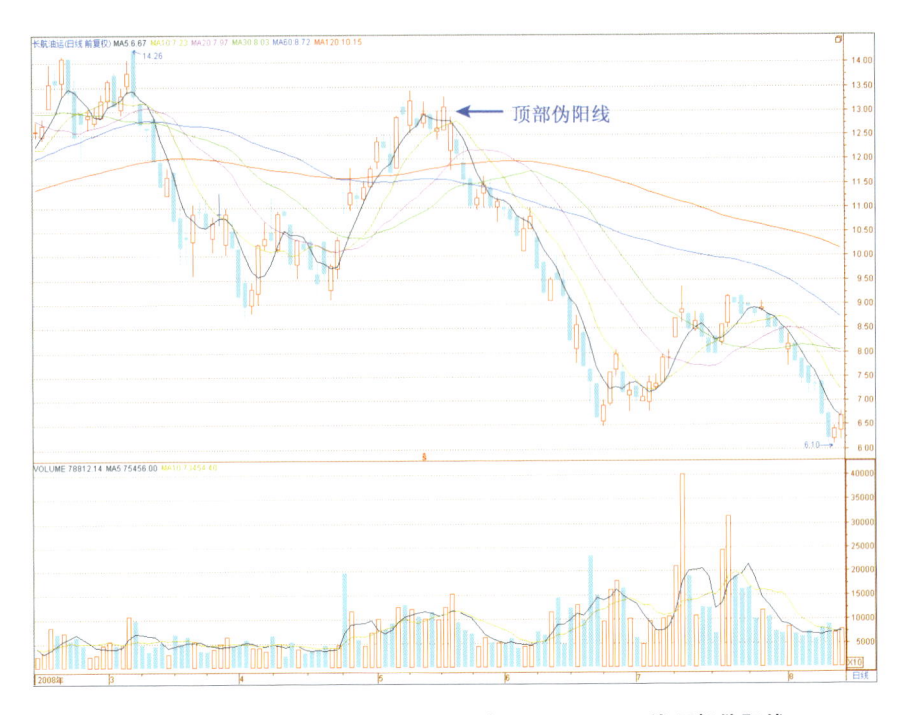

图 7-90　长航油运(600087),2008 年 5 月 21 日,日线顶部伪阳线

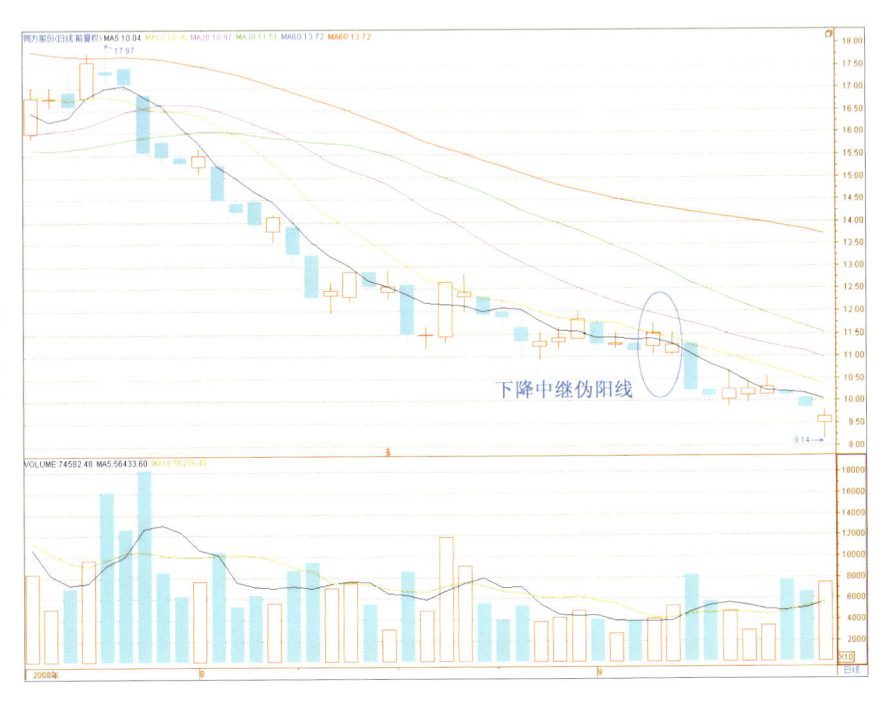

图 7-91　同方股份(600100),2008 年 9 月 5 日,日线下降中继伪阳线

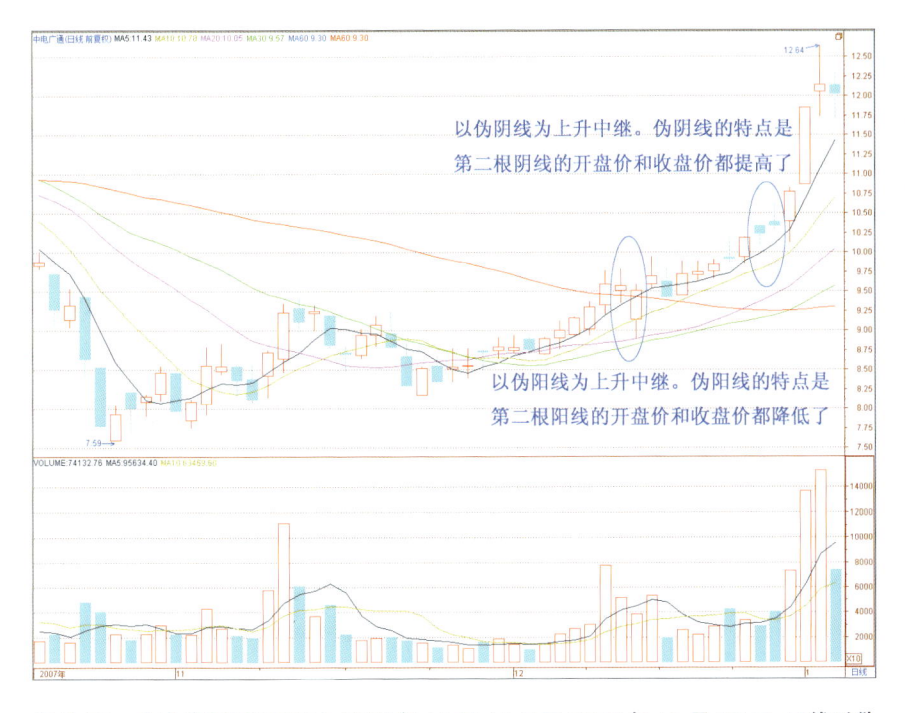

图 7-92　中电广通(600764),2007 年 12 月 14 日及 2007 年 12 月 27 日,日线以伪阳线和伪阴线为上升中继

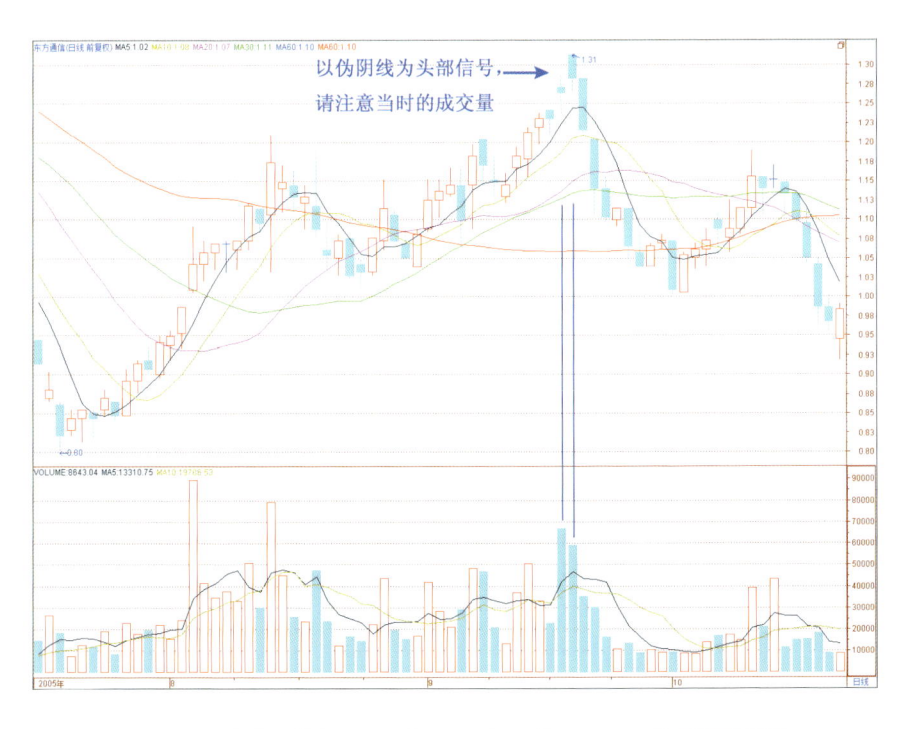

图 7-93　东方通信(600776),2005 年 9 月 20 日,日线顶部伪阴线

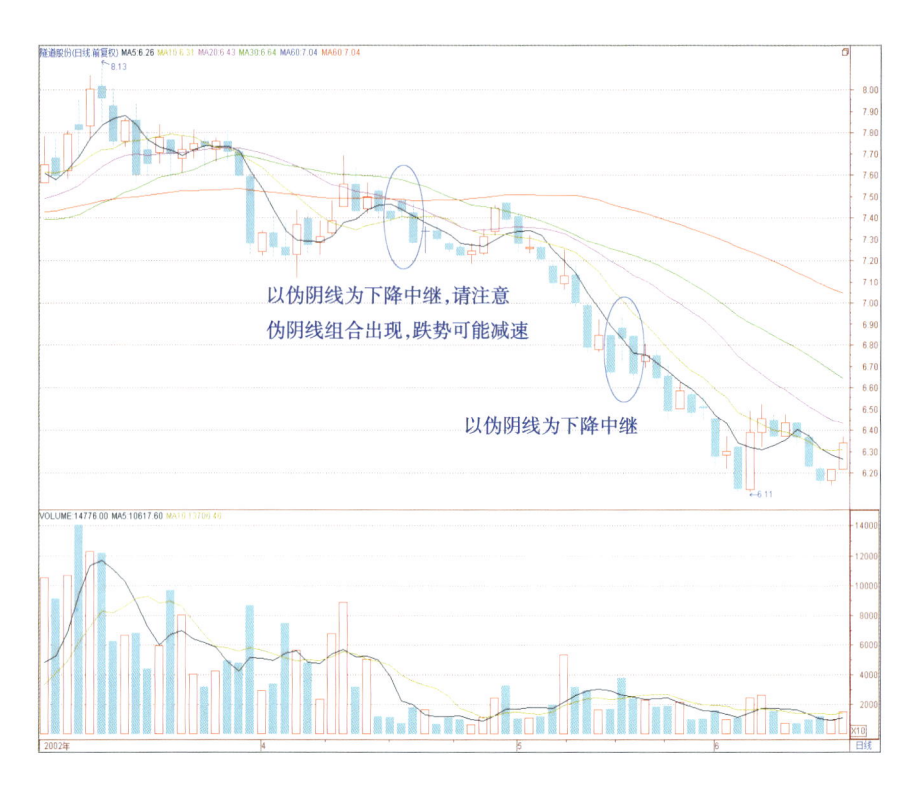

图 7-94　隧道股份(600820)，2002 年 4 月 17 日及 2002 年 5 月 21 日，日线下降中继伪阴线

第十三节　启明星与黄昏星

我们已经知道星线有可能构成反转信号，而弃线则可以视为反转信号本身或对反转信号的确认。如果把图 7-3 所示的四种星线弃大阴线与图 7-37 所示的大阳线弃四种星线合并起来，就得到四种看涨的启明星组合(见图 7-95)。而如果把图 7-3 所示的四种星线弃大阳线与图 7-44 所示的大阴线弃四种星线合并起来，就得到四种看跌的黄昏星组合(见图 7-96)。启明星和黄昏星也可以出现在周线图或日内图表(如 60 分钟 K 线图)中。

四种启明星组合（其中星线的实体是阴是阳不重要）

图 7-95　启明星

四种黄昏星组合（其中星线的实体是阴是阳不重要）

图 7-96　黄昏星

如果星线的实体与左右两边的大阴大阳线的实体之间不存在跳空缺口，则可以得到对应的启明星与黄昏星组合的变体（见图 7-97 和图 7-98）。具体举例见图 7-99 至图 7-102。

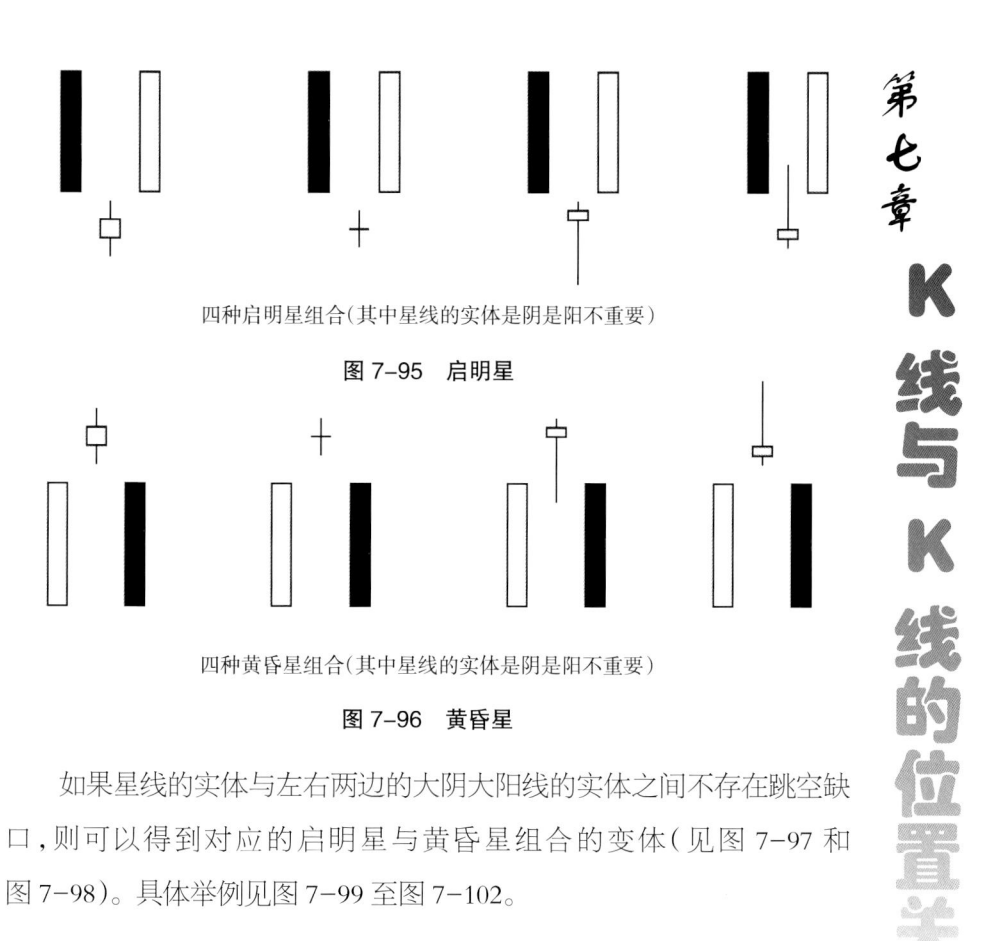

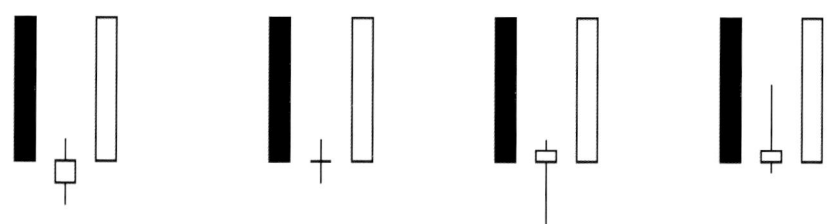

四种变体启明星组合（其中星线的实体是阴是阳不重要）

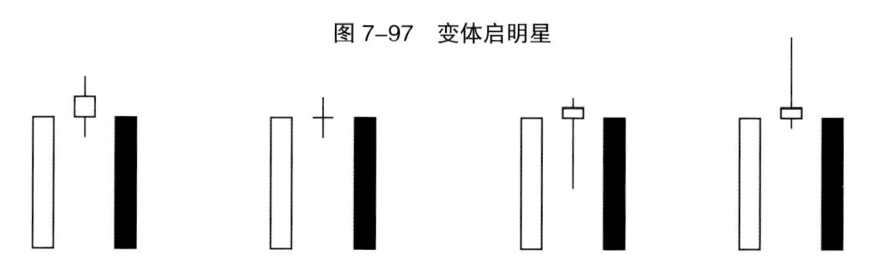

图 7-97　变体启明星

四种变体黄昏星组合（其中星线的实体是阴是阳不重要）

图 7-98　变体黄昏星

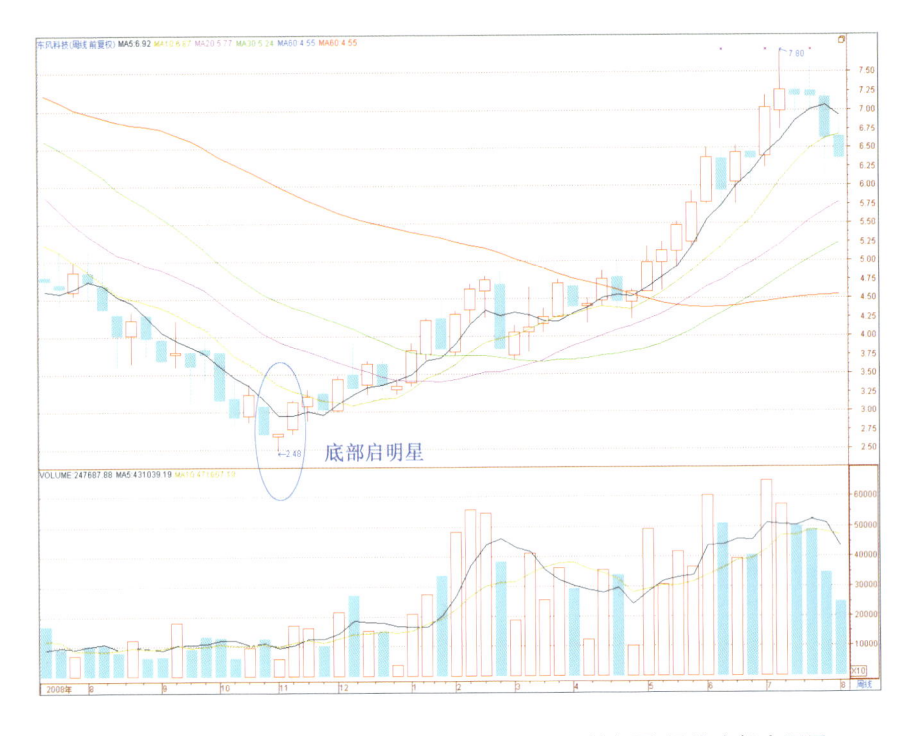

图 7-99　东风科技(600081),2008 年 11 月 7 日所在周,周线底部启明星

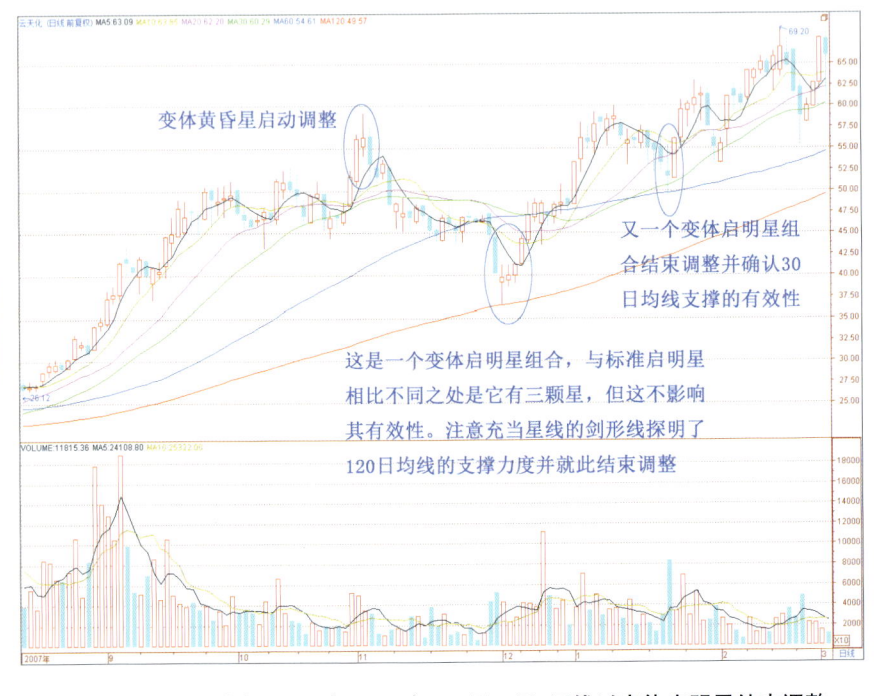

图 7-100　云天化(600096),2007 年 12 月 3 日,日线以变体启明星结束调整

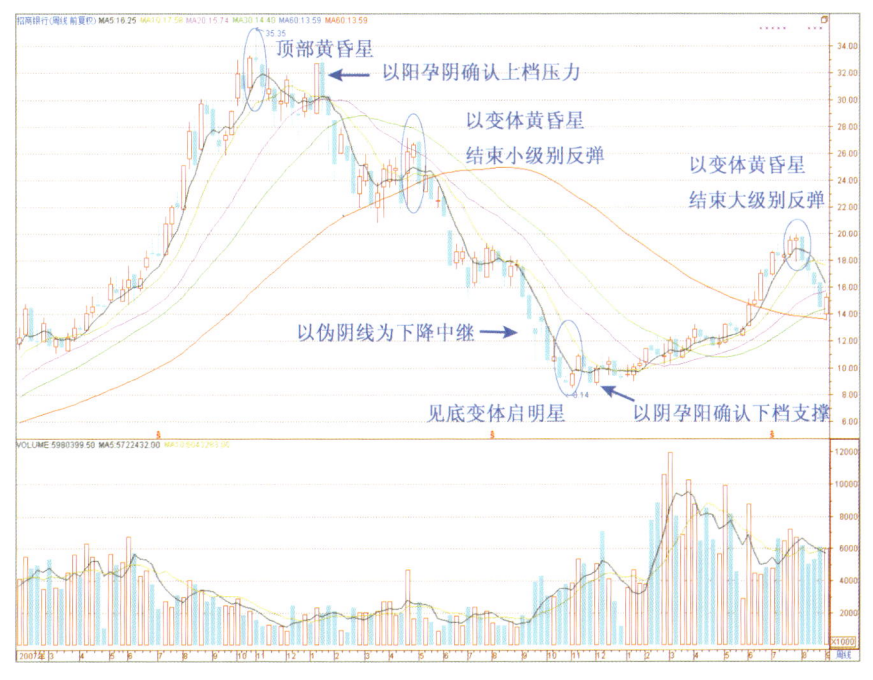

图 7-101　招商银行(600036),2007 年 11 月 2 日所在周,周线顶部黄昏星

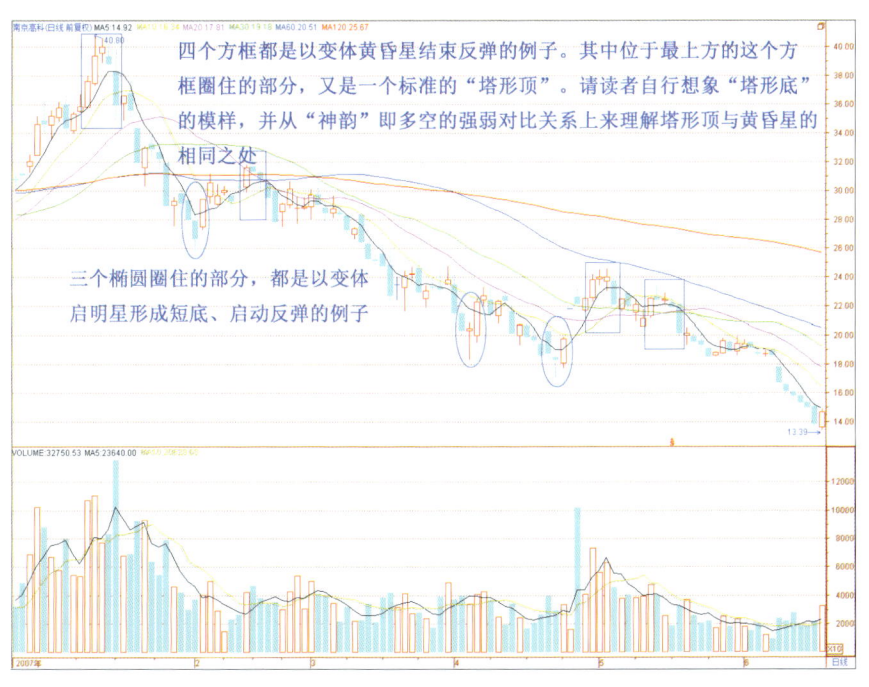

图 7-102　南京高科(600064),2008 年 1 月 14 日,日线以变体黄昏星结束反弹

第十四节 上升三法与下降三法

在多根 K 线形成的 K 线组合中,上升三法是一种经典的上升中继组合;而下降三法,则是与之相对应的下降中继组合。也就是说,上升三法通常属于看涨信号,而下降三法一般是看跌信号。上升三法与下降三法的示意图见图 7-103。

收盘价与第一天相比创出新高　　　开盘价相对于前一天收盘价最好低开

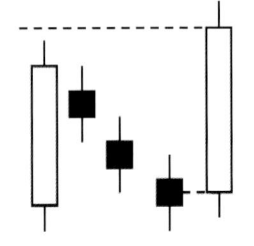

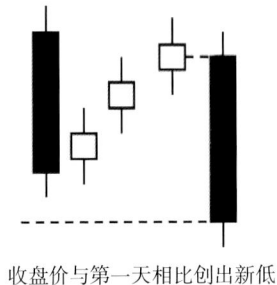

开盘价相对于前一天收盘价最好高开　　　收盘价与第一天相比创出新低

上升三法　　　下降三法

图 7-103　上升三法与下降三法

在真正的日本蜡烛图技术中,上升三法与下降三法都有严格的定义。对于上升三法而言,要点有:(1)最后一根大阳线的收盘价与第一根大阳线的收盘价相比创出了新高,而其开盘价相对于前一根 K 线的收盘价最好高开。(2)被第一根大阳线所孕的三根小星线的实体是阴是阳不重要,但通常以小阴线较为常见;数量上以三根 K 线居多,但也未必,一般来讲,2~5 根都是可以的。

对于下降三法而言,要点有:(1)最后一根大阴线的收盘价与第一根大阴线的收盘价相比创出了新低,而其开盘价相对于前一根 K 线的收盘价最好低开。(2)被第一根大阴线所孕的三根小星线的实体是阴是阳不重要,但通常以小阳线较为常见;数量上以三根 K 线居多,但也未必,一般来讲,2~5 根均可。

对上升三法和下降三法来说,如果首尾两根大阳线或大阴线对应大

成交量,而中间三颗小星线对应小成交量,则三法组合的可靠性会增加。最后,如同黄昏星和启明星组合存在大量变体的道理一样,三法组合也存在大量变体。只要不影响多空力量的对比格局,这些变体与标准三法组合的效力相同。具体举例见图 7-104 至图 7-107。

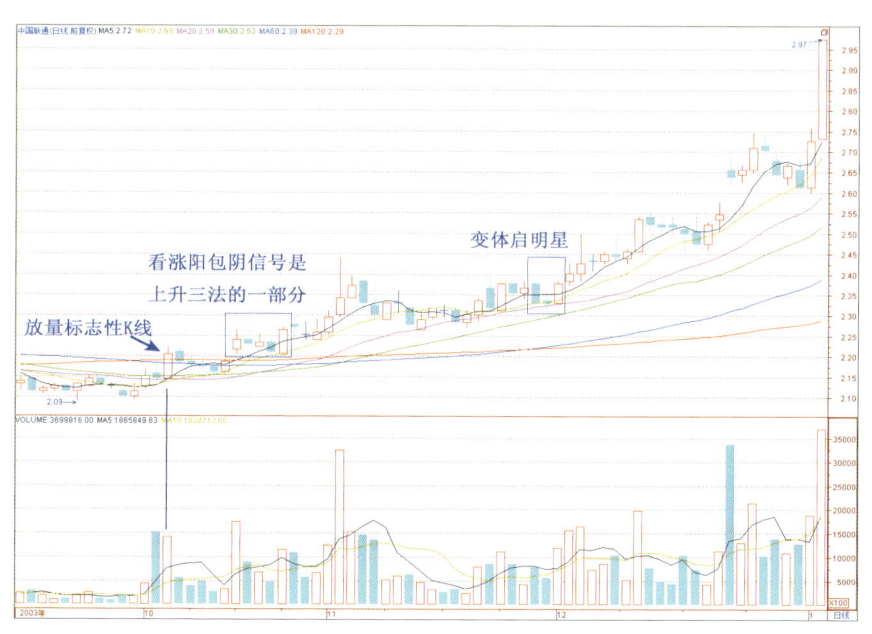

图 7-104　中国联通(600050),2003 年 10 月 28 日,日线上升三法

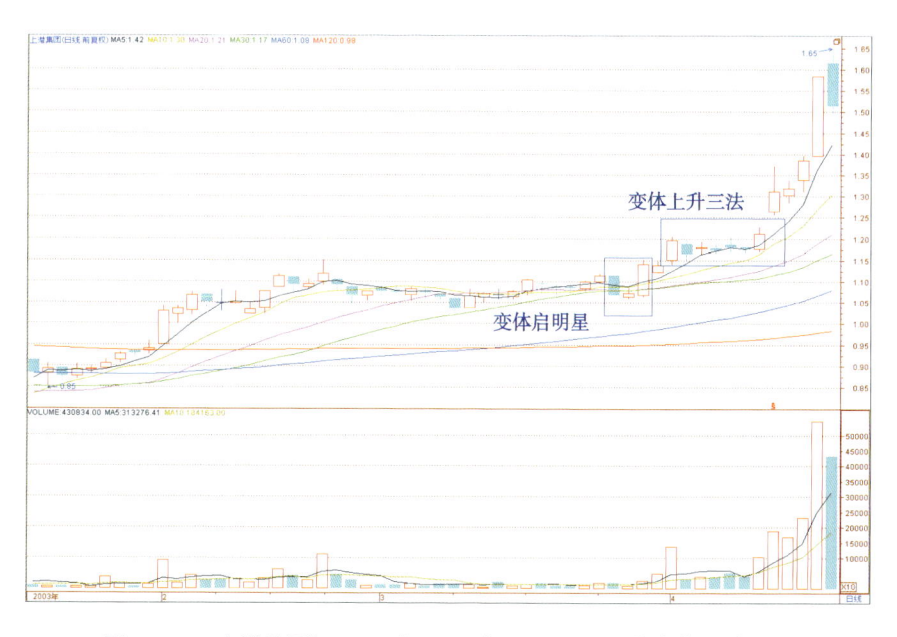

图 7-105　上港集团(600018),2003 年 4 月 9 日,日线变体上升三法

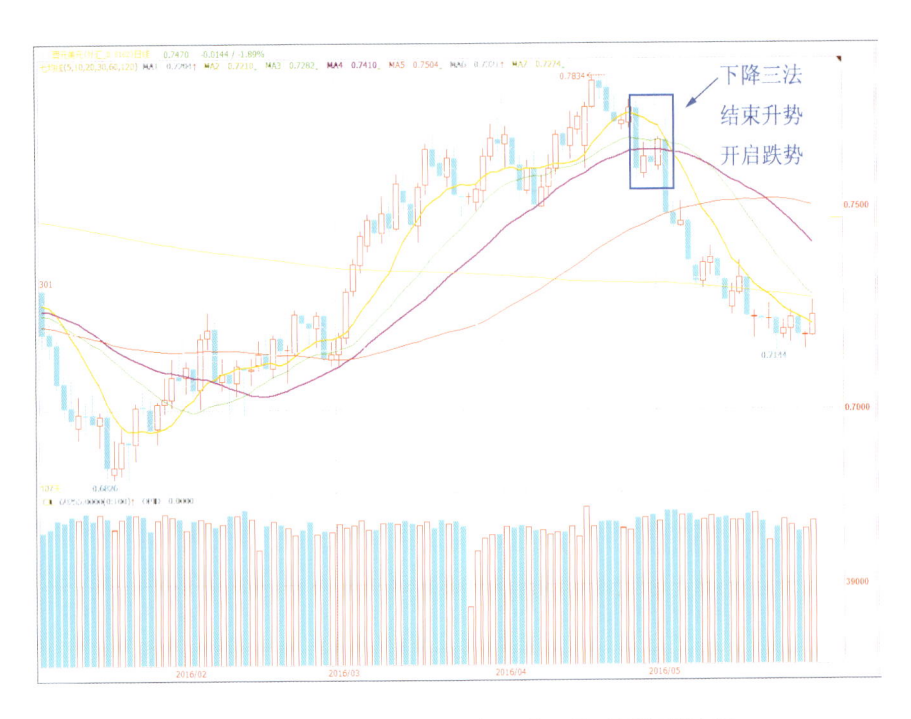

图 7-106　澳元兑美元，2016 年 5 月 3 日，日线下降三法

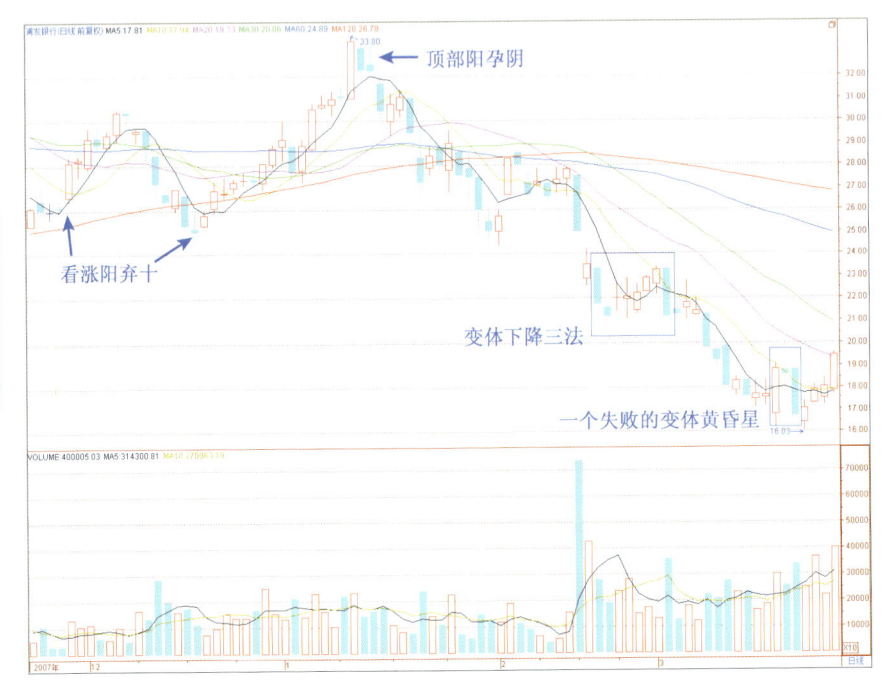

图 7-107　浦发银行(600000)，2008 年 3 月 4 日，日线变体下降三法

第八章　移动平均线与趋势

第一节　移动平均线

　　移动平均线（Movement Average）指的是最近 N 天某标的交易品种收盘价（或指数收盘点位）的算术平均值，简称均线。计算方法是：始终采用最近 N 天的收盘价格之和除以 N，作为当天的数据；第一个初始数据算出后逐日向前推移，每把新的一天的收盘价加入被平均的数组，就把距今最远的那个旧数据剔除（为便于理解，我姑且称之为"纳新吐故"）；然后再把新的总和除以 N，这样就得到了新的一天的数据，如此类推。计算公式为：MA=（C1＋C2＋C3＋…＋Cn)/N ，C 为某日收盘价，N 为移动平均线的周期或参数。如果将移动平均线参数分别设为 5/10/20/30/60，就分别得到 5/10/20/30/60 日均线，体现在日线图上，就统称为"日均线族"；如果用周 K 线取代日 K 线，用周收盘价取代日收盘价，采用同样的参数设置，就得到周均线族……以此类推。

　　移动平均线为观察价格趋势提供了捷径。对那些无法掌握 K 线理论的交易者来说，选取一两条简单的均线，配合以坚定的纪律，照样能够从市场上源源不断地盈利。所谓趋势跟踪，本质上就是跟踪均线族的运动。我从来不绘制趋势线，就是直接用均线代替趋势线的。在这里推荐台湾张龄松先生所著的《股票操作学》一书，其中对于移动平均线有较为系统的介绍，可供初学者参考。需要指出的是，本章所介绍的均线都属于简单（算术）平均，除此之外还存在加权平均和指数平均两种算法。但是复杂的未必就是最好的，据研究，还是简单平均的绩效最佳。有关移动平均线的用法，美国投资家格兰维·约瑟夫（Granvile Joseph）总结了至关重要的八条法则，我结合自己的经验从实战效果出发，重新阐释如下。

格兰维移动平均线八法则（见图 8-1）：

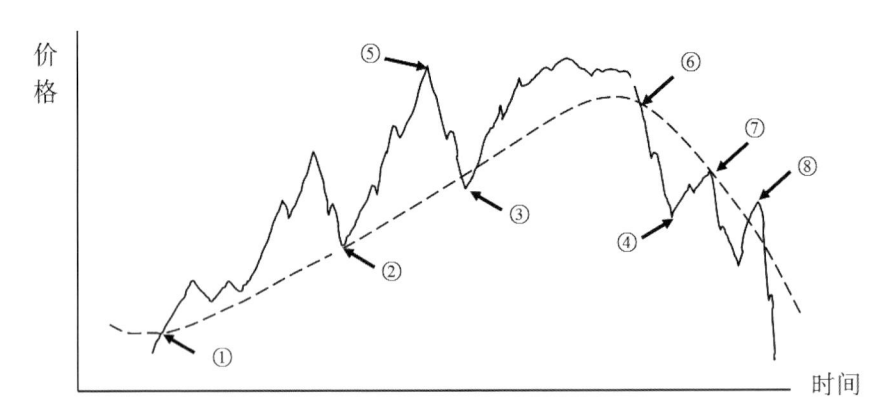

图 8-1　格兰维移动平均线八法则

1. 均线由下降转为水平且开始向上抬头，当 K 线由下向上突破均线时为做多信号，如图中①所示。注意首次突破均线后有可能出现回撤，稳健的交易者不妨等到价格遇均线支撑而再度向上创出新高时再介入。

2. 价格已经在均线之上运行一段时间，然后出现一轮幅度较大的回撤，当价格贴近均线时不破均线，而是在均线支撑下再度向上时，为做多信号，如图中②所示。

3. 价格经过一轮幅度较大的回撤跌至均线之下，而均线仍在继续上行，当 K 线迅速放量重上均线时，为做多信号，如图中③所示。注意此时最低点对应的成交量往往呈现极度萎缩的特征。

4. 价格因在均线之下运行发生暴跌而远离均线，当乖离率（价格与均线之差除以均线所得的百分比）超过经验极限值（例如，价格相对于 30 日均线的负乖离为 −30%，代表 30 天以来入市的多头平均亏损 30%），特别是当日 K 线相对于 5/10/60 日均线的负乖离同时过大时，代表多方中短线均亏损过大，此时价格因超跌有以上涨或横盘的方式向均线靠拢的需要。此时如果出现看涨型 K 线组合，是空单平仓时机，也可以谨慎做多，如图中④所示。

5. 价格因在均线之上运行发生暴涨而远离均线，当乖离率超过经验

极限值,特别是当日 K 线相对于 5/10/60 日均线的正乖离同时过大时,代表多方中短线均获利过大,此时价格因超涨有以下跌或横盘的方式向均线靠拢的需要。此时如果出现看跌型 K 线组合,是多单平仓时机,也可以谨慎做空,如图中⑤所示。

6. 均线由上升转为水平,且开始向下勾头,当 K 线由上向下跌破均线时为做空信号,如图中⑥所示。注意首次跌破均线后有可能出现回撤,稳健的交易者不妨等到价格遇均线压制而再度向下创出新低时再介入。

7. 价格已经在均线之下运行一段时间,然后出现一轮幅度较大的反弹,当价格贴近均线时不过均线,而是在均线压制下再度向下时,为做空信号,如图中⑦所示。

8. 价格经过一轮幅度较大的反弹升至均线之上,而均线仍在继续下行,当 K 线再度跌回均线之下时,为做空信号,如图中⑧所示。

第二节　均线与趋势

物理学上的惯性定律认为,只要没有足够强的外力影响,静止着的物体倾向于保持静止,运动着的物体倾向于保持原方向运动。价格运动也是如此,一旦它开始上升趋势,就会持续上升;一旦开始下降趋势,就会持续下降,这就是趋势的延续性。但物极必反,趋势总有走到尽头的那一天。无论趋势的延续或逆转,最终都可以通过 K 线与均线的形态及位置关系来判断。通过对本章第一节的学习,我们已经初步知道趋势可以直观地用均线来表示。具体做法,就是用 5/10 日均线的多排或空排来分别指示日线级别的上升或下降趋势,用 5/10 周均线的多排或空排来分别指示周线级别的上升或下降趋势,用 5/10 月均线的多排或空排来分别指示月线级别的上升或下降趋势。

读者也已经了解到,在月线图上足以观察最为宏观的趋势,在分时图上足以观察最为微观的趋势。因此,我们常用月线图观察长期趋势,用周线图观察中期趋势,用日线图观察短期趋势,用日内图表和分时图观察日内趋势。关心和研判大趋势的方向和起止时间固然必需,但由于具体的盈亏最终必须落实到中短期趋势上,所以关心和研判中短期趋势的方向和起止时间一样重要。用日线图也能观察中长期趋势,但因为周线图和月线图上的K线数目更少,因此不如用它们观察来得清晰。由于中长期趋势可以划分为"一段一段"的短期趋势,中长期趋势跟踪最终也难免要落实到日线图上,所以日线图仍然是宏观交易的核心图表。今后如果不特别说明,一般的图表分析都是在日线图中展开的。

均线的本质是"一定时间内市场的平均成交价格"。对股票市场来说,它可以被笼统地认为"市场平均持股成本"。正因如此,均线系统对价格运动具有强大的支撑或阻挡作用,因而具备不容忽视的实战价值。均线参数有无穷多种设置方法。这在方便了交易者的同时,也可能让他们无所适从。如果您愿意,我的均线参数设置方式也许可以供您参考:无论何种时间周期的K线图,无论它是月线图、周线图、日线图还是日内K线图,其均线族全部都采用5/10/20/30/60这一套参数设置方式。唯一不同的是日线图,它往往还需要120/240这两条均线。这套参数设置方式经历了时间的检验,自有道理在其中。读者可能会有不同意见,但我长期以来始终喜欢这套参数,经过一段试用和反复后,最终成为习惯固定下来。

先说日线图,5日均线代表周线,10日均线代表双周线,20日均线代表月线,60日均线代表季线,120日均线代表半年线,240日均线代表年线。再看周线图,尽管5/10/20周均线很重要,却只是一种习惯用法,没有什么特别的含义在其中。反复观察大量的周线图,不难发现30/60周均线的支撑和阻挡作用特别明显。虽然它们的时间周期分别较半年线和年线略长,但我们事实上是把它们分别视为半年线和年线,今后读者会发现这一点特别重要。斯坦利·克罗说他喜欢做多30周均线向上挺升的品种,不是没有道理的。最后看月线图,一般来说,5/10月均线金叉后多排或死叉后空排往往就足以指示一轮牛市或熊市,并且20/30月均线也有明显的支撑或阻挡作用。60月均线代表5年线,是我们所设置的时间周期最长的移动平均线。

日均线族的多排可以清楚而明确地指示日线级别的上升趋势,空排则可以清楚而明确地指示日线级别的下降趋势。周均线和月均线族也具有类似的功能。我们已经了解日线图所代表的短期趋势、周线图所代表的中期趋势和月线图所代表的长期趋势三者同时并存，方向可能相同也可能相反，它们或同向或抵触的排列方式虽然复杂但总体来说模式有限，穷尽这些模式就可以把从宏观、中观、微观三个层次精确地把握市场脉络变为可能。一个简单的原则可以道尽这三种趋势的关系：如果日线级别的趋势受到周线图和月线图的"支持"而不是"反对"，那么行情的级别会很大而且会走得很远，反之则容易早早结束。后面我们还将对这个问题继续深入地研究。

第三节　趋势的本质——强弱

通过阅读 K 线图研判多空力量强弱对比及其消长变化的目的，是为了识别出趋势的方向与级别大小，或行情无趋势的基本事实。强弱是趋势的本质，是决定有无趋势及趋势方向与力度的内在力量。一段时间内，如果累计上涨幅度大于累计下跌幅度，则说明多方力量强于空方，如果这一格局延续下去，图表上就体现为上升趋势；反之则体现为下降趋势。一般来说，一段上升趋势中不仅阳线造成的累计涨幅大于阴线造成的累计跌幅，阳线在数量上通常也多于阴线，或者阳线的力度、实体大于阴线，下降趋势则反之。如果多空势均力敌，任何一方都不能取得压倒性优势，则体现为构筑形态，即无趋势行情，直到多空力量对比发生某种根本性变化足以打破这一均势为止。因此，趋势和形态往往交替出现，趋势或形态为表，强弱为里。

强弱之于行情，恰似"虚实"之于军队。在战争中掌握了敌军的虚实内情，就等于掌握了对方的生死命脉。《孙子·兵法》中有"虚实"一章，就是专门讲这个问题的。类似地，掌握了研判多空力量强弱对比的技术，就能读懂行情，帮助交易者站在正确的一方，即顺应趋势的方向从事交易——在上升趋势中做多，在下降趋势中做空，在无趋势行情中空仓。所谓强弱，有假弱真强，有假强真弱，真真假假，虚虚实实，唯有具备穿透迷雾看本质能力的交易者，才能够得出正确的结论，从而领先一步预测行情、验证趋势。

研究多空力量的强弱对比，不是为了揭示趋势发生的原因——事实上，这恰恰是专业交易者最不关心的问题——而是为了发现趋势开始和结束的时机。

多空力量强弱对比越失衡，趋势就越强劲，持续的时间也越长久。当然，价格运动在时间和空间上可以互换，短期内涨跌幅太大通常会缩短趋势运行的时间，反之亦然。但有一些大级别趋势，由于某种不可知的原因，运行起来轰轰烈烈，气势磅礴，力度既大，持续又久，遇到这样的趋势，是交易者一生的幸事。当然，前提是您没有站在趋势的对立面或袖手旁观。对能够从事双向交易的交易者来说，趋势无所谓多空，只要有趋势即可，就怕无趋势。趋势有明显的惯性，越是大级别的趋势惯性越大。对趋势来说，简单的就是最强的。越简洁明了、越清晰流畅的趋势越有实战价值。初学者应学会尽可能地将其全部操作都局限在"明显的趋势行情中"，要尽量避免在混沌不清的行情中交易。

对股票大盘指数来讲，上升或下降趋势是由于多方或空方占据主导地位造成的；上升中继形态是由于热点板块的切换造成的，即各板块轮番释放做多动能；下降中继形态是由于领跌板块的切换造成的，即各板块轮番释放做空动能；底部反转形态是由于几乎所有板块都具备了做多动能形成的；顶部反转形态是由于几乎所有板块都具备了做空动能形成的。对个股来讲，底部反转形态其实就是筹码由失去信心的散户手中向主力手中转移的过程，顶部反转形态其实就是筹码由主力手中向信心百倍、想象力已经被充分激发出来的散户手中转移的过程。上升中继形态，是为了抬高除主力以外的散户持股成本。而下降中继形态，只是为了让更多的人分担亏损。

在一轮日线级别的上升趋势的末尾，当日K线距离日均线族越来越远，这时可能会出现两种情况，一是阳线实体可能开始变得越来越长，上升倾角陡然加大，价格加速上行，最终在狂热的气氛中以"V"型反转或进入漫长横盘最终崩溃而结束；二是阳线实体越来越小、阳线数量也越来越少，上升倾角渐趋平缓，表示驱动该趋势的动力已经"耗尽"。这样，当看跌型K线组合出现，意味着日线图上将展开日线级别的"回撤"。类似地，也存在周线或月线级别的回撤。回撤的级别或幅度大小,可以是前轮趋势长度的33%、50%、66%甚至100%。关于下降趋势运行过程中的多空强弱互换,与上升趋势中的描述类似但方向相反。总之,无论在日线图、周线图还是月线图上,当多空强弱完全换位之日,就是相应级别的趋势彻底逆转之时。

第四节　趋势的背叛——回撤(之一)

您在追随趋势的过程中是否曾因为价格回撤而导致损失?如果有,那是再正常不过的事了。因为回撤是如此常见,作为趋势的一种反动——哪怕只是暂时的,都会给我们这些趋势追随者带来不同程度的伤害,在采用高倍率杠杆的情况下伤害尤其严重。所谓回撤,一是上升趋势中的回调,二是下降趋势中的反弹。可以分别是日、周、月线级别的,也可以是日内分钟级别的。对于保证金交易而言,日线级别的回撤对趋势交易者所造成的伤害已经足够严重,应该规避。必须指出的是,日线图自始至终应该是我们据以交易的核心图表,周线图和月线图只能作为参考。除非仓位比率足够低,否则追随周线或月线级别的趋势在实战中是不足取的。

提到回撤,人们自然而然地会想起道氏理论所讲的幅度可达前轮趋势长度33%、50%或66%的那种大级别的回撤。但事实上回撤不仅有大级别的,更多的是小级别的。最小级别的回撤可以小到只有1~2根K线,但幅度已经足以达到10%。对于常见的10倍杠杆的账户而言,其后果已经足以造成一场灾难。另一个人们容易联想到的与回撤有关的概念是中继形态。没错,中继形态本来就是复杂型回撤的一种。但回撤不仅有复杂的,也有简单的。对于那种小到1~2根K线,或虽然幅度够大,却简单如一条直线的回撤,没有必要非得把它看成是形态。实践证明,通过学习修炼到能够看出"回撤开始点"与"回撤结束点"的程度是完全可能的。

在本书后面我们将要谈到临界点,即价格即将发生大幅变动的时点。"回撤开始点"与"回撤结束点"都属于临界点。在"回撤结束点"顺原来的大趋势方向建仓或加仓,优于在价格创新高或创新低时建仓或加仓。作为一种交易技巧,在回调结束点做多,或在反弹结束点做空,可以让我们的头寸更安全,更具盈利能力。因为当价格过头(创新高)或反向过头(创新低)的时候,我们已经赚取了从回撤结束点到过头点的这一段利润。回撤现象的存在告诉我们要注意行情发展的节奏,尽量避免在最可能发生回撤的临界点顺势追多或追空。顺势交易没有错,但实战有它的复杂性。趋势是交易者的朋友没错,但朋友偶尔也会背叛——可能是暂时的或永久的。

回撤的级别越大则原趋势逆转的可能性就越大,这需要根据市况的具体发展来具体评估。只要回撤的级别足够大,迟早会发生短期趋势与中长期趋势方向相反的问题。体现在日线图上(其他周期K线图的分析以此类推),就是代表短期趋势方向的5/10日均线(简称短期均线)与代表中期趋势方向的20/30/60日均线(简称中期均线)以及代表长期趋势方向的120/240日均线(简称长期均线)之间的矛盾。通过前面的学习,我们已经了解到,日线级别的趋势只有受到周线和月线级别的趋势的"支持"(指方向一致)而不是"反对"(指方向相反),日线级别的趋势才能走得更远,否则容易夭折。

这一点体现在日均线族的关系上也是同样的道理:在上升趋势中,因短期价格回调而空排下行的5/10日均线(如果回调的幅度足够大,这种情况迟早会发生)容易受到依然向上挺升的20/30/60/120/240日均线中的任何一根的遏制,从而导致回调结束。如果回调的幅度更深,则20/30日均线也可能加入空排的行列。在下降趋势中,因短期价格反弹而多排上行的5/10日均线(如果反弹的幅度足够大,这种情况迟早会发生)容易受到依然向下挺进的20/30/60/120/240日均线中的任何一根的遏制,从而导致反弹结束。如果反弹的幅度更大,则20/30日均线也可能加入多排的行列。参与逆势的均线条数越多,对原趋势的威胁就越大。下面,我们将讨论通过日线图研判"回撤开始点"与"回撤结束点"的技术。

第五节　趋势的背叛——回撤（之二）

　　既然要从均线与均线的位置关系的角度来研究回撤，那么我们有必要了解在熊牛循环的各个阶段，均线族排列的不同方式。对于"真正的牛市"而言，在其发端处，市场的短、中、长期趋势必定一致朝上，否则不是真正的牛市。体现在日线图上，就是短、中、长期均线全部多排并向上发散（如果有多条均线族凝结为一点后再向上发散，称为"共振"，向下发散称为"反振"）。如果只有短中期均线多排向上，而长期均线依然是向下的，那么这还不是真正意义上的牛市，而只是一轮小级别的反弹行情而已。可想而知，这样的行情在碰到向下挺进的长期均线的时候，会遭遇麻烦。我可以肯定地告诉读者，从来没有任何一轮牛市在开始的时候 240 日均线是盖头向下的。如果向下，那是反弹而非牛市。

　　一般底部的形成需要漫长的时间，而将均线族由空排扭转为多排也需要艰苦的努力。当"真正的牛市"开始的时候，不仅日均线全部都是多排向上的，全套周均线族也是如此。而月均线族中至少 5/10 月均线是先金叉后多排的。如果 20/30/60 月均线也参与多排特别是共振，那就是至少 5 年一遇的超级大牛市。然而，顶部的形成是"尖锐"的（相对于底部而言），周、月均线族往往来不及反应。一般来说，只要 5/10 月均线死叉后空排，熊市往往就宣告成立。当然，如果市场在高位横盘过久（例如伦敦铜，于 2006 年 5 月至 2008 年 6 月，在高位横盘两年之久），会导致周均线族甚至月均线族在高位收敛后发出反振信号，从而导致价格的大崩溃。

　　现在让我们回到日线图。由前所知，因为 10/20/30/60/120/240 日均线具备明显的支撑或阻挡作用，那么，理所当然地，回撤就有可能结束于上述均线中的任何一条。如果这些均线与重要的支撑或阻挡水平重合，那么对于回撤的遏制作用就更加有效。还记得格兰维移动平均线八法则吗？法则 2 和法则 3 说的就是"回调结束点"。在这些点上，成交量会极度萎缩，当锤子线、看涨吞没、看涨反击线、斩回线等看涨型 K 线组合伴随着显著放大的成交量出现时，是回调结束的确定信号。之后，5/10 日均线将依托起支撑作用的均线再度金叉然后多排,这是回调结束、行情再起的验证信号。不排除 5/10/20/30 日均线中的四根或前三根在这个位置发生共振的可能。当然,前面讲述过的形态突破信号也都可以拿到这里作为分析之用。

　　相应地,格兰维法则 7 和法则 8 说的就是"反弹结束点"。在这些点上,通常会出现流星线、看跌吞没、看跌反击线、乌云线等看跌型 K 线组合。之后,5/10 日均线将依托起阻挡作用的均线再度死叉然后空排,这是反弹结束的验证信号。注意整个反弹阶段对应的成交量一般较前期下跌波段为小,当反弹结束,跌势再起的时候,成交量可能会再度放大。格兰维法则 5 和法则 4 分别说的就是"回调开始点"和"反弹开始点",这个位置一般都会发生超涨或超跌现象,如果相应地出现看跌或看涨型 K 线组合,则回撤开始点可以确认。除了 K 线组合,日 K 线相对于 5/10 日均线的乖离率是否过大,5/10 日均线之间开口的时间和距离是否过长以及一些常用的技术指标都可以提示回撤的发生。

　　越是不流畅的趋势越容易发生回撤。越是快速推进、势头猛烈的趋势越不容易发生回撤。而一旦发生,会很强烈,很可能出现逆向涨跌停板。但是即便如此,我宁可要后者不要前者。为何?因为即使回撤以逆向涨跌停板的形式出现,相对于已经获得的巨大利润,根本算不了什么。而越是强劲的趋势惯性越大,在这种情况下逆向涨跌停板难以连续出现,最多次日我们即可从容考虑对策。而且,这种情况下逆向涨跌停板最终被原趋势吞没,行情创出新高或新低的可能性很大!所以有些交易界的高手,一旦吃定强劲的趋势波段,就死拿头寸不放手,直到第一个逆向涨跌停板出现为止,这是很厉害的持仓策略,几乎可以将整个趋势一网打尽。

第九章 技术指标与成交量技术

第一节 大局观

交易高手对行情大局与细节的判断能力远非常人可比。交易之前,他会关注市场的如下方面并且明确给出答案(以股市为例):

1. 当前的市场环境是否适合操作?大盘指数有无趋势?若无趋势,市场有可能正在构筑哪种形态?是底部反转形态、顶部反转形态、趋势中继形态还是暂时迷失方向有待观察?重要的支撑或阻挡水平位于何处?

2. 指数若存在趋势,是何种级别的趋势?是否为牛市或熊市?是牛市或熊市的早期、中期还是晚期?如果是次级折返走势,现在已经回撤到前轮趋势长度的哪个位置——33%、50%还是66%?月线图、周线图、日线图的状态如何?它们所分别指示的市场长期、中期和短期趋势的方向为何?三者的关系怎样?

3. 指数月线图、周线图或日线图上是否出现"标志性 K 线"、"共振"、"反振"或"过头"信号?如果有,预示着何种级别的行情?有无缺口或单日、单周、单月反转以及超涨、超跌等重要技术现象?

4. 如果大盘指数存在明显的趋势行情,那么何种板块与指数同步甚至处于领涨地位?领涨板块中的领头羊又是哪几只个股?如果有,锁定它们,做多其中最强的 1~2 只个股。当指数在一段主升浪之后构筑形态时,意味着热点板块的切换。那么,谁是引领下一段主升浪的新的领头羊?如果新的领头羊出现,那么持股也应该随之切换。

5. 指数处于常规推进状态还是极端状态？成交量呈现出怎样的变动规律？是否验证了价格变化？当市场处于不同的状态或运行阶段,将分别采取何种应对策略？

6. 今后一周至一月,市场最大可能会如何演变？如果在场外,大概需要观望多久？如果在场内,所持头寸需要持有多长时间？如果判断错误,自己打算承担的最大风险是多少？何种情况下必须出场？

......

这就是大局观,即交易者对于市场所处宏观和微观位置、行情长期和短期走向的总体判断。交易者从这种判断中得出市场长期和短期看涨或看跌的结论,并据此操作。通常情况下,交易高手只在市场长期和短期走势方向一致时入场。如果市场长期和短期走势方向并不一致,他要么不交易,要么从事短线交易。对于商品期货市场,他还会试图搞清楚如下问题：

1. CRB 指数、美元指数、原油和铜的走势如何？有无趋势特别是大级别的趋势存在？ CRB 指数是商品期货的大盘指数,美元指数是商品期货的反向指数,原油和铜是比 CRB 指数更有效、更直接的风向标,号令几乎所有的工业品,甚至对农产品也有一定程度的影响。

2. 国内持仓量和成交量满足要求、具备交易价值的期货品种大约有二十几个。其中哪几只品种最值得关注,或最有可能出现比较大的交易机会？如果有,锁定它们。

3. 进场还是观望？如果进场,做多还是做空？采用多高倍率的杠杆或持有多大比例的仓位？

4. 何时进场？利润目标何在？保护性止损指令置于何处？

......

我们将交易者对于市场总体格局与长期走势的看法称为宏观判断,而将其对于市场所处的局部位置与短期走势的看法称为微观判断,两者合称大局观。从实战需要来看,二者不可偏废,否则都不能算是具备良好的大局观。一般而言,非保证金交易较多地依赖于正确的宏观判断,而保证金交易则更多地依赖于正确的微观判断。因为交易者在某种程度上必须信任并坚守自己的宏观判断才能够赚大钱,所以宏观判断也很容易沦

为顽固不化的先入之见，这会导致交易者容易忽视最佳进场时机的选择甚至忘记止损，从而使他们在交易特别是保证金交易中遭受重创。实践证明，不懂微观交易学的交易者无法从事保证金交易。如果头寸正在遭遇麻烦，也许暂时把自己对于市场的总体判断和长远看法放到一边是明智的。越是微观交易，越是需要准确而又不失弹性的大局观。

第二节　感知市场心理

在金融交易市场不同的运行阶段，市场心理各有不同，且呈现出某种规律性的变化特征。这种特征总是与相应的行情发展阶段恰到好处地吻合，并以有限的模式周而复始地一再重复。也许，利用K线和均线技术研判趋势之有无、方向与级别大小，并利用成交量技术验证上述研判的正确性，以及用心灵去感知市场心理的状态与变化，是一个专业交易者最常做的三件事。所谓感知市场心理，就是将市场各方参与主体视为一个整体，再设身处地去体验其情绪与心态的混合变化，就如同感知市场这个巨人的脉搏、心跳与呼吸，然后将这种感受与盘面走势相互印证，从而制定相应的交易策略。

如同一个人，市场心理有坚定果断与犹豫谨慎之分，亦有稳步推进与激越激进之别。显而易见，趋势行情和无趋势行情背后的市场心理是完全不同的。同样是趋势行情，平稳缓和的趋势（或称常规趋势）与凌厉激烈的趋势（或称极端趋势）的背后，其市场心理亦有差别。对于前者而言，虽然进展缓慢，但顺势的一方或者说处于优势地位的一方面对账面上每天累计的利润，其稳扎稳打、步步为营，绝不轻易放弃行情主导权的态度是清楚而又明确的。而逆势的一方面对对手的步步进逼且战且退，一方面伺机发动反扑，一方面则只能暗自祷告，希望能早日脱离困厄。不出意外，多空双方的这种优势或劣势格局不仅能够维持，在趋势的末期往往还会加速。

凌厉的趋势往往属于大级别牛熊市的主升浪或主跌浪，它是由于多空实力对比严重不对称造成的一种战略态势，或者更准确地说是由于趋势主导方的筹码集中度更高，而另一方则一盘散沙，故而一触即溃。这种一边倒的战略态势不会轻易改变,体现在价格走势上就是趋势的快速推进,其间价格运动的幅度大,而且持续的时间久,给逆势方造成毁灭性的打击。这种情况下胜方赚钱甚至比从地上捡钱都容易,因此继续持盈的决心之大可想而知。除非行情发生严重的超涨或超跌,导致趋势主导方内部有平仓势力的倒戈相向,否则逆势方除了断臂出局,绝无侥幸生还的任何希望。类似的行情也会发生在常规趋势末尾的加速期。

  支配无趋势行情的市场心理有两种。一是无论多空均小心谨慎,外在表现就是价格波幅越来越窄,同时成交量也越来越小。尽管这一格局迟早会被打破,但在此之前谁也不敢轻举妄动。各种价格中继形态正是在这种市场心理背景下诞生的。二是多空均如惊弓之鸟,价格巨幅波动,但总体来看并无趋势可言,这种行情是日内交易者获利的良机,但却是趋势交易者的噩梦。无论行情处于趋势还是无趋势状态,都有正常与反常之分。对于趋势而言,正常意味着趋势的顺利推进,反常可能意味着趋势遇阻甚或结束。对于无趋势而言,正常意味着形态的继续构筑,反常可能意味着形态结束、价格已经或即将突破。感知市场心理,就是要善于区分行情的正常或反常,常规或极端。

  最为极端的行情,当属前文所述"单日反转"概念中的"抢购高潮"与"抛售高潮"两种现象。此两者,通常既发生在极端趋势末尾,又是单日极端行情的典范,堪称极端中的极端。没有亲眼见识过这两种现象的交易者,就不懂得什么是人性的疯狂!但是,我认为这两种现象有时是市场合力唱主角、部分主力资金推波助澜、刻意引导的结果。当市场情绪完全失控的刹那,这些先知先觉的资金开始反其道而行之。即当人声鼎沸的购买狂潮淹没一切的时候,他们疯狂出货,不顾一切地将筹码在高位倒卖给大众;而当市场肃杀一片,惨烈的下跌将末日般的恐惧布满每个交易者心灵的时候,他们迅速出击,在市场崩溃之后勇敢地承接汹涌而出的"最后的卖盘",从而将"相反意见理论"发挥到极致!"相反意见理论"认为,大众的心理永远落后于市场变化,总是在该恐惧时贪婪,在该贪婪时恐惧,因而是永远的输家。

第三节　技术指标(之一)

细心的读者也许已经发现,我几乎从来不提技术指标。因为尽管技术指标在研判行情时可以带来一定的帮助,但对于持续稳定盈利而言并非必需。在技术指标刚刚传入中国大陆之初,那些神奇的彩色线条就出现在散户营业厅的电脑上供人们查阅,以至于不少人认为是这些指标创造了市场行情。随着技术分析的日益普及,越来越多的人认识到是价格行情创造了技术指标而不是相反。所谓技术指标,就是通过采集交易品种的价格或成交量信息,按照一定的公式编制而成的对研判行情起辅助作用的工具。其中有专门针对股票大盘指数的,更多的是针对股票个股的。后一类指标中的绝大多数都可以在股市、期市和汇市通用。

我曾经花费大力气专门研究技术指标。举凡 MACD、TRIX、DMI、EXPMA、CR、OBV、ASI、SAR、EMV、WVAD、SRI、W%R、KDJ、CCI、ROC、BOLL……这些传统指标,我不仅要知道它们的用法,还试图搞清楚其公式的编写方法和工作原理。后来,我发现直接观察 K 线、均线和成交量这三大技术要素要比研究指标来得更为直接,所以就在以后的操作中逐渐放弃了对技术指标的关注。虽然如此,技术指标对于提高交易胜算仍有一定的参考价值,新手仍应学习了解。技术指标大体上可以划分为两类:侧重于价格的和侧重于量能的。前者又可划分为趋势指标——用于指示趋势行情,以及无趋势指标——用于指示无趋势行情。一般来说,无趋势指标在趋势行情里表现拙劣,反之亦然。这里我们只重点学习两个常用指标:MACD 和布林线(BOLL)。

一、MACD 平滑异同移动平均线 (Moving Average Convergence Divergence)

MACD 是由杰拉尔德·阿佩尔(Gerald Appel)于 1979 年提出的一项利用长短期两条指数平均线的差值来指示趋势的中长线指标,对价格变动的敏感度不高,不适合盘整行情。特点是既去除了移动平均线频繁发出假信号的缺陷,又保留了移动平均线趋势性、稳重性和安定性的优点。理论上，该指标的柱线由绿翻红是买入信号，由红翻绿是卖出信号。当MACD由高档二次向下死叉时，价格跌幅会较大。当MACD由低档二次向上交叉时，价格涨幅会较大。如果价格高点比前一次高点高，MACD的高点却比前一次高点低；或价格低点比前一次低点低，MACD的低点却比前一次低点高时，为背离信号，暗示价格将会反转。MACD指标(参数12、26、9)的计算步骤如下：

1. 计算每天的DI值，DI=High(最高价)+Low(最低价)+2×Close(收盘价)

2. 第12天和第26天分别算出AX和BX的初始值：AX＝12天DI之和/12；BX＝26天DI之和/26

3. 第13天和第27天分别算出DIAX和DIBX的初始值：DIAX＝(2×第13天DI值+11AX)/13；DIBX＝(2×第27天DI值+25BX)/27

4. 第27天算出DIF的初始值：DIF＝DIAX－DIBX

5. 第35天算出MACD的初始值：MACD'＝9天DIF之和/9

6. 第36天算出第一个真正的MACD值：MACD＝(2×第36天DIF值+8MACD')/10

7. 第37天起将第36天的MACD值代入上述公式，以此类推：MACD＝(2×第37天DIF值+8×第36天MACD值)/10

应用法则如下：

1. DIF与MACD均为正值，即都在零轴以上时，大势属多头市场，DIF向上突破MACD时可做多，DIF向下跌破MACD时只可作为多单平仓信号。

2. DIF与DEA均为负值，即都在零轴以下时，大势属空头市场，DIF向下跌破MACD时可做空，DIF向上突破MACD时只可作为空单平仓信号。

第四节　技术指标(之二)

二、布林线(Bollinger Bands)

布林线由约翰·布林(John Bollinger)创立。该指标利用统计学原理,先通过计算"标准差"求取价格的"信赖区间",再利用波带指示价位高低。一般情况下,价格总是游走在"上轨"和"下轨"之间的带状区间里。当价格波幅变大时,波带会变宽;当价格波幅变小时,波带会收窄。当波带极度收窄时,激烈的价格波动随时有可能产生。如果布林线的波带向水平方向延伸,表明价格变动处于常规(即无趋势)状态。这种情况下,当价格向上穿越"上轨"时,将形成短期回档,为短线卖出时机;当价格向下穿越"下轨"时,将形成短期反弹,为短线买进时机。如果行情一直维持无趋势状态,采用上述方法高抛低吸可靠性较高。当波带朝右上方或右下方倾斜移动时,表明行情处于趋势状态。此时继续采用上面的办法操作非但行不通,还会招致严重损失。

如果价格贴近上轨或下轨温和推进,表明行情处于常规趋势状态,但不排除加速的可能。如果价格紧贴上轨或下轨连续大幅度挺进,表明行情属于极端趋势,此时顺势的头寸持有的时间可以久一些,当行情"超涨"或"超跌"(参见后述"超涨/超跌理论")时可以平仓部分或全部顺势头寸,但绝对不要轻易逆势交易,否则很容易瞬间招致巨大损失,在保证金交易中甚至会被直接消灭。所谓的逆势交易容易招致灾难性后果——这是我们一再告诫读者要竭力避免的——莫此为甚。布林线指标用于揭示股票大盘指数的超涨或超跌现象——所谓的"抢购高潮"或"抛售高潮"——比用于个股或其他交易品种的效果更佳。有心的读者不妨将历史上这些关键时刻布林线指标的表现调出来观察,不难发现它们当时正处于这里所描述的状态!

正因为如此,笔者将布林线列为界定超涨或超跌现象的重要参考指标之一。价格越是紧贴上轨运行,表明上升趋势越强劲,直到价格脱离布林线上轨、完全在布林线上轨之外运行,即价格发生"超涨"现象,行情才有可能产生回档。这种情况下只宜平仓多头头寸,切不可轻易做空。如果做空,必须至少取得看跌型 K 线组合的支持,而且必须设好止损位。同理,价格越是紧贴下轨运行,表明下跌趋势越强劲,直到价格脱离布林线下轨,完全在布林线下轨之外运行,即价格发生"超跌"现象,行情才有可能产生反弹。这种情况下只宜平仓空头头寸,切不可轻易做多。如果做多,必须至少取得看涨型 K 线组合的支持,而且也必须设好止损位。

布林线还存在一条"中轨"线。一般认为,当价格在布林线的中轨上方运行时,表示交易品种处于强势;当价格在布林线的中轨下方运行时,表示交易品种处于弱势。通常情况下,日布林线的中轨就是指价格的 20 日均线,周布林线的中轨就是指价格的 20 周均线……以此类推。还可以将布林线的上、中、下轨三条线结合起来一起看:当三者同时向上运行时,表明价格的强势特征明显,后市继续看涨;当三者同时向下运行时,表明价格的弱势特征明显,后市继续看跌;当三者几乎同时处于水平方向横向延伸时,才表示行情处于无趋势状态。下面以日布林线为例,介绍 BOLL 指标(参数 N=20,代表统计天数;P=2,代表布林带宽度)的计算方法。周布林线、月布林线或日内布林线的计算方法与此类似:

1. 计算公式

MB(中轨线)=N 日移动平均线(N=20)

UP(上轨线)=MB+两倍的标准差

DN(下轨线)=MB-两倍的标准差

2. 计算步骤

(1)计算收盘价的移动平均值 MA:MA=N 日内的收盘价之和 /N

(2)计算标准差 MD:MD=对 N 日内的(收盘价-MA)的二次方之和求算术平方根再除以 N

(3)计算 UP、DN 线:UP=MB+P×MD;DN=MB-P×MD(P=2)

第五节　成交量技术(之一)

成交量技术是对价格研判的重要补充和验证,对于做多交易的价值

大于做空交易。一般所谓的价升量增、价跌量缩只是最简单的量价关系,用于实战的成交量技术则要复杂得多。在前面的章节中,我们讲述形态学和缺口等重要技术现象时,已经提及形态被向上突破时成交量会显著增加,被向下突破时成交量不一定增加,回抽颈线位或形态边界线时成交量会减少,以及当回抽结束价格重新开始上涨或下跌时成交量往往会增加这些成交量变化规律。并且已经熟知向上跳空缺口或突破性大阳线往往伴随着明显放大的成交量,而顶部单日反转,在收出带跳空的特殊大K线或看跌吞没大阴线的同时,往往会爆发出惊人的成交量。所有这些技术线索都是可以极大地提高交易胜算的良好工具。下面,将分别介绍适用于股市和期市的成交量技术。

关于股票市场的成交量技术,主要介绍以下两点。

一、绝对控盘型个股的成交量特征

所谓绝对控盘,指主力控制了一只个股至少70%以上的流通筹码。需要说明的是有些主力深度控盘是因为运作水平高深,而有些恰恰是因为无知和鲁莽,才稀里糊涂甚至被迫吃下太多筹码。主力操盘水平的高低主要看出货能力。任何组织或机构坐庄的目的最终都是为了拉高出货(当然在允许做空的市场里也有通过高位建仓然后向下砸盘谋利的,不过这种形式比较少见)。出货的成败等同于坐庄的成败。那些在市场处于明显的深度熊市阶段时依然对个股保持着高控盘状态的主力就是些不折不扣的失败者。如果熊市维持的时间超过一年,那么崩盘将是这些主力的唯一出路。

绝对控盘型个股的成交量特征就是一旦开始正式拉升,成交量就会随着价格的不断走高而变得越来越小。"价越盘越高,量越盘越小"是对这一量价现象的生动概括。我们一般用换手率替代成交量。譬如,一只流通盘为1亿股的股票,如果某几个交易日的成交量分别为100万、300万、500万、1 000万、2 000万、4 000万股,则它的换手率分别为1%、3%、5%、10%、20%、40%。对于这些量级的成交量我们通常分别以小量、活跃量、大量、巨量、天量、爆量称之。对于超级大盘股而言,10%的换手已很惊人,要警惕主力减仓;而对于流通盘只有5 000万以下的小盘股而言,单日20%

的换手也很常见。成交量是否健康,关键看连续性和价位高低。如果某日某个大盘股很突兀地放量10%,而这之前和之后成交量都很小,价格又处于高价圈,那么就此见顶的可能性就很大。绝对控盘型个股的换手率很少超过2%,一旦高位放出巨量特别是连续放量,往往意味着主力出货,该股运作结束。

二、半控盘半对倒型个股的成交量特征

有些主力资金实力不是很雄厚(一般控盘深度在50%左右),但操盘水平高超,运用借力打力、四两拨千斤的手法,一边拉升一边放量对倒(即自买自卖),在拉升过程中始终保持筹码的进出平衡,即绝对仓位不增加。反映在成交量上,就是每天换手20%左右,成交量分布连续而均匀。这种技术现象,国内有专家称为"东方红,大阳升",的确形象。这类个股一般都是中小盘股,价格波动和震仓剧烈而频繁。反观绝对控盘型个股的走势都相对简单而且符合技术规范,比较容易把握。这两类庄股,前者为短线品种,后者为长线品种。后者运作时间更长,绝对升幅更大,且不限于中小盘股。

如果股票大盘指数经过长期熊市,在漫长的底部构筑期内,多数个股的筹码都被主力群体所收集,那么,接下来大盘指数的表现将会和一只绝对控盘型个股一模一样!这将是一轮5~10年一遇的超级牛市,利用本书介绍的技术,可以在低位将这类牛市轻而易举地捕获。无论绝对控盘型大盘指数或个股,突然放大的成交量都是其命门所在。绝对控盘型个股在升幅达数倍之后突然放出大成交量,肯定凶多吉少。而绝对控盘型牛市在绝对高位放出史无前例的成交额(例如,2007年5月30日,A股沪深两市合计放出4 165亿元的历史天量),那么牛市即便不一命呜呼,也会形成中短期头部。

第六节 成交量技术(之二)

本节主要介绍期货市场的成交量和持仓量技术。前述换手率的经验值都是在国内A股市场实行T+1(指当天买进的证券次日才能卖出,当

天卖出回收的资金可以当天再买进)制度的基础上经过长期实战得来的。但是,期货市场多了一个持仓量(即持仓兴趣)概念,并且实行的是T+0交易制度,如果不考虑手续费,理论上一天可以进出无数次。持仓量相当于股票的流通盘,只不过是动态的,每天甚至每个交易时刻都在变,原因是期货交易本质上属于对赌游戏,一手的持仓量代表某个交易者卖出一手,而另一个交易者买进了这一手,或者相反。这样多方和空方所开的仓单由交易所计算机自动撮合成交,多单和空单数量上永远相等。国外只统计单边持仓,即多单或空单的数量;国内则统计双边持仓之和,所以国内的持仓量永远是偶数。

T+1制度下股票的换手率永远不会超过100%,而T+0则会虚增成交量,导致成交量与持仓量的比值(我称之为动态换手率)最高可达10倍以上。对于同一品种的不同月份的合约而言,我们将持仓量和成交量均为最大者称为主力合约,将持仓量和成交量次于主力合约但大于其他合约,且在未来会很快成为新的主力合约的合约,称为"次主力合约"。如果持仓量接近,则将成交量大的视为主力合约。不难发现,主力合约和次主力合约的持仓量与成交量之和,占据了该品种全部合约之总持仓与成交量的绝对比重。交易者应该有意识地将操作全部局限在主力合约或次主力合约尤其是前者之中。因为主力合约属于大资金对垒(对大品种而言),价格走势真实绵密,滑移价差小,流动性佳,人为操纵困难。

应尽量避免参与那些成交清淡、流动性差的品种。举例来说,某主力合约收盘后显示持仓量为10万手,成交量低于10万手,这就不是一个理想的品种。如果动态换手率低于0.5倍,更是看都不必看。理想的品种,其动态换手率最好为2～5倍。持仓量代表交易品种对资金的吸引力,持仓量太低显然无法走出像样的行情,但是过大又代表大资金严重对峙,有事态失控的危险。一个品种应该具有"大而健康"的持仓量。现在有的软件(如文华财经)运用某种算法换算出价格,合并统计所有合约的持仓量与成交量设计成该品种的"指数"——一种尽可能客观的"连续"走势图,每个月份的主力合约在其中占据了最大的权重。统计指数的历史最高与最低持仓量,自然会明白什么是它应该有的"大而健康"的持仓量。

于是我们可以像分析股票那样方便地分析"指数"了。前述的关于股票成交量的变化规律，也全都可以应用到"指数"上。长期来看，期货持仓量的增减与牛熊循环并没有必然联系。所有期货行情均可划分为资金推动型或现货引导型，只有前者才需要持仓量配合，后者则不需要。持仓量通过成交量而改变，其增减意味着资金的流入或流出。虽然多头与空头总持仓永远相等，但分散与集中的程度不同。短期价格波动中，增仓上行、减仓下行非常常见。价格涨跌过度后，持仓量往往会急剧增加，这说明多空对抗升级，价格难以平衡，后市要么加速，要么反转。尤其是上涨行情的最后阶段，一般都会由于套保盘与投机盘的对峙而出现多品种持仓的急剧扩大，进而形成重要头部。一般来说，持仓量与成交量存在如下变动关系。

1. 量仓齐增：多发生在升势初期，量增是因为短线资金的积极进出，仓增则显示了多空能量的积蓄，后市看涨。

2. 量仓齐减：多发生在行情结束时，多空双方或一方对后市失去信心，资金逐步离场。

3. 量增仓减：多发生在趋势运行途中，量增同样是由于短线资金的积极进出，仓减表示逆势的一方正在认赔出局。

4. 量减仓增：多发生在(如三角形)整理过程中，是大行情来临的先兆。量减是由于价格波幅小，短线资金无利可图，扩仓是长线多空主力重兵对峙的表现。此种情况后续走势十分凶猛，鲜有假突破发生。一旦爆发，至少有中级行情出现，是最值得关注的量仓关系。

最后，价格走势的意义永远大于持仓量和成交量变化的意义。

第十章　保持心灵的平静

第一节　三项管理与四项法则

　　做交易需要管理好三项要素：市场、资金和交易者自身。我们分别称为市场管理、资金管理和自我管理。市场管理是交易技术的别称，是交易者研判市场走向、决定交易品种和进出时机的技术方法的总和，一般提炼为交易系统。有关止损、止盈、持盈和仓位控管的艺术，统称为资金管理。有关交易者本人的心性修炼和情绪控制，称为自我管理。其中，交易技术永远是第一位的，它就像交易者的眼睛。一个交易界的盲人，他在市场中无论怎样做或做什么都是错的。其次是资金管理，对于保证金交易而言特别重要。最后是自我管理，它涉及交易者本身的人格结构——自律型或放任型，后者又包括故意放任型和意志薄弱型两种。此三者密切联系，不可分割，协同作战，缺一不可。

　　那些市场前辈们认为有利于交易成功的经验之谈，例如，"只在明显的趋势中下注"，或"绝对禁止在亏损的头寸上加码摊平"……有人称之为"交易策略"，有人称之为"交易纪律"。因为这些智慧之语是前辈高人毕生经验教训的总结，是他们用漫长的交易岁月、天文数字般的损失甚至是生命换来的，年轻后学除了充分尊重、用心领悟并努力实践之外别无选择，故我将它们归纳整理、高度浓缩之后，上升到一定的高度，以"交易法则"命名之，以期引起后来者的重视。交易法则有四项，分别为简易柔顺法则、确定性法则、成长性法则和稳健性法则。前两者属于市场管理的范畴，后两者属于资金管理的范畴。四项法则均与自我管理密切相关，执行的效果也完全取决于自我管理的效果。

简易柔顺法则,解决个人与市场的关系问题,倡导顺势交易与系统化交易。简,指交易系统简单明了;易,指获利容易的交易市场或交易品种最具备交易价值;柔,是要求交易者保持弹性与警觉,虚怀若谷而不与市场逞强斗狠;顺,即顺势交易。该法则可以概括为:"保持简单,顺势而为。"简易柔顺法则要求交易者将自己的全套交易技术提炼为交易系统,交易者按系统发出的信号进出,即不满足进场条件不进场,不满足出场条件不出场。交易系统按时间周期可以划分为宏观和微观交易系统。我经常直接将日线图、周线图和月线图相结合作为宏观交易系统,而将日线图、60分钟和15分钟K线图相结合作为微观交易系统。前者用于指导非保证金交易,后者用于指导保证金交易。该法则的关键词是"顺势"二字。

确定性法则,注重进出时机,以寻找价格即将发生大幅变动的临界点和高确定性图形为己任,解决胜率问题,遏制频繁交易与强行交易。该法则可以概括为:"没有绝对把握不进场,有疑问时离场。"客观意义上的"绝对把握"固然不存在,但如果始终坚持这一法则,可以大量减少劣质交易。该法则的关键词是"待机"二字。

成长性法则,解决资金的自我保护与发展壮大问题,实现小亏大赢。包括止损法则、持盈法则与止盈法则。该法则可以概括为:"截断亏损,让利润奔跑。"关键词是"止损、持盈、止盈"。

稳健性法则,解决账户安全问题,对抗过度交易,避免暴亏。该法则可以概括为:"以保护账户安全为第一要务,永不承担过量风险。"关键词是"控仓"。

待机、顺势、控仓、止损、持盈、止盈——这六个关键词浓缩了交易学三项管理与四项法则的全部精髓。可以说,我们作为交易者在市场上所有的一切交易行为,全部围绕这六个关键词而展开。我们所有的失败,无论是无知导致的失败,还是明知故犯导致的失败,都可以在这六个方面找到原因。这六个关键词中的前二者依赖交易技术,后四者对应资金管理,并且全部受到交易者自我管理水平的统领和制约,也就是说,所有的问题最终都必须落实到自我管理,即交易者自身的执行力上。执行力不够,则需

要从交易者的人格结构和交易心理上找原因，这需要我们继续学习交易成功学、交易心理学与哲学。当交易者所知足够开阔，经验足够丰富，这样面对市场时，将可以做到无忧、无惧、无惑。而持续稳定盈利之境，并非遥不可及。

第二节　跨越陷阱

现在，让我们来认识摆在交易者面前的"三大陷阱"。只有成功地跨越这三大陷阱，才能使我们在迈上成功之路时通达无碍。

一、过度交易陷阱

过度交易是指账户承担了过量风险，包括在保证金交易（如期货或外汇市场）中应用高倍率杠杆和在非保证金交易（如A股市场）中重仓交易两种情况。一般来说，保证金比率的倒数就是杠杆倍率。股票、期货和外汇市场的保证金比率通常分别为 0~100%、5%~10%、0.2%~2%，分别对应 0~2 倍、10~20 倍、50~500 倍的杠杆。杠杆是双刃剑，它将损失和收益同步放大。显而易见，它只对老手、内行、专家有利，对新手、外行、大众不利。它是赢家的利剑，输家的毒药。但是如果使用不当，它将是所有人的毒药。对 10 倍杠杆而言，5%的逆向波动将导致 50%的损失，10%的逆向波动将会使账户归零。对 100 倍的杠杆而言，1%的逆向波动就会导致穿仓，而这与账户上有多少钱无关。高倍率杠杆是金融交易中最古老、最邪恶的陷阱。有些交易者自恃艺高人胆大，结果无一例外地栽倒在这个 100 年前就挖好的陷阱里，一命呜呼。新手死于无知，老手死于明知故犯。

二、在无趋势震荡市里频繁交易或强行交易的陷阱

那些既能避开高倍率杠杆陷阱，又懂得顺势交易的趋势交易者理应能够发大财吧？未必。一般来说，趋势交易者在趋势行情中的确都能赚大钱，但是在无趋势震荡市里他们往往管不住自己的手，耐不住寂寞，又将辛辛苦苦赚来的利润，也许还包括本金——全都赔光了！据统计，无趋势震荡市占整个交易时间的 70%以上，而人们一般是不太可能在长达 70%的交易时间里不交易的。所以说，无趋势震荡市就是专门为趋势交易者设

计的致命陷阱。所谓频繁交易，就是无节制、无大方向指导下的反复进出，这是新手易犯的毛病；所谓强行交易，就是明知市道不适合交易，但是仍然试图利用自己的经验和技术优势在胜算不大、确定性不高的市道中"强行创造盈利机会"，这是老手易犯的毛病。

根据我的研究，除了个别人自身的心理有问题以外，老交易者之所以会出现这种根深蒂固的劣习，多半都是由于交易渠道狭窄、缺乏选择市场的余地造成的。有时候不是人们不想或不能约束自己，而是他们确实有育儿养老的强大生存压力和艰巨的盈利或扭亏任务必须完成，而参与单一市场导致他们别无选择。解决之道，是应该同时在股市、期市和汇市开户，哪里有大机会就做哪个市场。作为一个真正热爱交易的交易者，三市三栖是必然结果。因为这样做可以明显增加交易机会，从而把"只有大机会才交易"的理念真正落到实处，彻底疗愈频繁交易和强行交易的痼疾。况且，按照我的系统和理论，这三个市场并无不同，参与期市或汇市并不需要额外的知识。根据我的经验，三市三栖也不会导致精力分散和对单一市场的关注度减少，精力上绰绰有余。

三、在保证金交易中以利润顺势加码至满仓的陷阱

顺势加码，多么诱人的字眼！许多交易大师正是这么教导后人的。为此还有所谓正金字塔加码和倒金字塔加码之辩。但是等等，如果不断以利润加码至满仓，这和过度交易有区别吗？没有！试举一例，假如我们采取最为激进的做法，一开始就满仓杀进，即用足杠杆（例如，10 倍），而我们的运气也真的很好——当然也可以认为是操作的水平很高——这样当价格顺势运行 10%的时候资金翻倍。如果此时将全部利润以市场价加码至满仓，那么只要有 5%的价格回撤，账户资金就会被打回原形——我们赔钱的速度竟然是赚钱时的两倍！所以请相信我，无数人翻船正是因为这个原因。只要一直这么做，翻船将只是早晚之事。实践证明，由于行情运行节奏的不同，即便是趋势行情中间也会夹杂着大量的价格回撤运动。因此，在保证金交易中，顺势加码经常会弄巧成拙，加码的结果还不如不加。最后，关于保证金交易，有一句口诀请读者谨记："重仓必短线，长线必轻仓。吃足重仓苦，方能不重仓！"

第三节　保持心灵的平静

人是物质的,因为人有身体。只要想想人们一天有多少时间是因为吃喝拉撒睡而花费掉的,就不难明白人是物质的这样一个基本事实。既然有太多的事情是为了侍奉我们的身体而展开的,甚至连精神也被认为是身体的附属物,那么,我们的快乐来源于身体,我们的痛苦——包括压力、紧张、贪婪、恐惧、忧愁和绝望——也都来源于身体,就不难理解了。身体是我们的优点,也是我们缺点。它是用来证明我们存在的东西,也是我们这一生最大的负累。《老子》曰:"吾所以有大患者,为吾有身;及吾无身,吾有何患?"意思是说:"我所有的弱点与苦难的根源,都在于有这个身体。如果没有身体,这些牵绊也就不复存在了。"

物质享受在有些人眼里之所以拥有至高无上的地位,就是因为在他们的意识或潜意识当中存在这样的信念:身体就是一切。从某种意义上说,这就是人们得以自轻自贱、自暴自弃甚至肆意作恶的理论依据。可是,如果身体真的就是我们自己,那我们岂非成了一群渺小无知的可怜虫,与那些朝生夕死的蜉蝣何异？我们通过一生追求所得的艺术成就、科学发明、金钱财富和地位名声,当然还包括我们的交易生涯,也将全都变得毫无价值,难道还有比这种虚无更可怕的事吗？我深信,这绝非宇宙人生的真相。我认为人来到世间,在物欲横流的现实和利益争夺的表象背后,一定有着更大的智慧和更高的目的存在。

我无意在一本谈论交易的书中探究生命的起源或本质。老实说,这不仅偏离本书的主旨,也超出我的能力范围。我只想提醒那些沉迷于金融交易这场没有尽头的金钱游戏的人们,能够偶尔思索一下生命的意义,以开阔的心胸对各种可能性持包容的态度。按照苏菲亚·布朗(Sylvia Browne)在她的名著《灵魂之旅》(*The Other Side and Back*)中的说法:死亡不是失败,患病不是惩罚,活着不是奖赏;我们每一个人来到世间,都是为了完成既定的功课。如果今世我们决定以交易为生,那么无论成败,其过程和结果都将是而且仅仅是我们"地球经验"的一部分而已。

古往今来，无数职业交易者徘徊在天堂和地狱之间，历经生与死的考验。高压的环境固然为培育专业素质所必需——高压不仅是金钱方面，也包括人格方面。在中国，不上班被视为是"缺德"的。由于职业交易者不从事世俗意义上的"工作"，其人格在其他人眼里也会随之降低——从此他赚钱是天经地义，赔钱就是十恶不赦。又因为长期缺少与外界交流的机会，他的性格也会越来越怪。不知不觉中，他已经与全世界为敌了。很多职业交易者都会离婚，就是因为形同赌徒的生活和日渐怪异的性格已让他们成为配偶的耻辱。由于孤独和压力，他们自己有时也难免会失去自制力。因此，职业交易，就是和魔鬼签订契约。

所以，我历来反对一个有着正常收入的人辞掉工作或结束生意来专职炒股。姑且不论在金融交易这行取得成功的概率低得可怜，就是那些成功的交易家，他们成才时间的漫长也是有目共睹的：一般需要10年以上，另外加上至少10万元的学费。即便如此，也没有任何人可以为他们的最终成功打包票。当人生陷落时，我是说，当一个专业交易者财务破产、妻离子散、众叛亲离，当他一个人孤零零地走进人生黑暗的隧道，当没有一个朋友向他伸出援助之手，他每天面对的全是一些负面的东西：压力、沮丧、抑郁、躁狂、焦虑、恐慌、伤心、绝望……此时他应该反思：交易是否真的就是他生命中最重要和最有价值的事？

您能否相信，一个交易技术登峰造极、资金管理炉火纯青的人或许无法从市场中赚到真正像样的钱；而一个交易界的外行，却可能连连得手，大赚特赚？运气的背后，是否还有更深的寓意在其中？我认为，像巴菲特、盖茨、李嘉诚等福报极大的人，即便与股市完全绝缘，也照样会大富大贵。股市，只是成就他们福报的便捷途径而已。福报的大小，由人们累生累世的功德所决定。因此，一个人无论贫富贵贱，都应恪守"存好心、说好话、行好事、做好人"的信条；而不应蝇营狗苟，甘愿沦为金钱的奴隶。言及此，我想起清朝大诗人赵翼的一首诗，特录在这里供读者参考，同时作为本书的结尾：

少时学语苦难圆，只道功夫半未全；
到老方知非力取，三分人事七分天。

中英文人物译名对照表

英文原名	中文译名	英文原名	中文译名
Andre Kostolany	安德烈·科斯托拉尼	Jack D.Schwager	杰克·D.施威格
Andrew W. Lo	安德鲁·W.罗	James Rogers	詹姆斯·罗杰斯
Benjamin Graham	本杰明·格雷厄姆	Jay Gould	杰伊·古尔德
Brian Gelber	伯恩·吉尔伯	Jesse Livermore	杰西·利维摩尔
Bruce Kovner	布鲁斯·柯凡纳	John J.Murphy	约翰·J.墨菲
Burton G.Malkiel	伯顿·G.马尔基尔	John Magee	约翰·迈吉
Charles H. Dow	查尔斯·H.道	John Meriwether	约翰·梅里韦瑟
Charles Le Beau	查尔斯·勒博	Larry Hite	赖瑞·海特
Danial Drew	丹尼尔·德鲁	Larry Williams	拉瑞·威廉姆斯
David Ryan	大卫·瑞安	Louis Bachelier	路易斯·巴舍利耶
Dickson Watts	迪克森·瓦茨	Mark Weinstein	马可·威斯坦
Ed Seykota	艾德·斯科塔	Marty Schwartz	马丁·舒华兹
Edgar E. Peters	埃德加·E.彼得斯	Michael Covel	迈克尔·卡沃尔
Edwin Lefevre	埃德温·拉斐尔	Michael Marcus	麦可·马可斯
Eugene Fama	尤金·法玛	Michael Steinhardt	麦可·史坦哈德
Gary Bielfeldt	盖瑞·贝弗德	Myron S.Scholes	迈伦·S.斯科尔斯
George Soros	乔治·索罗斯	Paul Tudor Jones	保罗·都德·琼斯
Granvile Joseph	格兰维·约瑟夫	Paul H.Cootner	保罗·H.库特纳
Harry Markowitz	哈里·马克维茨	Peter Lynch	彼得·林奇
J.P.Morgan	J.P.摩根	Philip A. Fisher	菲利普·A.费雪

续表

英文原名	中文译名	英文原名	中文译名
Philip Anderson	菲利普·安德逊	Steve Nison	史蒂夫·尼森
Richard Dennis	理查德·丹尼斯	Tom Baldwin	汤姆·包得文
Richard McDermott	理查德·迈克德莫特	Van K.Tharp	范·K.撒普
Richard W.Schabacker	理查德·W.夏巴克	Victor Sperandeo	维克多·斯波朗迪
Robert C.Merton	罗伯特·C.默顿	Warren Buffett	沃伦·巴菲特
Robert D.Edwards	罗伯特·D.爱德华	William O'Neil	威廉·奥尼尔
Robert Shiller	罗伯特·席勒	William Peter Hamilton	威廉·彼得·汉密尔顿
Stan Weinstein	史丹·温斯坦	William D.Gann	威廉·D.江恩
Stanley Kroll	斯坦利·克罗		

参考书目

1. 青泽著:《十年一梦——一个操盘手的自白》,企业管理出版社 2006 年版。

2. 文竹居士著:《期货投资的命门》,地震出版社 2008 年版。

3. 李晓明、李梦龙著:《庄家操作定式解密》,广东经济出版社 1999 年版。

4. 张龄松、罗俊著:《股票操作学》,中国大百科全书出版社 2000 年版。

5. 邱一平著:《笑傲股林》,复旦大学出版社 1996 年版。

6. 约翰·J.墨菲(John J.Murphy)著,丁圣元译:《期货市场技术分析》(Technical Analysis of the Futures Markets),地震出版社 1994 年版。

7. 斯坦利·克罗(Stanley Kroll)著,罗耀宗、俞济群译:《期货交易策略》(Kroll on Futures Trading Strategy),寰宇出版股份有限公司 2006 年版。

8. 斯坦利·克罗(Stanley Kroll)著,刘福寿等译:《克罗谈投资策略——神奇的墨菲法则》(Kroll on Profitable Investment Strategies),中国经济出版社 2004 年版。

9. 爱德温·李费佛 (Edwin Lefevre) 著,真如译:《股票作手回忆录》(Reminiscences of a Stock Operator),海南出版社 1999 年版。

10. 杰西·利弗莫尔(Jesse Livermore)著,刘晓天译:《世界上最伟大的交易商——股市作手杰西·利弗莫尔操盘秘诀》(How to Trade in Stocks),地震出版社 2007 年版。

11. 罗伯特·D. 爱德华(Robert D.Edwards)、约翰·迈吉(John Magee)

著,程鹏等译:《股市趋势技术分析》(Technical Analysis of Stock Trends),中国发展出版社 2004 年版。

12. 约翰·迈吉(John Magee)著,吴溪译:《股市心理博弈》(Winning the Mental Game on Wall Street),机械工业出版社 2008 年版。

13. 马丁·舒华兹(Marty Schwartz)著,王正林译:《交易冠军》(Champion Trader),中国青年出版社 2009 年版。

14. 史蒂夫·尼森 (Steve Nison) 著,丁圣元译:《日本蜡烛图技术》(Japanese Candlestick Charting Techniques),地震出版社 1998 年版。

15. 史蒂夫·尼森(Steve Nison)著,寰宇证券投资顾问公司译:《股票K线战法》(Beyond Candlesticks),宇航出版社 2005 年版。

16. 维克多·斯波朗迪(Victor Sperandeo)著,俞济群、真如译:《专业投机原理》(Trader Vic I & II),宇航出版社 2004 年版。

17. 杰克·D.施威格(Jack D.Schwager)著,俞济群译:《金融怪杰》(Market Wizards),寰宇出版股份有限公司 1985 年版。

18. 杰克·D.施威格(Jack D.Schwager)著,罗耀宗、俞济群译:《新金融怪杰》(The New Market Wizards),寰宇出版股份有限公司 1994 年版。

19. 迈克尔·卡沃尔(Michael Covel)著,那希尧译:《趋势跟踪——顺势交易名家策略解读》(Trend Following:How Great Traders Make Millions in up or down Markets),广东经济出版社 2006 年版。

20. 范·K.撒普(Van K.Tharp)著,董梅译:《通向财务自由之路》(Trade Your Way to Financial Freedom),机械工业出版社 2008 年版。

后　记

和所有的市场参与者一样,我尝遍了交易市场上种种的酸甜苦辣,可以说个中滋味,如人饮水,冷暖自知。记得我初入 A 股市场时,短短两年时间里就将 4 万元的本金亏掉一半。后来从事保证金交易,所遭遇的风险就更大了。在这个市场上摸爬滚打了 13 年,在赚过几十万元也赔过几十万元之后,我有一肚子的话要说。为了不让那些和我一样出身贫苦,又真正热爱金融交易的年轻人重复我犯过的低级错误,继续走无谓的弯路,我产生了撰写一部金融交易教科书的想法。

这真是一项艰巨的挑战和一场艰苦的马拉松长跑。从 2008 年 4 月到 2009 年 12 月,经过一年半持续不懈的努力,有时通宵达旦地加班,两易其稿,《金融交易学——一个专业投资者的至深感悟》这部书的第一卷总算定型,第二卷也已经完成了 2/3,第三卷完成了 1/3。之所以分成三卷,主要是内容太多所致。刚开始的设想是写一本书。但在写书的过程中,我发现撰写本书的难度之大、篇幅之长和工作量之巨远超预期,于是不得不将内容一再拆分。

2008 年 12 月,本书的初版完成,部分篇章在我的博客和一些股票论坛上陆续发表,受到一批网友的肯定与支持。2009 年 3 月,四川《金融投资报》的副总编辑陈大禹先生给我发了一封电子邮件,表示希望在该报的"周末证券"栏目连载我的这本书,每期 1 500 字,外加 500 字的每周股市解盘。他当时的意思是将本书的初版予以适当编辑然后发表即可。但我感觉那样做很麻烦,况且我一直觉得老版本过于粗线条,所以动了重写的念头,这就是本书的由来。

因此可以说,如果没有陈大禹先生的约稿,我就不会有重写这本书的愿望和动机。也多亏了他每篇不超过 1 500 字的要求,这本书才摆脱了初版单篇过长、行文拖沓和某些地方存在重复现象的弊病。因为刊登在报纸上的篇幅是严格限制的,这迫使我学会了以简洁为美。我通常每小节先写 1 800 字左右,然后开始删除多余的字句并反复锤炼和调整句子的表达方式,直到无法再压缩一个字为止。为此付出的代价是巨大的。保守估计,每小节 1 500 字花费的时间应在 10 个小时以上。

接受陈大禹先生的约稿要求之后自然不敢怠慢。我是讲信用的人,我知道我必须走在前面,否则哪个周末如果因为有事不能写稿,耽误了报纸排版那就太过意不去了。我手上至少要有四五篇提前写好的稿子作为备用才会心安。就这样,连载的车轮一旦转动就无法停下来。自 2009 年 3 月 7 日起,已经连载了近 50 个小节。报纸上已经刊登的内容也不是万事大吉,我在写作过程中还要对其反复推敲,直到无法再改为止。有关内容后来又重新划分了章节。

就在陈大禹先生约我撰稿后不久,我收到了上海财经大学出版社总编辑黄磊先生发来的电子邮件,他在信中表达了出版意向。陈总和黄总都是在网络上看到我写的这本书的部分章节和片段后产生兴趣的。因此说,网络是个好东西,我和二位老总的友谊就是这样建立起来的。如果没有他们的支持、鼓励和鞭策,我就不会有勇气重写这本书。即便我有心想写,当面对苦不堪言的写书生活,恐怕我也很难有毅力坚持到底。因此,没有二位老总的关心和支持,是断不会有这本书问世的。

最后,感谢国内期货界前辈操盘手、著名实战交易家青泽老师于百忙之中欣然命笔,为本书作序。青泽老师是畅销书《十年一梦——一个操盘手的自白》的作者,近 20 年来一直活跃在教学和实战第一线,在金融交易领域造诣高深、战绩卓著。他的《十年一梦》,是每个欲在金融交易市场立足的年轻后学的必读教科书。我每拜读老师的大作一遍,都会有新的感悟和收获。该书在我心目中的地位,堪比《股票作手回忆录》。在此,我也向我所有的读者朋友们郑重地推荐青泽老师的这本书。

有些读者看完本书后会问,我既然已将自己定位为专业投机者,为何本书的书名还有我的笔名还带有"投资"字样？为何不以"投机"二字替代之？没有别的原因，仅仅是因为本书的书名《金融交易学——一个专业投资者的至深感悟》和我的笔名"投资家1973"尤其是后者已经使用许久，已为不少读者所熟知。此时若再贸然改名，徒增误会而已。所以思之再三，仍保留"投资"二字。但是，读过本书的读者都知道，无论是交易方法或理念，我都是一名彻头彻尾的投机客。

作　者

2010 年 3 月 28 日

读者来信

至诚恳切地拜投资家 1973 先生为师（之一）

尊敬的投资家 1973 老师：

您好！我的上证账户是 1993 年 5 月开户的，很牛吧？当时我一个同学在证券公司上班，碰面谈及股票，我托她帮忙开一个股票账户，当时好像从外地到上海一个来回要一个月才办成功，其实也没有用来买卖股票，只不过申购了哈药股份的 200 股，第二天卖了，挣了 400 元，是我当年一个月的工资，后来基本上没有使用过账户。但我一直拿 1993 年开户这事卖老资格唬人！（偷笑）

正式炒股是在 1997 年和 1998 年，那是一场大牛市。当时很年轻，完全不懂股票，网络也没现在发达，跟着一帮股友在营业所交易大厅玩得很嗨，小道消息满天飞，反正买什么就涨什么，一开始是用自己一点点钱玩，到最后把父母的辛苦钱全投进去了。但此时，正好碰到"5·30"，人民日报社发表文章警告股市风险，结果经历了 4 个跌停，一下子把我打残了，自信心也打没了。借了父母 10 万，最后还了 6 万，父亲很不高兴，我也非常惭愧，发誓这辈子再也不踏进股市了。

接下来，我安安静静在北京大学读了硕士和博士，其间象牙塔外面的股市再怎么热闹也没有影响到我。2004 年我到深圳电力行业工作，工作之余闲暇时间多了一些，网络也发达了，无意中又开始关注浏览股市行情。2005 年股市慢慢热了起来，我突发奇想，认为好好学学股票知识，一定会在这领域有所建树。于是就像其他股民一样，也买了好多股票方面的书，废寝忘食地研读，技术指标、蜡烛图和江恩理论学了一大堆。当时价值投资大行其道,对我影响最深的是但斌的"时间的玫瑰",于是我专挑市盈率和市净率低的买。2007年牛市排山倒海,我14万的本金居然挣到了80万。但到了2008年,我在6 000点顶部震荡时反复进出、割肉,利润基本全赔了回去。庆幸的是,由于我以前亏过痛过,很注意风险,在随后下跌到1 664点的过程中,我一直就没有出手,躲过了大熊市,手上还有8万元的利润。

从1 664到3 478点,我又出手挣了不少钱,但在后来长达5年的下跌中,又一次在不断操作中将利润全部赔了回去,还陆陆续续赔了大概有上百万的本钱。在2015年年底的行情中也一样,牛市挣了钱,下跌又赔了回去。熊市途中也开了期货账户,想着卖空也可以挣钱,但又被无情地呛了一大口。但颇为欣慰的事,赔了钱后,转而到深圳郊区买了2套洋房,半年居然涨了50%。

接触1973老师,是在2014年下半年,偶尔在网上搜到的,发现老师讲的顺势、待机、控仓、止损、持盈、止盈的理念很符合自己的市场操作,我就马上买了老师的2本《金融交易学》并下载了所有400集讲课视频,逐集看了2遍,对重点视频看了N遍。在这之前,我认为对我交易思想有不同侧面影响的人物有杰西、青泽、克罗、月风、唐能通;但老师对顺势、大局观、临界点等有更系统、更深刻的理解、策略和战术,而且每重新阅读一次,就有新的理解和认识。是老师把我从过去注重技术,转变成能注意到除了交易还有资金管理、除了交易系统还有心态管理这些理念,这以前都是我不太关注的。还有老师的人品,做事的执着,以及对交易的领悟能力,一直是我敬仰的。

说起来惭愧,我是1969年生的中年人了,这近20年来,交易一直是我心中的最爱,虽然它一直折磨着我、撕咬着我,但我从来就没有对它想过放弃。我对它投入的精力和时间太多太多,虽然它没有严重打击到我的生活,但在现实中,我也一直被笑话为"孤独的失败者"(虽然别人口头上没有直说)。我也很痛苦,无论我怎样努力,我也驯服不了这头怪兽。只不过比起其他人,我算亏得少一点儿罢了(止损,不死扛)。

虽然拜读和观看了老师的书和视频课程,也似乎理解和读懂了老师的交易理念。但在实际操作中,还是不能很好地执行,比如我的持盈能力就很差,经常进场后很容易被震出头寸。被震出后,面对激烈的逼空市场,患得患失,找不到好的进入点,容易打乱仗(就像老师形容的那样:成本高了,利润没了,头寸飞了,心态坏了)。再有,向老师学习到了具体的控仓技术,我操作时一直就喜欢满仓操作,深受重仓之害,老师的控仓理论,对我来说是全新的理念。最后,还向老师学习到了并固化了一套完整的交易系统,并严格执行。无论如何,都想要争取得到恩师面授一次的机会。

本来今年第 3 期高级班就计划来上老师的课,但因媳妇要到阿根廷出差,只好延迟到第 4 期。我媳妇非常支持我这次来上海培训,她也非常理解我对交易的"苦爱和执着",这次拿出出差补助付了我的学费和路费,鼓励我学业有成,早日摆脱"亏货"的苦海。

恳请 1973 老师恩赐我一次能改变人生机会的培训。随信附上身份证扫描件、生活照、QQ 号和联系电话,不胜感激!

学生:××

2016 年 4 月 17 日

至诚恳切地拜投资家 1973 先生为师(之二)

尊敬的投资家 1973 老师:

非常荣幸能够有机会拜在您的门下,先向您致以崇高的敬意。

您写的两卷《金融交易学》,我认真拜读过,感到受益匪浅。在您的博客上又看到了您的《金融交易学》(第三卷)精彩节选,非常期待能够尽快拜读到全书。但当我得知《金融交易学》(第三卷)因涉及大量商业机密而一时无法出版的时候,我决定参加您的高级面授班一睹为快。

我是从 2006 年正式入市,经历了 2007 年的特大牛市。那时对股市可以说是一窍不通,追涨杀跌的后果就是在牛市的最高点被深度套牢,其中一只中国铝业股票,到现在还亏损 80% 以上,留在账户里没有清仓,也算是时时提醒自己受到的惨重损失和教训。在之后的长期熊市里,我转而开

始所谓的"价值投资",印象比较深刻的有两只股票,一只是白云山,我从较低的位置介入,中线持股,收益翻倍,但是当趋势明显掉头向下时,依然抱着所谓"价值"理念,结果坐了回"过山车";另一只是盐湖股份,同样的问题再一次发生。2014年底,我感觉股市大行情来了,由于自己从事政策研究方面的工作,比较敏锐地感觉到国企改革可能会是下一个热点题材,于是在较低位置建立了国企改革股票的投资组合,买入了国投系、中粮系各两只股票,一直持有至股灾发生后,虽然没有卖在最高点,但收益平均达到了3倍左右。应该说,股灾初期我持有的国企改革、券商股票损失不大,但由于没有及时清仓,抱有幻想,后期造成了比较大的损失,投资组合市值下降了15%左右。而且,在后期的反弹中患得患失,错过了创业板的反弹行情。在最近的震荡市中,自己买入时机掌握得不好,总是买在高处、卖在低处,反复"打脸",虽然严格控制仓位,但是也有一定的损失。

这轮牛市结束后,我也在深刻反思自己,得出的结论是:自己只能在牛市中挣钱,没有持续盈利的能力。最近一年的时间里,我大量阅读了投资书籍,除了您的两本书外,深入学习的有:《日本蜡烛图技术》、威廉·欧奈尔的《笑傲股市》、《海龟交易法则》、《十年磨一剑》、《投资总监的告白》等。

通过学习,再总结这一轮牛市的经验教训,总体的收获是:自己有一些交易理念初步形成,第一,股市是一个复杂系统,要多元思维而不是单一思维,要敬畏不确定性,而不是持有固定思维;第二,要选择赢家游戏而不是输家游戏,把主要精力放在大趋势上,把握大机会,特别是要判断好牛熊转换的节点,努力抓住改变人生命运的机会;第三,要控制风险,特别是在总体仓位的控制上自己进步较大,最近虽然战绩不佳,但是仓位控制得好,防范了风险,虽然有损失,但是不会伤筋动骨,心态也较好;第四,所谓的价值投资也要择时,而且中国股市绝大部分的股票都不具备价值投资的特点,如果不能及时兑现利润,就会失败。

感觉自身的不足是:第一,对趋势的认知和把握不过关,比如近期频频买高卖低,说明技术上比较粗糙,对趋势形成的临界点的把握上做得很差,所以成本经常控制不好,而且经常被洗盘洗出去,一遇到震荡行情心态就会受到影响。目前总结经验后,主要采用5、10周均线交叉后买入法,严格控制交易的频率。第二,对热点股的认知不过关,常常患得患失,热点出来后不敢买,大涨后又后悔,错失时机,对市场节奏的把握是自己很大的一个弱点。第三,总体仓位虽然控制较好,但是个股风险控制不好,有的股票近期亏损超过了20%,没有及时止损,心存幻想,如果是重仓,后果不堪设想。

结合我自身的性格特点:我的性格是比较沉稳的,不喜欢冒险进攻;我对新技术接受度不是很高,创业板大行情中我基本收益不大;我的工作环境也导致难以实现全天盯盘操作。综合这几方面的因素,我希望通过学习,目标是在不亏的基础上,能够在熊市中总体上实现收益,超过理财产品的收益水平,即达到10%左右;同时,最重要的是通过学习,掌握如何在牛市或中线趋势中进行辨别、参与,决不错过重大行情,力争在大的行情中改变自身命运。实现财务自由,是我的最大梦想。在此愿诚恳地拜您为师,虚心向您学习。

祝您身体健康、事业进步、心想事成。

您的徒弟
2016年4月12日

至诚恳切地拜投资家1973先生为师(之三)

尊敬的投资家1973老师:

您好!一直在看老师的博客,去年看到老师招收关门弟子的信息后,就有心拜先生为师,可是自觉不符合老师的要求,不敢报名。这次又看到老师开办高级培训班和讲解期权实战,心中狂喜,觉得一定不能再错过这次拜师机缘,于是心怀惴惴给老师写了这封信。不管老师的最终决定如何,我都心存感激!因为在我的心里,先生已经是我未曾谋面的老师。

我是2008年底进入股市。那时什么也不懂,在一位炒股多年的沈阳朋友的建议下,开立了股票账户,开始了股票交易。现在回想起来,那时的

我真是无知者无畏。我买的第一只股票是黄山旅游。当时正逢股市触底反弹,在这支股票上挣了些钱,可也正是这样,让我自信满满,觉得股市挣钱太容易了,于是追加资金,买入河北钢铁、广深铁路等股票,开始了深套加上十几万亏损的经历。

这时的我才知道,做金融交易不比我们做任何实业容易。于是我开始学习,买了各种金融交易方面的书籍,从最基本的 K 线图、技术指标开始,到道氏理论、艾略特波浪理论,后来又学习了禅师的缠论,再后来看到老师的《金融交易学》两卷,觉得这才是为中国人写的在中国金融市场上最有操作价值的理论。

一、学习《金融交易学》两卷后的心得

1.形成了大局观。以前在看行情的时候,我从不注意周线图和其他大级别的走势图,只根据日线的 K 线图和技术指标来决定买进和卖出,不但抓不到大的行情,而且经常买不到有行情的品种,还时常被提前洗盘出局。在学习后,知道了大级别的走势图的重要性。只有参考大级别的走势图才知道如何跟踪和顺应趋势,不会为短期的洗盘所吓到。

2.操作任何标的的时候,随时需要记住十二字方针"顺势、待机、控仓、止损、持盈、止盈"。其实全书都是围绕这十二字方针展开的。顺势是发现和跟踪有趋势的操作目标;待机是等待临界点的到来;控仓是仓位控制或者称资金管理;止损是发现走势不符合预期时及时退出,避免更大的损失;持盈是坐待利润最大化;止盈是在趋势结束前退出。每个要点方针都包含了老师对金融市场的独到理解和实践经验,一般投资者也许能理解这些关键词的字面意思,但是执行起来,还是会有一定的难度。我认为,主要障碍是一般投资者的经验不足,也没有名师的指点。

3.交易系统是每个金融交易者的登山拐杖。没有交易系统的人从事金融交易,就像盲人在黑暗的森林里行走一样可怕。这一点我虽然早有体会,但是一直没在别的书上或者论坛上找到能帮助建立自己的交易系统的方法。不知道为什么,大家对这个话题提得甚少,往往是一笔带过或者语焉不详。听到老师在对《金融交易学》一书的授课视频中对"圣杯系统"的详细解释才知道,一个交易系统应该有什么样的内容。

二、目前的交易"瓶颈"

1.交易系统还不完善,甚至可以说是很简陋。目前,我是将周线上涨趋势确立后的日均线第一次回调为我的买入点,但是成功率不是太高,往往是把下跌趋势当做回调,只是我严格按照前期的高点或支撑位止损,所以没有出现大的亏损,只是赔多赚少,不能稳定盈利。

2.资金管理混乱。只知道高位轻仓、低位重仓,但是没有一个长期的执行标准,不知道怎样才算是合理科学的资金分配和仓位管理。

3.选股无方。往往是跟着新闻题材走,没有自己的一套选股方法,偶尔还在盘中追高买股。

不写不知道,写完这封信我才恍然大悟,为什么老师要求每个弟子写这封信。当我翻看自己写的以上内容后才发现,这其实是老师的良苦用心,通过这种阶段性的总结的信,反思自己过去的操作。我相信,每个像我一样的散户都会大致明白自己的缺点和努力的方向。想想大盘那起伏的走势图,每一次从起点到终点,不就是佛家讲的一个轮回吗?希望跟着老师修行,脱离这种轮回,早日修行到持续盈利的正确道路上。

恭祝老师

修行精进,投资顺利!

您的学生:×××

2016年4月18日

至诚恳切地拜投资家1973先生为师(之四)

尊敬的投资家1973老师:

您好!我自2006年以来,一直在股市中打拼摸索,至今已将近十个年头。我大学本科学习的是金融学专业,毕业工作后很自然地就对股市发生了兴趣。2006年,当我从新闻中得知中国股市正在进行股权分置改革的消息后,我就敏锐地意识到中国股市应该会迎来一轮牛市行情,随后就开设了股票账户,正式开始了我的股市征程。在那场为期2年的超级大牛市

中，我相继买入过贵州茅台、云南铜业、宝钢股份、万科A等当年的大牛股，也确实赚取了不错的利润。当时自己每天下班后，就是泡在股票软件上，不断翻看各种股票的K线走势图，希望从中发现股价涨跌的规律；购买了大量的股市书籍学习《波浪理论》、《江恩理论》、《笑傲股市》、《股票作手回忆录》等，还经常到网络论坛或者知名博客上学习。牛市中赚钱自然容易，可是2007年10月之后股市走熊，我的好日子就结束了，怎么做、怎么亏；幸亏我还是有较强的止损意识的，2008年1月21日，股指从5 000点开始暴跌的那一天，我认出了书中所说的断头铡刀K线，终于下定决心空仓，将大部分资金挪出股市，但是仍留有小部分资金忍不住想要操作，最终这一部分资金又亏损了70%。

2009年，随着国家4万亿政策的出台，股市又迎来一轮牛市。但是自己仿佛被熊市打怕了，牛市期间一直没有追加大资金，就用剩下的小资金操作，有所盈利。之后从2010年开始，股市再度震荡走熊，随后就是连续数年的慢熊走势。实事求是地说，我的股票账户也是处于"稳定亏损"的状态。就这样一直到了2014年7月份，我从技术图走势中敏锐地发现新一轮牛市启动了。2014年7月22日～31日，股指大幅拉升，而且完全摆脱了多年以来的下降通道；加之当时国家开始推行国企改革、"一带一路"等大型国家战略，相关概念股开始走强。我据此选择并买入了一只股票——中粮屯河，并吸取以往牛市的经验教训，一直持有到2015年4月份，赚取了大约130%的利润，此外也小仓位操作了一些别的股票。但是之后我又犯了严重错误。我当时跟一位朋友谈论炒股心得时，他告诉我，跟网上的股票论坛的老师学习操作股票，仅自2015年以来就赚取了150%的利润，这一点大大刺激了我，我也开始跟着朋友推荐的老师操作。由于当时已经进入牛市最后的疯狂拉升阶段了，也确实赚了不少，而且我开始后悔当初投入的资金太少，开始不断追加资金，到6月份我的资金量追加到了最大金额。也恰恰从那个时候开始，牛市走到了尽头，跟随"老师"操作风光不再，反而越做越亏，最终在股灾期间将我的牛市利润完全亏完。正好当时家中有事也急需用钱，我便将所有资金退出股市。就这样，我在牛市中乘了一圈"过山车"，一切又回到了起点。

我开始深刻反省自己的错误,也在网上寻找各种炒股资料来充实自己。8月份,我终于在网上看到了投资家1973老师写的两本《金融交易学——一个专业投资者的至深感悟》。买来后钻研一阵,顿感醍醐灌顶,使我对股市的看法豁然开朗。您在书中深刻揭示了股市趋势运行的必然规律,并且系统、全面地提出了趋势跟踪交易的原则和方法,这是过去我看过的书中所从未有过的。过去我炒股主要根据以前对能赚钱股票得出的一些经验和形成的"盘感",没有建立过交易系统;而且看别人的书中所提到的各种技术分析方法和交易理念也并不系统,都是支离破碎的内容,不能很好地消化,更无法全面融合为一体。而现在,根据老师书中介绍的方法,我开始着手建立起自己的趋势跟踪交易系统,以趋势跟踪作为总体原则,不断完善交易信号、资金管理和自我管理。我交易系统的建立情况,写成如下一篇短文,请老师指点。

做趋势跟踪交易的忠实信徒

一、坚定不移地相信趋势

如果说股市运行存在着某种规律的话,那么股市便是始终在有趋势与无趋势的运行状态之间转换。

什么是趋势?华尔街投机之王——杰西·利维摩尔曾经说过:"赌博和投机的区别在于,前者对市场波动压注,后者则等待市场不可避免的涨跌,在市场中赌博是迟早要破产的。"利维摩尔所说的"市场不可避免的涨跌"指的便是价格的趋势运动。价格趋势运动是整体的宏观形势所造成的,并不为个人或个别集团的意志所左右,趋势一旦形成,就会朝着趋势方向持续运行,任何个人或个别集团都不能违抗趋势运动,直到宏观形势的内在原因发生转变,造成趋势运动的终结甚至扭转。

市场交易获利的源泉就是跟随趋势——不可避免的涨跌——这样一种带有必然性的价格运动。当趋势形成的时候,不必事先了解趋势形成的原因,只要坚定不移地相信,趋势一旦形成就会一直持续下去。发现并确定趋势方向后,他顺势而为参与交易,在上升趋势中做多,在下跌趋势中做空。

当然，如果能够综合国内外经济面、政策面以及上市公司基本面等各方面的情况，发现形成趋势的根本原因，将会大大提高交易员的持股信心，有效抓住并跟踪趋势，不会因一时的震荡洗盘而被迫出局，确保跟踪到完整的趋势行情。但是一定要明确，首先在技术面上发现趋势，然后可以从基本面去寻找原因，切不可仅仅依据基本面消息就武断地预测趋势方向。

二、认真细致地辨别趋势

根据道氏理论，趋势按照规模大小和时间长短，大体可分为长期趋势、中期趋势和短期趋势，其中：(1)长期趋势，表现为大牛市或大熊市，持续时间为数月至数年不等。我总结出，自2006年至2016年的10年时间里，上证指数主要出现过3次大牛市(2006年~2007年10月；2008年11月~2009年8月；2014年7月~2015年6月)和3次大熊市(2007年10月~2008年11月；2009年8月~2014年7月；2015年6月至今)。(2)中期趋势，表现为长期趋势内部的各个构成阶段，包括顺从主要趋势的顺势走势、逆主要趋势的次级折返走势、中继形态(上升中继或下跌中继)、反转形态(底部反转或顶部反转)，持续时间为数周至数月，及时准确地辨识当前行情所处的中期趋势，能够有效提高交易绩效。(3)短期趋势，持续时间为数日至数周，甚至还可以进一步细分出持续时间为数小时的超短期趋势。

研判趋势主要从两个方面入手：一是时间周期研判，分别观察月线、周线、日线图，研判大盘或个股的趋势结构，仔细辨别股市当前所处的长期趋势环境、中期趋势走向和短期趋势位置，从而对股票未来的运行方向有一个大体判断，制定相应的交易策略，例如：大牛市中可以全力做多、以长期持股为主，而熊市中的反弹行情只能小仓位参与且应严格止盈止损、见好就收。二是股市结构研判，分别观察股票指数(以上证指数为统领，兼顾考察深证指数、沪深300指数、中小板指数、创业板指数等)、行业板块(或概念板块)及个股品种，研判行情的总体指数环境、热点龙头板块以及领涨个股，锁定强势品种进行交易。

借助相关指标来研判趋势，目前我主要以均线、MACD为主，结合老师书中介绍的 K 线技术、均线技术、成交量技术和形态学四大门类技术，形成自己的技术分析体系，不需要使用过于繁杂的技术指标，也不必去深究波浪理论、江恩理论、缠论等复杂的分析方法。股道至简，能够简单有效地判断出市场上的明显趋势行情就已经足够，对于看不懂的行情与无趋势行情，空仓观望即可。

三、一丝不苟地跟随趋势

趋势行情的发展绝不是一帆风顺的，即便是一轮明显的中级以上趋势行情，在其运行过程中也会出现一次次震荡反复，更何况我们还有可能会误判趋势行情以及突然发生的各种"黑天鹅"事件，都会造成股票价格的大幅波动，从而导致交易员的账户资金发生浮亏，进而影响到交易员的信心，最终造成交易失败。

所以，在看对趋势的情况下，还应按照科学的操作步骤参与趋势行情。按照老师教授的方法，一定要一丝不苟地执行"顺势、待机、控仓、止损、持盈、止盈"六个环节。开仓一定要选择在临界点（标志性 K 线），以后加仓不可随意，都要视同一次新的开仓，每次加仓要满足两个条件（一是有 10% 的浮盈保护；二是达到临界点），做到进退有据。每次交易都应标准化控仓、控制风险，按照稳健性原则，不做孤注一掷的赌博式交易，在有浮盈保护的情况下，逐步加仓。开仓或加仓前应事先确定止损位（一般将有效跌破临界点作为止损位），达到止损位坚决止损该笔头寸。持仓有盈利后，设定动态止盈位，一般可用均线锁定，跌破止盈位坚决出局，变现利润。须知"十鸟在林，不如一鸟在手"，当盛宴结束之时，能够装入自己口袋中的财富才是真正的财富。

四、心态坦然地接受趋势

做趋势跟踪交易，就一定要了解趋势的特性，接受趋势的现实情况。股票市场运行大部分时间处于无趋势状态，只有小部分时间处于趋势状态。而且在以做多赚钱为主的 A 股市场，还要扣除下跌趋势的运行时间，那么真正上升趋势的运行时间就更少了。所以，我们在股市中的大部分时间都是处于等待状态，一定要耐心等待市场走出上升趋势，才可以参与交易。从某种意义上来说，趋势跟踪交易就如同农业耕作一般，有点"看天吃

饭"的意思,切忌拔苗助长;同时,还要接受趋势所给予的利润,趋势利润只能是掐头、去尾,吃鱼身。

要真正做到接受趋势行情、接受趋势利润,就要做好自我心态管理,努力做到戒除两种不良心态,培养两种必备素质。戒除两种心态:一是戒"急"。戒除急躁心理,不要总想在股市中一夜暴富,亏损后也不要急于翻本,不要每天都泡在市场中频繁交易。二是戒"贪"。戒除贪婪心理,不要总想赚取市场中的每一块钱利润,不妄图抄底逃顶,坦然放弃鱼头、鱼尾,只吃鱼身。具备两种素质:一是耐心。能够耐心等待趋势的形成确认,耐心等待最佳买点——临界点——的出现。二是果断。当机会出现后,行动一定要果断,按照既定仓位实施建仓,不可犹豫不前,不可患得患失。

综合以上内容,要做好趋势跟踪交易,就应当严格认真地做到相信趋势、辨别趋势、跟随趋势、接受趋势,全身心地做一名趋势跟踪交易的忠实信徒。

在股市中经过十年的交易和不懈的学习,经过这么多年的盈亏经历,我感到自己对金融交易有着无比的热情和兴趣,平均每天晚上会拿出2~3个小时的时间研究金融交易之道,愿意将交易作为自己一生追求的事业。

目前,我的主要工作是进行系统的优化磨合。一是精研均线技术、MACD技术、K线技术等技术分析方法,尽量提高开仓信号的准确性,并尽可能地统计出自己交易信号的准确率;二是反复测试、衡量标准化控仓方案,希望结合自己交易信号的准确率和凯利公式,形成一套适合自己的稳定的控仓方案;三是加强自我修炼,完善心态管理。

面临的主要"瓶颈":一是对趋势的节奏掌握不好,可能因为自己毕竟年轻,见识地太少,不能很好地踏准节奏进行建仓、加仓。有时候会心急,过早加仓后反而遇到趋势回调,如能等到回调到临界点时加仓就好了。二是资金管理不到位,仓位安排不合理,容易重仓交易,结果重仓的头寸出现亏损,反而把以前轻仓头寸的盈利给完全吞没了。三是难免心浮气躁,当一轮上升趋势走完之后,回头总结,经常会后悔当初为何没有重仓参与,没能赚到大钱,等待下次一有行情机会,就会忍不住想要重仓参与,恨不能融资参与。

通过拜读《金融交易学》上下两卷,且持续关注老师的博客内容,我深深感觉到老师有着无比的交易才华、丰富的交易经验和乐意传道授业解惑的热心肠。我郑重至诚恳切地拜投资家1973先生为师,不断磨练交易技巧、锤炼交易心态,追随老师的足迹,走出一条趋势跟踪交易的成功之路(身份证扫描件、生活照、手机号和QQ号详见附件)。

此致

敬礼!

您的学生

2016年3月27日

至诚恳切地拜投资家1973先生为师(之五)

尊敬的范老师:

您好!感谢您在百忙之中能拆开这封信件,若冒昧打扰,请多多包涵!由于今天才看到您招收面授高级班学员一事,不知道我今天这封信来得是不是为时已晚?先简单作一下自我介绍:我叫×××,男,今年34岁,现居住在上海市闵行区,做期货交易4年时间。

我出生于湖北省宜昌市远安县一个偏僻贫困的山村,父母都是憨厚老实的农民。由于自小家境贫困,所以大学没有毕业就辍学踏入了社会。24岁那年(2005年9月)我来到上海市闵行区,在一家钢铁贸易公司做业务员。一年多后,我成立了自己的钢铁贸易公司,经过几年的发展,公司经营基本还算平稳顺利。只是到2010年,国内钢铁产能严重过剩,那两年做钢铁现货生意也是连续亏损,于是我于2012年开始接触期货。由于自己的无知,进入这个市场就让我跌进了深渊,现在回想起来,主要是自己的无知——重仓在里面豪赌,不到一年时间亏损了将近200万元。后来一直到2014年,我又陆陆续续亏损了将近200多万元。由于本身资金不多,再加上公司那几年本身就举步维艰,2014年我的公司也倒闭了。正是由于

这些种种原因,2014年我的家庭也破裂了,妻子和我离婚,孩子也判给了前妻……总之,期货带来的这些失意、焦虑、痛苦等,我想应该是大多数期货人都经历过的,所以我也没有必要在这里诉苦。虽然知道期货这个行业的成功率极低,但无论什么时候,我一直都没有丧失信心。我相信我会在这个行业里有所作为。但信心归信心,苦恼的是这几年我也一直在努力学习,但现在还是觉得迷茫。虽然我知道这是一个孤独的行业,这是一条漫长的路……

四年前进入期货这个市场,在短时间内亏损了很大一笔资金以后(这些资金对于我来说很大,见笑了),那时的我才意识到期货市场的残酷,于是我开始看书、学习,在网上查资料、看视频等。一次偶然的机会我加了一个群,经过一段时间在群里的学习交流,才得知群里很多人都是您的学生。于是我就在网上搜索您的名字和视频,也就是在那个时候才知道"投资家1973"您这个人。很遗憾,那时得知您已封群开始管理您的基金,所以那时没能成为您的学生一直成了我的一大遗憾。但您的《金融交易学—— 一个专业投资者的至深感悟》第一卷和第二卷这几年我都仔细看过好多遍,我也买了好几套送给身边的朋友,这两本书一直放在我的床头,晚上睡觉前和早上醒来后就打开您的书,回顾一下您书中的经典分析。另外您曾经在"呱呱网"上的授课,我前两年也看完了大部分视频(后来因为我中途停止交易大约3个月,所以没有全部看完)。看了您的书和视频后,发自内心地认为您是一位值得尊敬的老师,在当今物欲横流的时代,您能免费为世间的有缘人授课两年,就凭这一点您已让我敬佩不已。还有,您传授给大家的不仅仅是交易知识,您更多地教会了大家从佛学的角度去怎么做人处事,这是化多少钱都学不到的东西……这两年我除了开盘后交易和盯盘,其他主要时间就是在家安心学习看书。古今中外关于期货交易方面的书也看了不少,有关技术分析的、资金管理的、交易心理的等等。我自认为很刻苦努力,现在每天脑袋里都是有关交易的,连每天上厕所蹲在马桶上都是在看书学习……但看了这么多书,交易状况感觉也还是没有实质性的进步,我很苦恼、非常苦恼,经常深夜十二点,我还一个人徘徊在大街上,人生最大的痛苦莫过于迷茫了……尊敬的范老师,说句心里话,以前我刚进入这个市场的时候,是抱着一夜暴富、赚大钱这种无知想法的,但经过几年的打击、挫折、学习、摸索、领悟,现在的我对于交易已经不是为了赚钱这么简单的动机了,而是已经真正地爱上了这个虽然暂时会让我苦恼的行业……但这几年我一直是呆在家里闭门造车,我知道这是没有出路的,我多渴望有个老师能帮我指点迷津……当看到您在举办面授高级班和期权实战班一事,我迫不及待、一气呵成地写下了这封信。知道老师您是佛弟子,相信有缘人,所以望老师您能看到我充满渴望的求知眼神。如果老师您能给我这个机会,我不会让您失望,不会让我自己失望。我相信我会成为您上千弟子中出色的一位……急盼得到老师的回复,感谢！！！

　　此致

敬礼！

您的学生
2015年10月4日夜晚

至诚恳切地拜投资家1973先生为师（之六）

尊敬的投资家1973先生：

　　您好！非常荣幸能拜读学习您的作品和视频,也非常钦佩老师无私提携后辈的博大胸怀！下面晚辈先讲一下自己的交易经历。我于2006年在大一时退学(读的是很普通的专科院校,同学们大多都在混日子),出来经商,2008年的时候受《货币战争》以及之前罗伯特·清崎"要想财务自由,学会投资理财很重要"的观念影响,开始学习外汇保证金交易。确定方向后,却不知道师从何处。经过多次寻找,找到了一家在上海的外汇培训公司(公司为新加坡人所开设,授课老师也是新加坡人),交了一万块钱的学费后,2008年7月份我参加了他们公司举办的为期三天的课程。课上老师介绍了外汇的基本情况:如何下单、交易心态、交易策略。他们教的是美元/日元货币对15分钟时框的突破交易策略,现在看来,且不说短线交

易其难度远远大于长线交易,就是光看这个交易策略本身就有太多的问题:(1)15分钟时框的趋势幅度有限,很难捕捉到丰厚的利润,从日线上看日内的幅度是相对有限的;(2)获利止损比是10∶25,长期交易下去必死无疑,此策略简直是一个慢性自杀的策略;(3)交易的心理素质不是给几个准则就能做好的,必须经过长期实战的历练。但是当时却是如获至宝,回去苦练模拟账户,还每个月去上海找老师复习一下。苦练半年下来的结果却是真实账户亏损连连,盈利遥遥无期。失望之余,我开始寻找另外的交易方法。

这时我接触到了自动交易系统,一个陕西人向我兜售他开发的自动交易系统,一万块钱一套,使用期限一年。此君声称绩效不错,还回测了历史行情给我看了绩效。我一看确实不错,于是掏钱买了,开了一万美元的账户开始操作。此系统运行模式其实是赌博加码策略,从0.01手开始,每隔30点逆市双倍加仓,只要当中有回调30点,即可获利解套出场,5 000美元的资金(1∶100的杠杆)能抗住300多点左右的单边趋势而不爆仓。这个系统在震荡市是很赚钱的,但是遇到超级单边市就悲剧了。没过多久,市场就给我教训了,在一次非农行情中,强劲的单边走势致使我的账户亏损一半。受伤之余,我向"高手们"寻求改进之道。一"高手"给我的建议是:在非农、利率决议等重要的数据公布之前提前回避,不要开仓;在单边行情走了250点左右还没有解套的情况下,用锁仓保护资金,择机解锁。其实以上方法也无法解决此系统赌博加码的弊端,只能是部分改善而已。2009年,用了此系统一年之后,深感赌博加码非正道,开始继续寻求真正的交易之道(其实我算是幸运地及时收手,靠着这个系统还挣了一些钱,而很多痴迷于这个交易系统的人在随后欧债危机不断发酵的2010年损失惨重)。2010年,我开始看很多的外汇交易书籍,苦觅好的交易策略,但是一直未能找到适合自己的交易之道,感觉自己的水平一直在原地打转,徘徊不前,很迷茫。交易之路到底在何方!2011年注定是痛苦的一年,年初我的女朋友在女方家人的强烈反对之下和我分手了(我们有四五年的感情了),女方家人的理由是炒外汇不靠谱,没房没车;女方家人还说了一些很伤人自尊的话。感情和自尊心的双重打击,令我一度消沉,心灰意冷。

2011年5月份,我朋友给我介绍了一个民间高手a大哥。我看了a的交易记录,相当不错,有一个月翻一番的,有两三个月翻一番的。但是几个账户的交易记录没有超过三个月的,我有点儿疑惑。事后我跟我朋友说:一则a的交易记录没有超过三个月的,我有点儿怀疑;二则他的操作方法是逆势抓回调,我觉得风险太大且不符合顺势而为的原则。也怪我当时在感情和自尊心的双重打击之下,急于改变现状,在跟a接触了几次以后,感觉a为人还不错,就把自己8万元人民币的外汇账户给他操作了。没多久就爆仓了,当时a瞒着我,报喜不报忧。和a熟了以后,a叫我帮他处理外汇开户等事宜。但是时间越久,我越发发现他的交易策略存在严重的问题,因为他是短线逆趋势抓回调操作,虽然可以做到很高的成功率(因为做单频繁,行情不出意外的时候,短期之内能做到很不错的回报率),但是一旦有一次严重的单边市就玩完了。看着他拉来的客户不断爆仓,我感到不改变方法死路一条。我一直劝他要改变方法顺势而为,他却固执己见。我觉得他的交易之路会以悲剧收场。我的心里很凄凉,我只能选择离开他。经过跟a这一年多的痛苦经历,我对顺势而为的重要性有了刻骨铭心的认识。我再去看《顺势而为——外汇交易中的道氏理论》时,我发现以前看不懂的地方,现在看懂了。(其实a大哥还有一段传奇的经历。a是1969年生人,大学时期开始业余炒股;同时a也是当地一霸,经常打架斗殴,坐出租车从来不付钱。后来因为犯事,在监狱里呆了几年,出狱后以前的兄弟们要给他接风洗尘,他说不去了,要金盆洗手,重新做人。后来a大哥边上班边研究股市,在2004、2005年的时候觉得大盘已经到底,开始抵押房子四处借钱抄底股市。当时买了两只股票,一只贵州茅台,另外一只我忘了,到2007年时账面上有1亿元的盈利。据此一战成名,被当地人称为股神。各种溜须拍马的人围上来了,a也开始过起了豪车豪宅、夜夜笙歌的奢侈生活。信心爆棚的a接了10亿多元的资金——有些资金是国企老总挪用公家的钱。结果2008年的股灾中损失不小,重此踏上了躲债之路。)

回来以后,我看了很多交易的书籍,刻苦钻研技术分析,研究进场、出场的K线形态,大量复盘别人的交易图形定式(其实,当时没有读懂,或者说那些交易定式不够好),但是始终无法做到持续盈利!直到我在2014年的6月份花了6万块钱跟一位技术分析领域的实战派老师学习了一套系统的技术分析交易体系。因为之前的经历给我打下了一个良好的基础,所以学了基本上就能上手。又因那年的行情是明显的单边行情以及在老师的指导下,在学习后几个月内(大概至10月初)账户资金就翻一翻了,从30多万元人民币做到60多万元人民币!岂知纸上富贵,来得快,去得也快,后来因为2015年1月15日的"瑞郎事件"账户爆仓了。真是"成也萧何,败也萧何"啊!我当时觉得是自己基本面分析的不足才会导致如此惨败,于是2016年陆陆续续花了将近10万块钱,听了5次时寒冰老师的课程,深入学习时寒冰老师的分析体系,感觉时老师的基本面分析方法有其独到之处。但是,时老师有点看不起技术分析,而且用时老师的方法进行保证金交易的话,误差太大,落实到交易还是得靠技术分析!绕了那么大的圈子,又重新回到了技术分析。正像青泽老师说的:"有一套系统告诉你什么时候动手比预测重要多了,交易就是亏小钱、赚大钱。"

2015年我过得非常艰难,负债累累又花那么多钱去听课(听课的钱有些是借的)。那位技术派的老师推荐我去一家公司做交易员,说好底薪三五千,去了以后却调整待遇了(包吃包住,无底薪,1万美元的账户起步,赚到的收益里面拿分成),这种条件怎么能让人安心的交易啊!当时有一位朋友看我技术分析水平不错,借了10万人民币给我操作,同时我也给他分享一些交易观点。当时是7月份,由于刚听了时老师的课,受其影响,对做多农产品和美元过分乐观,导致我的那个朋友账户出现了一些亏损,弄得我那位朋友很不高兴(我自己也非常内疚),叫我还钱!加上家里那时也向我要钱,在公司被人挤兑,在层层压力之下我开始频繁交易,急于赚到利润应付局面。结果可想而知,不到一个月我的账户亏损过半!因为公司给的两万美元账户触及20%的风险值,我被下逐客令,扫地出门了(老板给我下逐客令时还不忘奚落我一番,我一辈子都忘不了那个场景),只好天天到朋友那里蹭饭!真是叫天天不应,叫地地不灵啊!还好听时老师课的两位同学在关键时刻帮了我大忙,一个借了我一笔钱让我还上了那个朋友的钱,另一位给了我一个1.2万美元的账户,说就当帮我忙,赚了钱都算我的！小资金交易者走这条路真是异常艰辛啊！

下面我讲一下自己对两卷《金融交易学》和之前课程粗浅的认识。我是过农历年的前几天才因机缘巧合有幸知道老师的著作的。网购的书到了以后，我加班加点看完了第一卷，感觉真是惊世骇俗之作。很多观点振聋发聩，先生对价值投资的反思，对基本面和技术面的认识，对大局观的重视，对形态K线和均线的认识真是入木三分啊！尤其是葛兰维移动平均线八法则，简直是对市场走势的高度概括！看到第二卷，更是令人拍案叫绝，K五十交易系统，共振／反振，竟然有人能把均线用得这么好，如果是日、周、月三线共振，则趋势的强度都能预判出来，太厉害了！K五十交易系统简直是锁定单边行情的利器啊！我是相信市场可以预测的，因为我以前所学的斐波那契扩展线能测出趋势的目标位和回调位！超涨超跌理论，也是给出持仓目标位的利器啊！还有高胜算图形定式，我在外汇行情中去做了很多复盘，确实绩效惊人！老师的K线、形态、成交量、均线联合作战的理念也非常了得，能极大地提高胜率（均线组的优点是既能指引趋势方向，又是一种动态的支撑／阻力位），这些都是在实战中的血与火的磨练中总结出来的啊！先生的共振／反振理论，让我想到了顾比均线组，我觉得戴诺·顾比对均线组可能有与先生类似的用法，只是秘而不宣而已！我以前所学的是K线、形态、横的支撑阻力位（斐波那契技术给出的也是横的支撑阻力位，斜边趋势线绩效不理想）联合作战。外汇市场是讲究局部成交量，核心思想是依托重要的支撑／阻力位结合，K线定式在h1、h4时框里进场，顺势而为把短线拿成长线，以此弥补成功率的不足（大概只有三成的成功率）！老师博文中关于慎战的观念我也非常感同身受，一定要等到十拿九稳的机会才出手，我以前的老师的方法会去轻仓抓顶抄底，短线拿成长线，抄对了短线拿成长线利润丰厚，但是成功率不高，经常要止损。我亲眼所见我的一个师弟因此心态崩溃了，说实话我那位老师的技术传承上会出问题。我现在面临着强大的生存压力，这种技术难免影响心态，所以说确定性法则是保命法则啊！先生所提的四大法则是在凝聚前辈智慧和自身实战经验的基础上的高度总结！

先生的视频课程，我刚看到2011年12月29日这一课，因为看时一

边做笔记，一边还要把课程所讲的案列走势图打印出来，所以看得有点慢。先生对《股票大作手回忆录》所作的"顺势、待机、控仓、止损、持盈、止盈"的高度总结非常精彩。先生超宏观交易系统对 20 年线的用法令人惊叹。现在外盘的铜、豆、麦、玉米都在关键位置，豆、麦的 20 年线与斐波那契技术测出来的位置不谋而合。先生对于"进场重于出场"的观点也令人耳目一新，以前我的观念是进场和出场至少是同样重要的。我现在真的觉得看一位老师的交易手法和交易系统，是能看出格局和气量的高下的。我对先生的了解还不算非常多，但我能从先生的博文、书和视频中感受到先生的境界和胸怀。我对先生非常仰慕。我本来是想把先生的 400 集视频尽可能全部看完再写拜师信的，但最近看到先生博文里面的学习心得体会，我有点坐不住了。我推荐了很多同学朋友去看先生的书，一朋友看了先生的一集视频后跟我说，感觉先生有点狂，我跟他说没有去认真看过先生的书，不要妄下结论！看来要领悟到先生这一套系统的价值，是要积福田的啊！我感觉自己现在的"瓶颈"是在交易心态、资金管理、树立大局观方面都有待加强，尤其是树立大局观好像非短期之功。另外，相比于外盘期货和外汇，我对股市还比较陌生。

再次感谢先生把几十年的交易精华无私地分享给我们这些后进的年轻人，让处于迷茫中的我找到了方向！学生拜谢！身份证扫描件、生活照、手机号以及 QQ 号在附件中，请老师查收。

您的学生
2016 年 3 月 8 日

至诚恳切地拜投资家 1973 先生为师（之六）

尊敬的投资家 1973 老师：

您好！在一个偶然的的机会，我看到了您写的《金融交易学》。当时看到您的书质量跟别人不一样，很厚重、很光滑。心想这个出版社出版的书质量怎么这么好，估计写书人对自己的书是非常有信心和爱惜的。待拿到书后先是粗粗翻过一遍书,不禁被您的理论所征服,马上静下心来,仔细地一页一页看起来,在看书的过程中,我不断在书上密密麻麻地标注了自己认为需要掌握的东西,对写得好的句子反复抄写,唯恐记不住。后来还向与自己有同样爱好的交易好友推荐您的书籍,真的是获益匪浅。

我其实是一个财务实现了自由的交易者(相对而言,生活无忧而已,绝不是大富大贵),但我的钱财都不是来自交易。对交易我始终带着一种非常热切的感受,除了想赚钱之外,内心深深被交易的内涵所震撼。老师你肯定也经历过,交易之道,看似简单,但实际操作起来想盈利却是很难很难!明明是简单的东西,为什么操作起来就这么的难?好像千军万马在战场上厮杀,每一笔交易的过程无不让人惊心动魄。但在交易过后,再回头去看历史数据,却哑然失笑,这么简单的方向,竟然没赚钱被洗出来了。带着一颗想征服的心,我每天苦苦思索交易之道。十几年来,每天都在专注地研究、建立自己的交易系统,客观地执行。顺势、待机、控仓、止损、持盈、止盈等等,道理很明白,但似乎真正做起来赢利又变得很难。

看了有关交易的书不下200本,但真正留下符合自己的交易理念的不多。就交易来讲,我是一个趋势交易者,以做日线趋势为主。我明白趋势交易是正确的,事后来看交易比较简单,但当自己真正地参与其中时,却又总是做不好。翻看自己的交易单看起来很不稳定,不知道问题到底出在哪里?首先我介绍一下自己,我不是专职炒股票、炒期货的人,完全出于热爱交易之道,工作之余除了晚上跑步一小时之外,全部用在研究交易上,各种名人的书籍都看了,最佩服的交易者就是克罗和利弗莫尔,他们俩的书我也看了不下十遍,并且买了他们各种版本的书,包括台湾版翻译的。理念我相信应该是正确的,控制止损也是没问题的,但离确立自己的稳定盈利状态却还是有差距,很想再拜师学艺,狠下一番功夫,真正走向一个稳定盈利的交易者。看到1973老师您举办面授高级班和期权实战班,内心一阵狂喜,您不就是我的偶像吗?以前没有机会向您系统地学习,这次好不容易看到您的博客,所以赶紧给您发邮件,恳切希望您能给我一个机会,让我好好学习交易之道,好让自己不再迷茫。

如果交易不能稳定地盈利,就像赌博一样不知道为什么会赢钱,这个完全不是我想要的结果。你书中有句话我印象深刻:"赌博就是对市场的波动押注,而交易是耐心等待后市无可避免的升与跌。在高胜算图形的开仓点我们进场就会大幅提高交易的胜算概率。"我的电脑里面一直保留着您的很多讲课视频,尤其是您在全国读者上海见面会和成都见面会上发表的主题演讲,我是听了又听,道理虽然能懂,但一到应用,总感觉还不是那么熟悉,所以我想最好参加您的面授高级班,当面向您学习比较好。就是毕竟我还是有工作的人(担任特大型国有企业部门经理及子公司法人),在时间安排上希望可以不冲突。

再次感谢老师您给了我们一个学习的机会,让我们能有幸从一个"亏货"变为盈利者!

您未来的学生

2015 年 10 月 5 日